Gaoxiao Longzhou Yundong de Chuancheng yu Fazhan

高校龙舟运动的传承与发展

李 兵 著

科 学 出 版 社
北 京

内 容 简 介

本书通过回溯龙舟运动的起源和发展历程，阐释了龙舟运动独特的文化内涵和传承价值；全面分析了近年来我国高校龙舟运动开展的总体情况、实施路径、瓶颈挑战及发展趋势；着重从运动训练学的视角，对高校开展龙舟运动的选材要求、训练方法、技战术安排、训练模式等进行系统讲解，并辅以世锦赛冠军——东北电力大学龙舟队的管理体系为实证，论证了龙舟对高校文化建设的引导功能及高校对龙舟运动发展的推动作用。本书还对龙舟经典体育赛事及全球龙舟运动的发展情况进行了介绍，并附龙舟竞赛规则、器材场地要求、运动队管理办法等，以帮助读者更全面地了解龙舟运动。

本书适合从事龙舟运动的教练员、运动员、体育管理人员等专业人士阅读，对高校龙舟队及准备开展龙舟运动的高校教师、大学生、思想政治工作者等具有一定的参考价值。

图书在版编目（CIP）数据

高校龙舟运动的传承与发展/李兵著. —北京：科学出版社，2020.10
ISBN 978-7-03-066120-3

Ⅰ. ①高…　Ⅱ. ①李…　Ⅲ. ①龙舟竞赛-文化研究-中国　Ⅳ. ①G852.9

中国版本图书馆 CIP 数据核字（2020）第 174258 号

责任编辑：耿建业　崔文燕 / 责任校对：何艳萍
责任印制：李　彤 / 封面设计：润一文化

科学出版社 出版
北京东黄城根北街 16 号
邮政编码：100717
http：//www.sciencep.com
北京建宏印刷有限公司 印刷
科学出版社发行　各地新华书店经销
*
2020 年 10 月第　一　版　开本：720×1000　B5
2020 年 10 月第一次印刷　印张：14 1/4
字数：220 000

定价：89.00 元

（如有印装质量问题，我社负责调换）

目　　录

第一章

龙舟运动概述

龙舟运动，又称扒龙舟、赛龙舟、扒龙船、划龙船、龙船赛会等，是中国历史上一种具有浓郁的传统民俗文化色彩的群众性娱乐活动，同时也是一项有利于增强人民体质和培养勇往直前、坚毅果敢精神的体育运动。春秋战国时期，龙舟竞渡盛行于吴国、越国、楚国，后来在我国南方沿海一带也十分流行，多在喜庆节日举行，是多人集体划桨竞赛。龙舟运动传到国外后，深受各国人民的喜爱并形成了国际比赛。龙舟作为中华文明的一种载体，承载着厚重的历史和人文底蕴。龙舟不仅传承中国传统文化，还蕴含着团结、拼搏、进取的体育精神和理念。

龙舟运动是一项团体运动项目，集众划手协调的力量依靠桨向后划水，由鼓手指挥、舵手控制方向以此将舟向前推进，国际龙舟联合会认证的标准比赛龙舟配备有龙头、龙尾、鼓（鼓手）、舵（舵手），以此保持中国民俗传统，并在规则、器材、划姿等方面制定了相关标准，促使古老的民族传统龙舟竞渡成为现代竞技体育运动。龙舟运动已经被列为亚洲运动会、亚洲沙滩运动会、全国运动会的正式比赛项目，国际龙舟联合会正在积极地申请龙舟比赛加入奥运会。

第一节　龙舟运动的溯源与兴起

龙舟运动是在我国南方水系发达地区普遍开展的一项民族传统体育活动，由于各个民族的地域、习俗、文化的背景不同，因此孕育了各具区域特色的龙舟文化。对于龙舟的起源，学术界尚存争议，由于各地的民族文化背景不同，所以关于龙舟运动起源的说法也各不相同。

一、龙舟的起源

龙舟中的“舟”，在甲骨文中像船，两边像船帮，中间三条线代表船头、船舱和船尾。先秦多用舟，汉朝以后，船的用法逐渐增多。《说文解字》记载：古者，共鼓、货狄，刳木为舟，剡木为楫，以济不通。考古发现证明，最早的舟是中国考古工作者在浙江萧山跨湖桥发现的新石器遗址出土的独木舟。船身材质为整块松木，船头上翘，船长超过 2 米，船体显露处宽 50 厘米，船身最宽处达 70 厘米，船舱深约 15 厘米。根据国际上通用的“碳 14 同位素衰变法”测定，该出土文物距今约 8000 年。这是目前世界上发现的最早的舟和舟制造作坊遗址。此外，浙江余姚河姆渡遗址出土的“雕花木桨”，距今约 7000 多年；浙江杭州半山水田畈遗址出土了“木浆”和“整木刳成木盒”；浙江湖州吴兴钱山漾下层出土了“木浆”、“独木刳成的千篰”（木篓子）、“木槽”等。

由上述考古发现可知，早期舟的结构与制作工艺极为简单，常有火烧灼的明显痕迹，而且附近还发现了锛和石锛柄，因此可以推断舟制造时先用火烤焦，再用石器打磨而成。早期的舟是先民们日常出行的水上交通工具，舟的舷部还设有横向支撑构件，以增加船体的宽度和增强船的稳定性。至今，在中国的某些南方水乡地区，还能够看到人们使用舟。

二、著名的“沅陵起源”说

从舟到船的演变是一个生产力由低到高的漫长历史发展过程。随着农耕文明的发展，航运事业也随之进步。人们不再满意舟的运输能力，开始寻求规模更大、航运能力更强的船。值得注意的是，龙舟是一种介于舟与船之间的航运工具，或称为过渡工具。龙舟在特定的历史阶段一度象征着某种身份、地位或能力。时至今日，龙舟基本蜕变成了竞技比赛、观赏娱乐的工具。经过这样漫长的发展过程，我们不禁要思考，龙舟是如何起源的呢？

近年来，龙舟源于湖南西北部沅陵的说法渐趋兴盛。沅陵龙船发源于远古，祭祀的对象是五溪各族共同的始祖盘瓠。沅陵苗族流传了上千年的《漫水神歌》中唱到："人家赛舟祭屈原，我划龙船祭盘瓠。"由此可见沅陵龙船赛要早于祭祀屈原的龙船赛，有可能是中国传统龙船赛的主要发源地。盘瓠，又称葫芦狗，是古代中国南方民族传说中的神犬，为传说中瑶族、畲族的祖先。神话传说记载：盘瓠是帝喾时代的人物。传说中他是帝喾的宠犬，因立军功而娶公主辛女为妻，落户沅陵半溪石穴，生六儿六女，儿女互婚配，繁衍成苗、瑶、侗、土、畲、黎六个民族。盘瓠死后，六族人延巫请神，为其招魂。因沅陵山多水密，巫师不知他魂落何处，就让各族都打造一只龙舟，逐溪逐河地寻找呼喊，以至演变成后来划船招魂的荆楚巫祭活动。

司马迁的《史记》记载：帝喾以前征三苗，年无间断，但自帝喾以后，类似记载明显减少，这充分说明，盘瓠与辛女的联姻缓和了阶级矛盾，促进了国家的安定。显然，当地百姓祭祀先人时，活动规模大，内容丰富，龙舟运动只是其中的一项。又据史料记载，屈原未投江之前，各地已经开始龙舟竞渡这种水上运动，只是大多数都不是在端午节这一天举行。《旧唐书·杜亚传》载："江南风俗，春中有竞渡之戏，方舟前进，以急趋疾进者为胜。"长期从事龙舟研究的湖南省沅陵县时任旅游局副局长张大强，在其《沅陵千年龙船》一书里，收编了104篇各作家、学者对沅陵龙舟的精辟论述。

中国世界文化遗产专家组专家邓微曾说：沅陵传统龙舟十分具有代表性，它拥有历史最悠久、参赛规模最大、运动员最多、观众最多四个世界之最，这将填补世界遗产项目空白。沅陵还有着这样的说法：龙舟纪念屈原的说法始于唐代大诗人刘禹锡，是他对沅陵方言的误听误传所致。据民俗学家考证，刘禹锡被贬到朗州（今湖南常德）任司马后，有一年端午节，他游览到沅陵，歇脚于辰阳水驿（沅陵县城中南门对岸的驿码头），观看了一场沅陵的龙舟竞赛，并在这里写下了一篇千古流传的《竞渡曲》。当时的沅陵龙舟赛和今天一样刺激，观众很多，而且岸上的人也像今天这样为船上的人着急，不断地攥拳跺脚，“嗬哉、嗬哉”地为船上人使劲。刘禹锡是河南洛阳人，他听不懂沅陵人喊“嗬哉”的意思，认为是“何在”的谐音，因而由自己的命运联想到屈原。二人都是因为忠诚遭贬谪，同样也被放逐沅湘，感情是相通的，所以就自然而然地认为沅陵人赛船齐呼“嗬哉”是为屈原寻找亡魂，还特地在他的《竞渡曲》前加了一段小序：竞渡始于武陵，至今举楫而相和之，其音咸呼云“何在”，斯招屈之义。此诗一出，影响千古，于是，五月端午划龙船是为纪念屈原的说法就大行天下，并延续至今。

三、其他传说与专家考证

（一）纪念屈原

龙舟与赛龙舟的起源最普遍的说法是拯救或凭吊屈原。《隋书·地理下》记载，“屈原以五月望日赴汨罗，土人追至洞庭不见……乃歌曰：何由得渡湖？因而鼓棹争归，竞会亭上，习以相传，为竞渡之戏。其迅楫齐驰，棹歌乱响，喧振水陆，观看如云”。这是迄今影响最大、民众最熟知的一种说法。华中师范大学楚学研究所教授蔡靖泉认为：先秦时期，五月五日，古人往往通过举行一些活动祈求丰收、禳除灾害。魏晋南北朝时期，纪念屈原逐渐成了南方端午节活动的主要内容，一些本为祈禳的活动也与屈原联系起来。公元前278年农历五月初五，爱国诗人屈原因政治主张不被采纳，反被小人诬陷，含恨抱石自沉汨罗江。楚人怜之，纷纷驾船争逐江上相救，此后这说法流传越来越多，越来越广。据《江津县志》引《荆楚岁时记》记载：屈原投汨罗江日，人伤其死，故并命舟楫以拯之。安徽省巢县就有一座竞渡庙，庙里塑有屈原像，称为三闾祠（屈原曾担任过楚国的三闾大夫）。每年端午节前，巢县居民迎接屈原的塑像放在龙舟中，击鼓奋楫，踊跃争先，一直玩到五日。后每年的这一天，当地群众都要举行这样的活动以表达对屈原的崇敬和怀念。湖南常德市的东门外有一个招屈亭，江水从亭前往东流去，这个地名的旧称是屈原巷，附近有一小港口，旁边是三闾河，相传是屈原生前常到的地方。据说，当地居民每年端午竞渡，到黄昏散船时还唱着：有也回，无也回，莫待江边冷风吹。

（二）纪念伍子胥

江浙某些地区的民众过端午节，祭的不是屈原而是伍子胥。《记纂渊海》记载：《越地传》云，竞渡起于越王勾践。另《荆楚岁时记》和《会稽典录》也有类似的记载。伍子胥（公元前559～公元前484年），名员，楚国人，父兄均为楚王所杀，后来伍子胥逃往吴国，助吴伐楚，五战而入楚都郢城。当时楚平王已死，伍子胥掘墓鞭尸三百，以报杀父兄之仇。吴王阖庐死后，其子夫差继位，吴军士气高昂，百战百胜，越国大败，越王勾践请和，夫差许之。子胥建议，应彻底消灭越国，夫差不听，吴国太宰伯嚭受越国贿赂，谗言陷害子胥，夫差信之，赐子胥宝剑，子胥以此死。子胥本为忠良，视死如归，在死前对邻舍人说“我死后，将我眼睛挖出悬挂在吴京之东门上，以看越国军队入城灭吴”，便自刎而死。夫差闻言大怒，令取子胥之尸体装在皮革里于五月五日投入大江，因此相传端午节亦为纪念伍子胥之日。近年来，苏州市政府举行过对伍子胥的公祭。

（三）纪念曹娥

曹娥（130～143年），会稽上虞人。《后汉书·列女传》记载：“孝女曹娥者，会稽上虞人也。父盱，能弦歌，为巫祝。汉安二年五月五日，于县江溯涛婆娑迎神，溺死，不得尸骸。娥年十四，乃沿江号哭，昼夜不绝声，旬有七日，遂投江而死。至元嘉元年，县长度尚改葬娥于江南道傍，为立碑焉。”后蔡邕访之，值暮夜，手摸其文而读，题八字于碑阴：“黄绢幼妇，外孙齑臼”（字谜，谜底为“绝妙好辞”）。据史料记载，自宋代以来，历代帝王对曹娥曾大势褒扬。宋元祐八年（1093 年），宋哲宗敕建高大辉煌的曹娥正殿。徽宗大观四年（1110年）敕封灵孝夫人。政和五年（1115年）加封昭顺。淳祐六年（1246年）敕封纯懿夫人，又敕封其父为和应侯，其母为庆善夫人。元后至元五年（1339年）加封慧感夫人。明洪武八年（1375年）朱元璋命官赴庙祭奠，诚意伯刘基亲撰诔文。清嘉庆十三年（1808年）敕封福应夫人。同治五年（1866年）加封灵感夫人，钦赐“福被曹江”匾额。民国年间，国民党多有军政要人题赠楹联匾额，其中蒋介石题匾“人伦之光”现悬庙宇正殿。一些地方的端午龙舟竞渡中，龙舟上载曹娥的塑像。

（四）纪念越王勾践

《事物原始·端阳》记载：“《越地传》云，竞渡起于越王勾践，今龙舟是也。”春秋末期，越王勾践在伐吴的夫椒山一役中，遭到吴国反击，兵锋大挫，勾践败而被俘，后来采用范蠡之计向吴国称臣乞和，在吴国度过3年忍辱含垢的生活，骗取吴王夫差的信任后，被逐放回越国。他回国后，为了激励自己不忘报仇雪耻，每晚睡在柴垛上，并且在房门口挂一个苦胆，每天都要舔一舔，这就是“卧薪尝胆”典故的由来。为了使国家富强，勾践采纳范蠡、文仲提出的“十年生聚，十年教训”之策，立志灭吴雪耻。勾践年年月月地按时给吴国纳贡，又施美人计，选送天生丽质、才貌双全的美女——西施（中国古代四大美女之一）迷惑吴王夫差。西施忍辱负重，以身许国，备受吴王夫差宠爱，吴王夫差天天沉迷酒色，无心于国事。当时吴国的疆界已经南扩至现在的杭州，所以杭州城南的城隍山叫吴山。吴国的都城在姑苏（现在的苏州），濒临太湖。越国原来将御儿（浙江嘉兴桐乡一带）视为与吴国交界，战败后国土退缩到钱塘江以南的会稽（浙江绍兴南）。江浙一带水系纵横交错，越国要想渡过钱塘江雪耻复仇进攻吴国，就需要一支强大的水军。而且此时越国要训练水军还不能让吴国察觉，以免敌人加以防备，因此，越王勾践就以赛龙舟为名，实行全民性参与的龙舟大赛，借此蒙蔽敌人的耳目，于五月初五成立水师，开始日夜操练，最终训练出来一支骁勇善战的水军。后来，越国乘吴王夫差北上称霸、国内空虚之机，发兵吴国，一举灭吴，吴王夫差兵败自杀，整个吴国被越国兼并。后人为了颂扬勾践这种坚忍不拔的精神，便效仿越国水师演练时的情景，于五月五日这天划船竞渡，以示纪念。

同样是五月五日，浙江绍兴人纪念曹娥。有的地方则将龙舟运动与纪念伍子胥和越王勾践联系起来。在福建省龙岩市的连城县就有这样的习俗，其既纪念屈原，也纪念伍子胥，连城人认为屈原与伍子胥都是为国而死于江中的，故以龙舟运动表示共悼之意。如此看来，我国历代由于各地民情风俗的不同，对于端午节龙舟运动所纪念的人物也各不相同。

（五）专家学者的考证

闻一多在《端午考》和《端午的历史教育》文章中考证了端午节起源于古代南方吴越民族图腾的祭祀活动。《端午考》一文指出：古代的越民族以龙为图腾，为了表示运动员是龙种的身份，其不仅有断发文身的风俗，而且在每年农历五月五日这天，举行一次盛大的图腾祭。其中便有类似于今天的竞渡游戏。近些年，大量的出土文物和考古研究证实：我国广东、广西、福建、浙江等地，有一种新石器时代以几何印纹陶为特征的文化遗存。这种文化遗存的族属，从历史传说和地理结合来看，可能是一个崇拜龙图腾的部族，史称“百越族”。实际上，龙舟竞渡的起源远较上述说法古老，其起始应与我国南方多水的地理环境有关。因为操舟捕鱼一类的生存活动在古人生活中占主要地位，而竞渡只是其水上生活的演习而已，许多出土陶器上的文饰和历史传说表明，古人有断发文身的习俗，自比为龙子龙孙。端午既是节日，也可以说是一个龙的节日。在数千年的演化中，大部分百越人已经融合到汉族之中，其余部分就演变为南方许多少数民族。

山东民俗学会副秘书长张勃认为：端午节的形成源于古代的恶日。相传恶日这天是死亡之日，邪佞当道，五毒并出。《吕氏春秋》中《仲夏纪》一章规定人们在五月要禁欲、戒斋。《夏小正》记载：“此日蓄药，以止除毒气。”这一天家中要储藏草药，以消除疫病的毒气。《大戴礼》中记：“五月五日，蓄兰为沐浴。”沐浴的目的在于清洁，以浴驱邪。《风俗通》云：“俗说五月五日生子，男害父，女害母。”汉朝就有“五月到官，至免不迁”，“五月盖屋，令人头秃”的俗说。《论衡》记载：“讳举正月、五月子。以正月、五月子杀父与母，不得举也……”可见，古代以五月五日为恶日是普遍现象。先秦以后，此日被视为不吉之日，在此日插菖蒲、艾叶以驱鬼，熏苍术、白芷和喝雄黄酒以避疫，就是顺理成章的事。人们为了避忌讳，称之为“端午”。人们通过某种仪式把邪气放在龙舟上，开展竞渡，看谁送得快、送得远。

第二节　龙舟运动的发展脉络与历程

中国龙舟协会的标准比赛中，龙舟配备有龙头、龙尾、鼓（鼓手）、舵（舵手）和锣（锣手），中国民俗传统古文献中最早有龙舟记载的是《穆天子传》："癸亥，天子乘鸟舟，龙浮于大沼。"关于龙舟竞渡的起源，众说纷纭，流传最广的是源于纪念楚国爱国诗人屈原。随着历史推移，龙舟竞渡逐渐从民间地方习俗演变成具有官方色彩的专业竞技活动，形成有章法、有规范的龙舟体育文化，并蔓延到世界很多国家和地区，在浩瀚的世界体育大观园中占有一席之地。唐宋时期，赛龙舟相当盛行。在清代，赛龙舟更是得到了极大的发展。新中国成立以后，在1982年全国第二届少数民族传统体育运动会上，赛龙舟作为表演项目出现，受到了全国各族人民的欢迎。1984年，国家将赛龙舟列为正式比赛项目，同年在湖南省举行首届"屈原杯"全国龙舟赛。1991年，第四届全国少数民族传统体育运动会把赛龙舟定为正式比赛项目。2005年，第四届东亚运动会上赛龙舟首次被列入正式比赛项目。2005年，第七届世界运动会上龙舟首次作为表演项目。

国际赛事主要包括：世界龙舟锦标赛在奇数年举行，世界俱乐部锦标赛在偶数年举行。1995年，第一届世界龙舟锦标赛在中国湖南岳阳举行。首届国际龙舟联合会世界杯于2014年在中国福建福州举行。每年有洲际龙舟锦标赛。国内赛事主要包括正式比赛和邀请赛。正式比赛有中华龙舟大赛、中国龙舟公开赛、全国龙舟锦标赛、全国综合性运动会龙舟赛、地方龙舟赛等。邀请赛有国际龙舟邀请赛、全国龙舟邀请赛和地方龙舟邀请赛等。

经常参加龙舟活动和比赛，有利于身心健康，使人体心肺功能、代谢机能得到改善。龙舟目前已经成为国际性的运动项目，越来越多的国家和地区开展赛龙舟活动，以舟为媒，促进这些国家和地区旅游资源的综合利用和开发，已经取得了较好的社会效益和经济效益。

一、早期的龙舟竞渡

发源于中国的"竞渡"是世界上古老的有组织的、连续性的竞赛活动。

很多古代龙舟竞渡图案中的船上有龙头，还有一面鼓和飘动的旗子，图案背景上的河岸也装饰着旗帜。

纵观航海史，唐、宋、元、明、清各代帝皇均有临水观看龙舟的娱乐活动。《旧唐书》中记载穆宗、敬宗均有“观龙舟竞渡”之事。《东京梦华录》卷七记载北宋皇帝于临水殿看金明池内龙舟竞渡之俗。其中有彩船、乐船、小船、画舱、小龙船、虎头船等以供观赏、奏乐，还有长 40 丈[①]的大龙船。除此之外，其他船列队布阵，争标竞渡，作为娱乐。宋张择端的《金明池夺标图》即描绘了此景。明代皇帝曾在中南海紫光阁观龙舟，看御射监勇士跑马射箭。清代则在圆明园的福海举行竞渡，乾隆、嘉庆等均曾前往观看。

然而，“龙舟竞渡”从诞生之日起大部分时间是在民间发展的，民间相传明朝万历年间朝廷在广东南海举办过一次龙舟赛，盐步的龙舟队夺冠，获封“五旌魁”，这成为首次有记载的官办龙舟赛。旧时的龙舟竞渡一般是在适宜的河流、湖泊的村镇附近，由村落、街巷、码头、行帮等组织的封闭性龙舟集会。传统的单位龙舟只代表某一氏族、部落、宗族、码头、行帮、街道或自然村寨，该时期的龙舟形式以祭祀为主。

二、停滞与复苏时期

龙舟运动一度在三年困难时期及“文化大革命”期间中断。1976 年起，香港、澳门连续举办国际龙舟邀请赛，内地龙舟运动的再次活跃应当是在 1978 年改革开放后。

改革开放后，龙舟运动开始得到重视，民间龙舟活动得到恢复和发展。不少乡村把“文化大革命”期间被拆散的龙舟重新安装起来，有些地方群众和港澳同胞集资造了一批新龙舟。广东省的龙舟运动氛围浓厚，每年都举办各种龙舟活动。广东龙舟活动以东莞开展得最为频繁，历时最长，且观者如云。其他地区的龙舟运动也得到了相应的发展。这个时期各地利用龙舟竞赛，举行盛大集会，使其内容逐渐充实，成为丰富多彩的文体活动，并举办相关的学术研讨会和国际、国内的经贸活动。

---

① 宋代 1 丈=10 尺，1 尺≈30.7 厘米。

三、创新与高峰时期

龙舟运动的新发展阶段代表是于1976年6月在中国香港由香港旅游局举办的世界上第一次国际龙舟赛，香港国际龙舟赛模式由此创立。从此以后，模仿香港国际龙舟赛的模式，在亚洲及欧美地区开始了龙舟竞赛。随着世界范围龙舟运动的普及，在1991年香港国际龙舟赛期间，国际龙舟联合会（International Dragon Boat Federation，IDBF）于6月14日正式成立。成员来自包括中国在内的各个国家和地区的龙舟协会共85个，秘书处设在香港。

1984年，国家体委决定将龙舟运动列为全国正式比赛项目。1985年，中国龙舟协会在著名爱国诗人屈原的故乡——湖北省宜昌市正式成立。中国龙舟协会的成立标志着龙舟运动进入了一个新的发展阶段。中国龙舟协会成立之后，各地区的龙舟协会也陆续成立，目前国内很多地区开展了龙舟运动，中国龙舟协会依靠全国各地龙舟运动的工作者、爱好者、群众，将中国龙舟运动推向新高潮，达到新水平。1984年，赛龙舟被列为我国正式开展的体育竞赛项目，开始举办全国“屈原杯”全国龙舟赛；1994年，国家体育总局社会体育指导中心成立，全国性龙舟活动朝着规范化、规模化、大型化的方向发展；2005年，中国大学生体育协会赛艇与龙舟分会成立，此后多次举办了天津国际大学生龙舟邀请赛、全国大学生龙舟锦标赛等重大赛事。2005年，教育部批复10所高校为龙舟高水平运动队试点校。2010年7月，国务院侨务办公室在华侨大学设立中华才艺（龙舟）培训基地，旨在向全球华人华侨传播龙舟运动和龙舟文化。中华才艺（龙舟）培训基地每年举办全球华人龙舟大赛，基地从成立以来共接纳了来自40多个国家和地区的上千名华人华侨学员参加龙舟文化和龙舟技战术的培训，为中华传统文化向世界传播提供了新的平台。2010年，龙舟运动首次成为广州亚洲运动会（简称亚运会）项目，标志着龙舟运动进入了一个新的发展时期。2010年5月18日，文化部公布了第三批国家级非物质文化遗产名录推荐项目名单（新入选项目），湖南省沅陵县，广东省东莞市，贵州省铜仁市、镇远县联合申报的“赛龙舟”项目入选，被列入传统体育、游艺与杂技项目类别的非物质文化遗产。

1992年8月，亚洲龙舟联合会在北京成立，发起方有日本、马来西亚、新加坡、中国、泰国等，秘书处设在北京。

2003 年 10 月 31 日，国际龙舟联合会第九届代表大会在上海召开，与会代表一致同意将秘书处由香港移至北京。国际龙舟联合会和亚洲龙舟联合会的主席及秘书长都由中国代表担任。

2011 年，中国龙舟协会创办了目前规模最大、水平最高的华人龙舟赛事——中华龙舟大赛，积极地推动了龙舟运动的发展。2011 年 3 月 11 日，为了进一步推动中华民族传统体育龙舟运动的发展，促进文化的挖掘和传承，中国龙舟协会在海南省琼海市博鳌镇召开 2011 年中国（博鳌）龙舟工作会议，研究制定中国龙舟运动今后五年的发展规划。会议就建立中国博鳌龙舟基地、中国博鳌龙舟博物馆规划方案、修订中国龙舟竞赛规则和裁判法、制定中国龙舟协会器材标准、制定中国龙舟协会器材管理规定、编撰中国龙舟协会技术手册和中国龙舟运动五年发展规划等方面进行了探讨和研究。

随着历史悠久的赛龙舟项目被列入国家级非物质文化遗产名录，龙舟比赛也已经由群众性的纪念活动发展成为群众体育，遍及大江南北，近年朝着竞技体育方向发展，并定期举行全国性龙舟大赛。龙舟竞渡进入了一个有组织、有领导、有计划开展的新时期。富有民族性、群众性、竞技性、趣味性的龙舟，具有锻炼身体、增强体魄等作用，同时它那种激流勇进、拼搏向前的气势，振奋了民族精神，培养了人们勇敢顽强、积极进取的精神。在中国龙舟协会的领导下，中国龙舟运动不断向着规范化、科学化、健康化方向发展，同时也促进了龙舟运动的普及与提高。每年由中国龙舟协会举办的国际性、全国性龙舟公开赛达十多次，提高了各举办地的城市品牌宣传，促进了当地旅游事业的发展。目前国内已有北京、天津、上海、湖北、江苏、广东、陕西、吉林等 20 多个地区常年开展龙舟运动，其中 10 多个地区成立了自己的龙舟协会。中国龙舟协会设会员代表大会、常务委员会、器材委员会、规则委员会、裁判委员会、技术委员会、文史资料委员会等机构。其职责是宣传和指导全国龙舟活动；审定竞赛规则和裁判法；组织全国性竞赛和运动员、裁判员的培训工作；考核、审批国家级裁判员；审定竞赛器材标准；参加或举办国际比赛；等等。

文化不是静止的，它总是处于发展的过程中，任何民族、国家、地区的文化都有一个产生、发展的过程。对于龙舟文化而言，其变迁的根本原因应当是社会生产力的改变，即当前社会经济水平的影响，而自然灾害、生态环境引发的变迁影响较小。另外，影响龙舟文化变迁的内部原因则是社会结构因素。从外部因素来看，政治制度是影响龙舟文化变迁的主要因素。在中华文明传承数千年的历史当中，龙作为民族的精神图腾影响着生活在这片土地上的人及其创造的文化，龙舟就是这些文化之果中耀眼的一颗。龙舟，不仅仅是一项民族传统体育运动，更是中国优秀传统文化中的重要内容，因与中国传统节日端午的密切联系，龙舟竞渡等一系列传统民俗活动成为我国重要的非物质文化遗产。在国际上，龙舟项目已经成为中国传统体育文化的代表，同“中国功夫”一样被世界所熟知。在国内，端午龙舟竞渡作为传统民俗文化，同中国社会的变迁一样经历了从传统到现代化的发展历史变迁过程。

物质层面的变迁。文化变迁理论认为，文化的变迁最早产生于物质层面，对龙舟文化而言也是同样，器具的变化就是龙舟文化变迁的直观反映。现代龙舟竞赛对竞赛器具有标准化、规范化的要求。仅以龙舟而言，我们在调研中发现，不论是现代竞技比赛还是传统民俗龙舟活动，多数地区使用的龙舟已经从传统木质龙舟转为玻璃钢材质的标准竞技龙舟，这是龙舟文化物质层面变迁最为突出的表现之一。

活动场所的变迁。龙舟活动场所的变迁，是当地龙舟文化活动场所由过去的不正规向专门化的发展。竞赛场地的升级使很多地方能够承办全国较大规模的龙舟赛事，为龙舟赛事发展提供了有力保障。

制度层面的变迁。大型集体活动的有序进行离不开一个完整的组织体系及其权威的号召力。在旧社会时期，类似于龙舟竞渡的地方节庆活动的开展往往依靠的是地方宗族权威，常有官方参与，但其活动主体始终是民间宗族团体和个人。但在今天，随着社会环境的变迁，传统的民间宗族体系早已失去了生存的土壤，不论是民俗活动还是大型社会集会，如果没有政府的支持，就无法获得足够的经济实力、社会资源，同时会面临“非法”的尴尬处境。因此，谋求活动的官方化、正规化也成为这些传统民俗活动的发展趋势。也正是以上因素，促使以阳新龙舟活动、沔城龙舟活动为代表的传统民俗龙舟组织体系的变迁，而如今政府与民间组织的合作发展使得龙舟文化更加具有活力。

精神层面的变迁。对龙舟文化的审美是受现代文化与当地传统文化影响的，传统仪式内容的选择性保留与现代活动内容的增加促使审美的多元融合。以最为人所熟知的“龙舟点睛”来讲，不论是现代竞技类赛事还是传统民俗类赛事，为龙舟点睛几乎成为所有比赛中不可或缺的赛前仪式。这一仪式性内容一般由主办单位最高领导负责，也是赛前最为隆重、最受观众喜爱的传统仪式。“龙舟点睛”是在传统文化中被赋予重要意义的仪式，意味着龙舟被赋予了龙的力量，寓意着平安吉祥，是人们对美好生活的向往。这种传统仪式在几乎所有龙舟赛事中被保留下来。现代工业制造出的龙舟器械，具有手工制作难以达到的规范及标准，但是在传统文化审美思维的影响下，现代龙舟保留了传统龙舟文化对美的追求。从整体来看，多数地区在现代体育文化的影响下与原始的传统龙舟发生了改变，比赛用的龙舟由传统木质转变为玻璃纤维增强塑料（又称玻璃钢）材质，但是龙舟的颜色、参赛队伍服饰以及队旗颜色，依旧是以中国传统的红色、黄色为主。传统与现代的融合是龙舟文化审美的发展趋向，这一文化审美的趋向与社会变迁、文化变迁的进程相一致，是受到社会文化影响而形成的文化审美趋向。

四、龙舟运动的未来发展

龙舟运动是我国优秀民族传统体育项目和民族文化遗产，它依托农业社会的大背景，在2000多年的发展过程中，以地域性、民族性和传承性的特点使得自身得到不断的发展，保留至今且在世界很多地区盛行。随着农业社会向工业社会的转型、民族文化全球化及第三次产业革命的兴起，民族传统体育的发展也发生了巨大变化，中国的龙舟运动项目也受到了影响，自身的生存和发展同时面临着机遇和挑战。自我国进入社会主义新时代以来，龙舟项目的发展备受关注，龙舟运动未来的发展受到了重视。在国家体育总局和相关主管部门的不断努力下，龙舟项目申请加入奥运会成为龙舟运动未来发展的主要任务之一。奥运会是世界体育之巅，不仅是竞技体育的顶峰，更是各国文化交流的大家庭，在中华民族伟大复兴的时代，赛龙舟怎能继续缺席奥运大家庭？所以龙舟申奥是一项极其神圣的工程。

（一）龙舟申奥具备的条件

1. 龙舟项目具备申奥的公认的国际基础

从《奥林匹克宪章》规定来看，公认的国际基础是各运动项目入选与离开的核心标准。凡是列入夏季奥运会比赛项目的，至少要在75个国家和地区及四大洲的男子中，以及至少在 40 个国家和地区及三大洲的女子中广泛开展；运动小项也要至少在50个国家和地区及三大洲的男子，以及35个国家和地区及三大洲的女子中开展，且至少两次被世界锦标赛或洲际锦标赛列入才可具有入选资格。

目前，龙舟项目拥有正式的国际单项委员——国际龙舟联合会，有会员方85个，国际龙舟联合会在2007年成为国际单项体育联合会总会成员。龙舟运动在全世界广泛开展，参加龙舟运动的人数大幅度增长，龙舟项目得到了世界各国人们的喜爱。龙舟运动的国际性比赛有每两年一届的世界龙舟锦标赛、龙舟世界杯赛，还有世界大学生龙舟锦标赛、世界俱乐部杯龙舟赛以及各大洲举办的龙舟赛事，例如龙舟亚洲锦标赛（简称亚锦赛）、亚运会、亚洲沙滩运动会（简称亚沙会）的龙舟项目等，还有各项国际龙舟邀请赛等；比赛项目的设置上组别丰富，有公开组、男子组、女子组、混合组等，这也符合奥运会的开展要求。可见，龙舟运动已经具备申请加入奥运会正式比赛项目的基础条件。

2. 龙舟项目具备国际统一的行业标准

为了有利于将龙舟项目在世界上不断推广，早在 1992～1994 年，国际龙舟联合会为世界龙舟锦标赛和国际比赛的需要出版了国际龙舟联合会章程、细则、竞赛规则和规程，龙舟和船桨技术以及相关器材的细则，包括比赛器材、参赛人数、场地设置、成绩计算方式等，龙舟运动官方语言为英语和中文（普通话）。龙舟器材的国际统一标准如下。

（1）22人龙舟的标准规格

标准龙舟规格全长为1840cm，船身长1550cm，宽110cm，如图1-1所示。共20名划手、1名舵手、1名鼓手，另外需要2名替补队员，队伍共计24人。

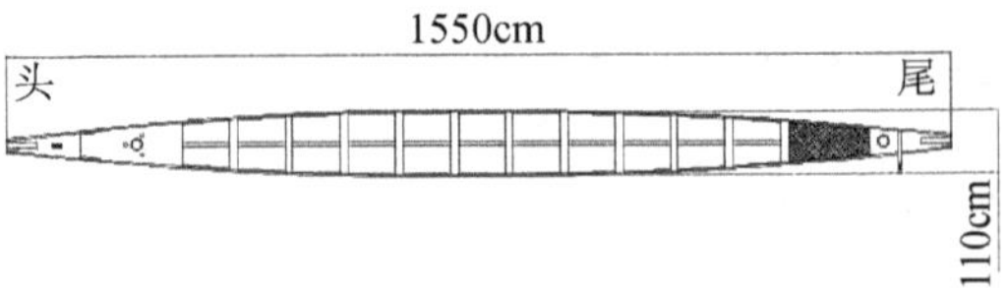

图 1-1　22 人标准龙舟

（2）12 人龙舟的标准规格

12 人龙舟全长 1295cm，船身长 1095cm，宽 101cm，如图 1-2 所示。共 10 名划手、1 名舵手、1 名鼓手，2 名替补队员，队伍共计 14 人。

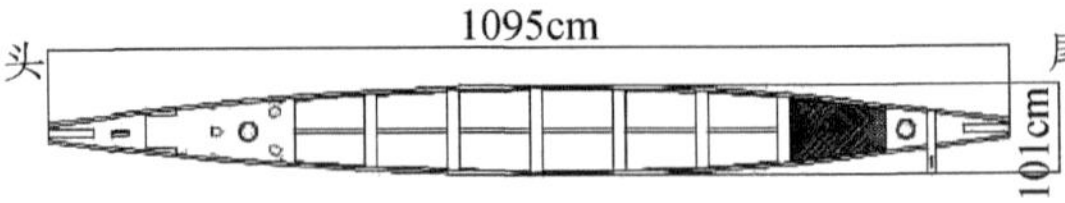

图 1-2　12 人龙舟

（3）龙舟舵桨的标准规格

龙舟的船舵采用固定式的方法，长 280cm，舵叶长 95cm，舵叶前沿宽 13.5cm，如图 1-3 所示。

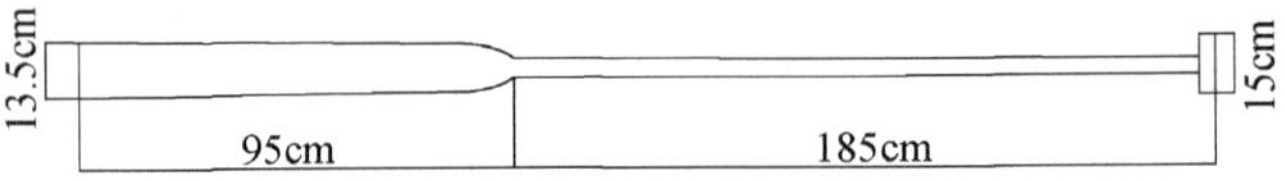

图 1-3　船舵桨

（4）龙舟划桨的标准规格

划桨的总长度为 105～130cm，桨叶长 48cm，桨叶前沿最大宽度为 18cm，桨杆直径为 2.5cm，桨柄长 57～82cm，如图 1-4 所示。

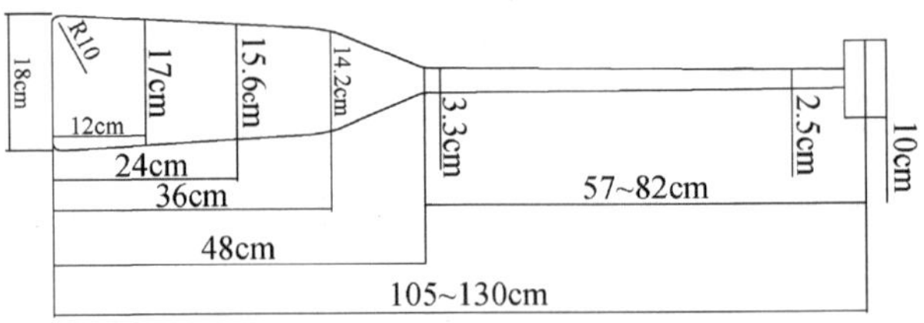

图 1-4　船划桨

3. 龙舟项目的文化精神与奥运会高度吻合

奥运会旨在通过体育运动的交流沟通，增进各国人民之间相互了解，在不同民族、不同文化、不同信仰的人们之间搭建友谊的桥梁，促进友谊、和平。21 世纪的奥林匹克已成为开放式的走向跨国度、跨民族、跨文化的世界性文化，在发展中汲取东西方文化精华。奥林匹克文化是人类文明的共同宝贵遗产，随着时代发展，发扬奥林匹克精神已经是世界人民的共同愿望和共同理想，奥运会在人类不断努力与探索中，不断增添新内容、新内涵，不断创新。奥林匹克精神是公平竞争、互相理解、友谊团结。奥林匹克竞技精神是更快、更高、更强的自我挑战精神。在比赛过程中更注重公正原则、竞争原则、奋斗原则，这也在运动员身上体现得淋漓尽致。在古希腊比赛项目中，人们追求不断抗争大自然、勇于进取、挑战生理极限的思维方式。从龙舟运动项目上来看，二者非常相似。

龙舟运动精神在中华民族传统体育文化的沃土中茁壮成长，随着时间的变化，龙舟运动在中国乃至世界也不断进步发展。在同一片水域、使用相同器材，由不同民族、不同文化的人们参与公平竞赛，这深深地体现了相互包容、相互了解的奥运会宗旨。龙舟运动也叫龙舟竞渡，龙舟竞渡之美源于一个“竞”字，它生动形象地表现了这种力争上游、不断进取的精神，充分体现了更高、更快、更强的奥运精神，所以一个“竞”字将二者从本质上紧密联系在一起。龙舟运动是一项集体性运动，在龙舟比赛过程中，全体队员相互配合、同心协力，在鼓声激励下奋勇拼搏，不会因为任何原因彼此放弃，都在努力坚持到最后。这不仅是体育精神的体现，更是中华民族优秀传统美德的体现，是中华民族同舟共济伟大精神的体现，也更加吻合奥运会精神。

4. 龙舟项目有强大的国家支持

龙舟运动是我国的优秀传统文化，有 2000 多年的历史传承。我国进入全面建设社会主义现代化国家的伟大时期，在文化自信和体育强国梦的感召和指引下，龙舟项目这个具有中华文化精髓的传统体育带着中国精神挺进奥运会，是非常令人自豪的一项工程，是富有国家使命和历史责任的一件大事。龙舟项目申奥不单单是一个体育事件，更是我们国家综合国力不断提高、社会不断进步的体现。我国是世界第二大经济体，在大国外交的朋友圈中有着举足轻重的地位，在“一带一路”的共享共赢以及“人类命运共同体”的大国策略的影响下，中国已经被更多的国家和地区接受，成为世界人民的真朋友、好朋友。

在国家的大力支持下，2010 年广州第十六届亚洲运动会上，龙舟首次被纳入亚运会运动项目，设 6 枚金牌，成为亚运会上单项项目金牌数目最多的运动项目，随后龙舟又成为亚沙会、世界运动会等多个大型综合国际赛事的正式运动比赛项目。在我国龙舟人的不断推动下，2013 年国际龙舟联合会主席麦克·托马斯表示要力推龙舟进奥运，2016 年国际龙舟联合会向国际奥委会递交了龙舟入奥的申请，申奥第一步顺利完成。2017 年 10 月，第十三届龙舟世界锦标赛在昆明滇池举行，被誉为世界龙舟回故乡之旅；2018 年雅加达亚运会上，龙舟再次进入亚运会，成为 8 个非奥运会项目之一；2022 年，杭州亚运会也被列为正式比赛项目。以上事实充分证明龙舟运动在国家的强大支持下，不断登上世界竞技舞台。由此可以看出龙舟项目申奥中，国家是其坚强的后盾。

5. 龙舟项目具有较强观赏性

2011 年至今，我国的中华龙舟大赛每站比赛都有 CCTV-5、CCTV-5+现场直播，从收视率上看，我国有上亿人观看了龙舟比赛，每次比赛现场都有几万观众。龙舟比赛每组有 6 支队伍同时比赛，每组有 130 多人同时划桨，场面宏大，这种众人划桨开大船、锣鼓喧天、百舸争流的场面十分壮观，给观众一种激情与美的享受。这也充分体现了龙舟比赛的观赏性极强，对人们有很大的吸引力。

6. 龙舟项目竞技特点符合奥运会要求

区别于其他身体对抗、打分等项目，龙舟项目直观性强，且像径赛项目一样，减少了主观因素对项目胜负的评判，完全靠客观事实体现比赛结果，一目了然，谁先冲过终点，谁获得胜利。

（二）面临的困境

1. 龙舟项目自身发展困境

（1）龙舟项目专业人才缺乏

1）缺少专业教练员

现在世界上大多数龙舟运动教练员是由学校体育老师、水上其他项目的教练、民间的龙舟爱好者兼职担任，缺少专门从事龙舟项目的教练员。

2）缺少专业运动员

现在的国内龙舟运动员参与者大多由农民、职工、学生、其他项目运动员等组成，国外龙舟运动员很多由军人和其他项目退役运动员组成，国内和国外都缺少接受龙舟专业培训的运动员。

龙舟项目专业人才的缺乏限制了该项目的专业发展，使该项目从技战术的训练指导、运动员的专业选拔与培养等方面，都无法与奥运会水平接轨，这不利于龙舟项目申奥。

（2）龙舟项目参与人数庞大，竞赛组织与接待困难

在龙舟项目比赛中，对于 22 人龙舟，每支队伍有运动员 24 人，领队、教练、工作人员各 1 人，一支队伍至少需要 27 人。对于 12 人龙舟，每支队伍有运动员 14 人，领队、教练、工作人员各 1 人，一支队伍至少需要 17 人，最少设置男子、女子两个组别。龙舟项目的参赛人数已经超过了奥运会足球项目，所以比赛的组织与接待上存在很大的难度，这也不利于龙舟项目申奥，所以龙舟项目必须进行自身的瘦身才有利于申奥。

2. 龙舟项目外部发展困境

（1）经费问题

各级各类的龙舟训练、竞赛都需要经费支持。队伍经费来源主要由政府、企事业单位支出，民间私人企业赞助，队伍参与人员自费这三种方式。虽然很多队伍经费暂时是充足的，但是缺乏长期稳定性，这非常不利于龙舟项目的长远发展。

（2）全球性宣传不足

世界级龙舟比赛有世界龙舟锦标赛（简称世锦赛）、世界杯、世界俱乐部杯，每两年举行一次；亚洲有亚洲锦标赛、亚运会、亚洲俱乐部杯等比赛，也是两年一届，这些世界级的比赛只有在中国举行时才能得到 CCTV-5 的全球性直播。截至 2019 年底世锦赛已经举行了 14 届，如果每届比赛都能得到各参与国国家媒体的直播或转播，那对龙舟项目在世界范围内的宣传与推广是极其有利的。

（3）受其他水上项目的一定冲击

龙舟运动、皮划艇和赛艇运动都是周期性水上运动项目，因龙舟运动与它们有很多相似之处，所以赛艇及皮划艇协会认为龙舟不应单独成为一个大项，而应被纳入其中。目前，奥运会水上项目主要有赛艇、皮划艇、帆船、皮划艇激流回旋等，随着“奥运瘦身计划”的实施，已纳入奥运会的水上项目在不断调整、增减，对新增龙舟项目的进程产生了一定的冲击。龙舟与皮划艇项目二者相似度很高，这使得龙舟运动项目的加入显得有些运动形式上的重合，因而给龙舟运动的申奥增加了一定的难度。

3. 奥运会项目的瘦身计划

随着奥运会项目数量的增加，其比赛规模不断扩大，参赛人员和工作人员不断增多，在体现全世界参与的同时，面临着亟待解决的“臃肿”问题。“奥运会瘦身计划”是国际奥委会主席罗格在 2001 年提出的，他认为一些项目设置的随意性和无组织性还会威胁到奥林匹克运动会自身的健康持续发展。也就是说，奥运会要对自身进行改革，只有通过适当缩减比赛项目、控制比赛规模、规范比赛设置、提高比赛质量和精彩程度，才能使奥运会未来的发展道路更平坦。2005 年，“奥运会瘦身计划”开始实施，经过专家团体的考察商议，棒球、垒球等从奥运会项目中去除，申奥门槛提高。要想申奥成功，就需要有别的项目退出，在这样的大环境下，龙舟运动目前开展得最好的是中国，在国际上还存在群众基础薄弱、竞赛组织不清晰等问题，这无疑给龙舟进奥运会带来了一定困难。根据《奥林匹克宪章》规定，想作为奥运会的比赛项目，必须在奥运会举办前 7 年召开的国际奥委会全会上由全体委员秘密投票表决，新进项目加入奥运会前作为表演项目出现，然而中国的龙舟运动至今还一直在为成为奥运会表演项目努力着。所以说，“奥运会瘦身计划”是龙舟项目申奥面临的困境之一。

（三）龙舟项目申奥的可行性

龙舟运动在我国已有 2000 多年历史，是我国民族精神与传统体育的代表，而且龙舟运动的文化精神和奥运会有很高的相融性。目前，龙舟运动在国家与政府的大力支持与扶持下，遵循国际奥委会规定的广泛性、普遍性和比赛安全性原则，更好地与国际接轨，已经处于发展成熟阶段，具备了申奥的基础条件。

随着国际龙舟联合会出版了国际龙舟联合会章程、细则、竞赛规则和规程、龙舟和船桨技术以及相关器材的细则（包括比赛器材、参赛人数、场地设置、成绩计算方式等），实现了龙舟比赛世界统一。

随着龙舟运动的全球性发展，一定会有更多资金投到其中，而且龙舟的体育经济价值还没有完全得到开发，在政府和市场的良性运作下，龙舟的经济价值会得到充分体现，所以龙舟的经费问题完全可以解决；在全球化宣传推广上，随着经济问题的解决，在国际龙舟联合会的大力推广促进下，龙舟项目的全球性直播也会实现。

在“奥运瘦身”的影响下，世界级比赛开始增设 12 人小龙舟比赛，对龙舟项目自身开始了瘦身，正在申请成为东京奥运会表演项目，而且进一步瘦身为 10 人龙舟。虽然龙舟运动项目在一定程度上受到皮划艇、赛艇等水上项目的冲击，但其自身的观赏性和竞技特点如今在世界上影响力不断增大，龙舟入奥的呼声很高。因此，我国龙舟项目进军奥运会的梦想在一步步努力实现，并不断向奥运会项目借鉴成功的申奥经验，以期最终达到目标。

综上所述，龙舟运动具有很高的社会文化价值。与个人项目不同，龙舟项目的参赛者通常代表国家、城市与团体，其社会凝聚力、认同力和归属感是许多体育项目难以比拟的。龙舟运动的竞技性使其具有刺激、精彩、观赏性强的特点，可以赢得众多观众，比赛时浓厚的竞技元素使龙舟运动产生了很高的市场经济价值。龙舟运动强调团队精神、顽强拼搏不畏困难的竞争精神与奥林匹克精神高度融合，符合国际奥委会对新增项目的要求。目前，国际奥委会反对高耗能、器械复杂、易造成环境污染的项目进入奥运会。龙舟运动器械简单，强调人与自然的高度融合，低碳环保，因此更加符合国际奥委会的要求。所以，龙舟项目申请进入奥运会是很有希望的。

第二章

龙舟运动的文化传承功能

有关龙舟文化的概念，文化专家、学者认为：龙舟文化是伴随着龙文化的发展而发展成长起来的，最初，先民可能是将自己的氏族、部落的图腾装饰到船首上，举行各种各样的活动包括祭祀活动，最后逐渐演变为单纯的龙舟竞渡，从而形成独特的龙舟文化。伍广津（2007）认为：龙舟文化是人类对龙舟运动产生的客观现实的感受，是经过长期的认识和历史的沉淀的，它包含人们对龙舟、信仰、心理、习俗、伦理、艺术等诸多特质的审美意识，融科学理论、制作技术、艺术表达、体育竞赛、情感交流于一炉。

第一节　龙舟文化的内涵与特质

一、龙舟及龙舟文化的含义

“龙舟”，顾名思义，就是“龙”与“舟”的结合，是做成龙形或刻有龙纹的船只。史料记载，最初的竞渡之舟只是一般的独木舟，直到西周开始出现了舟与龙的结合产物——龙舟。龙是中华民族的象征，龙文化对中华民族文化的发展有着深刻的影响。与龙文化一脉相承的龙舟文化已有几千年的历史，先辈们将龙与舟结合到一起，演变成龙舟，融科学理论、制作技术、艺术表达、体育竞赛、情感交流于一体，希望通过集体划龙舟来祈求“龙神”的保佑。龙舟活动的起源及其延续证明了龙舟文化是一种宗教文化，体现出人们对龙的崇拜与信仰。广大人民群众将端午节、龙舟竞渡和纪念爱国诗人屈原完美地结合在一起，赛龙舟凝聚了先民的智慧，既有娱乐性又有竞技性，大大地增添了端午节的节日气氛。学者邱丕相在谈认识武术时认为，在认识武术概念时，绝不能仅仅将其视为一种技术技能或人体运动，还应认识它丰富的文化内涵。由此可以总结出，龙舟文化是在长期发展过程中深受中国传统信仰的影响，吸取诸多社会文化领域的精华而形成的具有独特性质的文化体系。

“传承”有传递、接续、承接、沿袭创新之意，一般指承接好的方面，中华龙舟传承意味着龙舟文化的继承与弘扬，将中华优秀传统文化发扬光大。对于龙舟的文化传承，应在更高的层次上理解它、认识它，从它所蕴含的价值观念、行为规范、思维方式、情感方式等方面汲取一些精粹的、先进的、适应当今社会发展的思想，挖掘它对社会、对人的文化效用，使人们在运动实践中潜移默化地受到文化的启示和熏陶。

二、龙舟的文化内涵与特质

龙舟运动是一种古老的民俗活动。中国很多学者对这项运动进行了深入的研究，包括龙舟起源、龙舟发展、龙舟技术与训练、龙舟歌、龙舟比赛、龙舟节、龙舟运动、龙舟文化等，经过多年的研究和积累，取得了一定的研究成果，在理论和定义等方面有了一定程度的进步和提高，但对龙舟的定义还是不够详细，不够完善，不够准确。理论与定义的形成都需要经历一个从模糊到完善最后到准确的过程，在这个过程中需要付出的是坚持和不断探求。龙舟的定义亦是如此，需要人们根据社会的发展和变化以及人民的生活方式以更加进步开放的思维去思索和定义，进一步对其进行丰富和完善，赋予其新的含义。龙舟体育文化是指以龙文化为精神内核，以龙舟运动为活动载体，历经文化认同、积淀、聚集与整合而形成的中华民族特有的一种民俗体育文化。这一文化的传承，在我国古代主要依赖于民间自发方式或宫廷助推方式而得以延续。在当代，随着龙舟体育文化的发扬光大，龙舟运动逐步实现了从娱神到娱人、从民俗到体育、从中国到世界的历史转变，龙舟体育文化的影响日渐凸显。

龙舟文化在我国有着 2000 多年的历史，最初为一种宗教、祭祀活动。由于地域和民族的不同，各地所祭祀的活动和人物也有不同，但近年来逐渐被人们所接受和认同的是纪念爱国诗人屈原。为什么最终会从那么多历史人物中独选屈原呢？一个充分的理由是，屈原是具有高度的爱国主义精神、为实现其理想而献出可贵生命的著名历史人物。屈原那份对国家及优秀文化传统赤子式的挚爱与眷恋，那份忧国忧民、舍身赴难的精神，正是龙舟文化精神的重要组成部分。端午节之所以选择屈原还有一个个体的内在因素。中国近代学者王国维先生《文学小言》中评价屈原说：“三代以下之诗人，无过于屈子、渊明、子美、子瞻者。此四子者苟无文学之天才，其人格亦自足千古。故无高尚伟大之人格，而有高尚伟大之文学者，殆未之有也。”这是一个对屈原文化修养及人格理想的恰当评价，从中可看到屈原超越凡俗的品格——正直峻洁、刚正不阿。这种品格，寓含人类群体普遍认同的正面人格因素：自信、勇敢、沉着、有斗志，因此经受了历史的检验，受到了不同民族的共同敬重。当然，这些传说未必都是真实的，但是既然可以形成一定的习俗，就足以说明每一个传说都附带了本民族本区域的人民对神、英雄的崇拜和尊敬。

（一）物质文化内涵与特质

龙舟物质文化是龙舟文化的物质表征，是体现在龙舟运动相关的有形物质产品上如龙舟、服饰、场地、建筑等，所有由龙舟文化创造而来的物质文明成果都属于龙舟物质文化。龙舟文化最具代表意义的是“龙”与“龙舟”，一般在所有龙舟物质文明成果中都能“看到”。龙舟物质文化的主要内容涵括以下三方面。一是龙舟制作工程文化。龙舟制作由来已久，在民间已有久远历史。但真正意义上的现代龙舟制作工程文化是随着现代制作工艺进入龙舟制作以后才逐步形成的，并成为一种独立的龙舟物质文化形态。二是龙舟产品文化。由龙舟运动衍生的龙舟产品众多，如龙旗、服装、纪念品、模型等，龙舟产品生产企业亦是龙舟产品文化的组成部分。龙舟产品文化因其物化特质已成为龙舟物质文化的一个重要组成。三是龙舟设施文化。大型龙舟设施建设是开展龙舟竞技与龙舟活动的必要条件，在龙舟物质文化建设中颇具代表意义，其中龙舟建筑、龙舟场地的建造处处体现着龙舟文化特色，因此，龙舟设施文化是龙舟物质文化的重要代表之一。

（二）精神文化内涵与特质

龙舟精神文化是其文化缘起、聚集、整合与发展的精神动因，亦是龙舟运动形成与发展的推手。内容主要包括以下具体文化。一是龙的图腾文化。图腾是记载神的灵魂的载体，是由古代先民对大自然的崇拜产生的，龙是中华民族认同的图腾。龙的图腾文化是龙舟体育文化产生的源泉，亦是龙舟精神文化的主要构成之一。二是龙舟纪念文化。龙舟纪念文化形成的时期较早，龙舟起源的“屈原说”“伍子胥说”都是龙舟纪念文化的史证。除了纪念民族英雄之外，纪念文化亦涉及祖先、亲属、保护神等。纪念文化与纪念活动、纪念仪式密切相关，所以，龙舟的纪念文化亦是一种活动文化与仪式文化。三是龙舟祭祀文化。这种文化与龙舟纪念文化和龙舟祈福文化在外延上有交叉，难以完全分离开来。但龙舟祭祀文化侧重于对自然、先人的拜祭，仪式感强，更严肃、庄重。早期的龙舟祭祀文化有一定的迷信色彩。四是龙舟祈福文化。该文化主要产生于人们对未来生活、生产的良好祝愿与向往，亦产生于对当下幸福生活的感恩。它在情感上通常较祭祀文化轻松，仪式上有一定程序但并不苛刻，随意性较强，龙舟祈福文化更多表现在对幸福生活的追求上。上述四种龙舟精神文化历史悠久并绵延至今，不仅为国人津津乐道，而且为今人传承沿袭，表明这些传统文化受到中华民族的强烈认同，它们体现的主流价值是向上、向善的。在当代，上述四种传统的龙舟精神文化综合得以传承发展，特别是现代竞技运动的加盟使龙舟精神文化的外延扩大，出现了一种反映时代特征的龙舟精神文化，即龙舟竞争与合作文化。该文化强调的是通过龙舟运动体现现代社会所推崇的竞争意识和合作精神。龙舟竞争与合作文化是龙舟精神文化内涵发展的现代写照。

（三）制度文化内涵与特质

从“端午节”到“龙舟节”，其文化内涵发生了根本性变化，表现出龙舟竞渡这一古朴、封闭的民间活动，从以先秦的祭祀性、汉代伊始的纪念性为主，到今天以竞技性为主的文化内涵的变化，实现了从传统到现代的历史性转变。龙舟竞渡直接服务于社会主义市场经济建设，体现出新时代的活力和新的文化内涵。体育产业的发展近年来一直受到各级政府的大力支持，从2010年《国务院办公厅关于加快发展体育产业的指导意见》的印发，到2014年《国务院关于加快发展体育产业促进体育消费的若干意见》的出台，再到2016年《国务院办公厅关于加快发展健身休闲产业的指导意见》的印发，这些政策的实施和引导使龙舟文化产业化发展迎来了春天，使龙舟文化的产业化发展可以乘东风之势，在原有基础上大刀阔斧地全面推进。龙舟竞渡文化价值追求的这一典型转变说明，社会和文化是双向作用关系。

（四）社会文化内涵与特质

在设计和举行龙舟比赛时，要充分挖掘龙舟文化所表现的那种促进人的个性形成和发展、培养完美的自我观念、内化价值观念及传递社会文化的功能。龙舟文化所折射出的拳拳爱国之心，“富贵不能淫、贫贱不能移、威武不能屈”的意志品质，团结拼搏、勇往直前的精神，不畏艰险、力挽狂澜的毅力及中华民族的古老文明，要充分体现于开发和宣传推广当中。现代龙舟运动发展具有竞技性、广泛性和主导性增强的特点，并与经济发展密切联系，两者相互扶持，共同发展，共同繁荣。因此，龙舟运动的体育无形资产开发具有极其重要的社会价值。应通过加大宣传力度，加强与媒体的合作，争取社会、企业的赞助，加大竞赛工作力度，丰富竞赛的形式，把比赛办出规模、办出水平。随着龙舟竞渡影响力的增加，龙舟运动的商机将得到更大程度的挖掘。

第二节　龙舟文化的特征与功能

一、现代龙舟竞渡文化的时代特征

中国已经迎来了为实现民族伟大复兴而奋斗的新的历史时期，“龙”的社会含义随着时代的变化而变化。“龙”的皇权垄断观被破除，“龙”从氏族旗帜图腾崇拜的史前文明到走向太空的科学世纪，“龙”始终在华夏大地上不曾消失。“龙”由氏族旗帜演变为民族象征，龙舟竞渡由祭祀图腾龙神演变为显现民族精神的雄美和力量，绝不是时间上的近似巧合，而是历史发展的必然。这也是今日龙舟竞渡规模越来越大的根本原因，是“龙舟”形象具有中华民族雄美、力量象征意义的原因。龙舟竞渡在一个具有五千年文明的国度里，拥有巨大的凝聚力和向心力，这种力量也是民族精神和社会主义新文化的象征。龙舟竞渡是华夏民族观念意识的物态化图像和标记，凝聚着当代中国人的情感、观念和心理。“龙”虽说已远离图腾年代，但仍给中华民族留下了极高的象征意义——神圣、尊贵、肃穆、庄严、勇猛和威武。龙舟竞渡具备整个民族的稳定心理气质，具有上述“龙”象征意义的审美普遍性，寄寓着平民百姓的美好理想和愿望，成为一种新的“龙舟竞渡文化”，这是一种体现力量美的高层次的体育文化。“千帆共进，百舸争流”，龙舟竞渡弘扬的是奋勇争先的精神，“竞”也表现了力争上游的意境。

二、龙舟文化的功能

龙舟文化在我国有着非常悠久的历史：一方面，龙舟文化是中华民族集体智慧和优良品格的体现；另一方面，龙舟文化也是对民族精神的一种继承和发扬。现如今，龙舟竞渡已经成为我国民族传统的一项竞技项目，弘扬了爱国主义精神，丰富了人们的生活，随着龙舟竞渡在全世界的推广，传播了中国的传统文化。龙舟运动源于中华民族对龙这一图腾的崇拜和对屈原的纪念，其意义已不仅仅局限在娱乐和竞技上，更成为一种富有民族精神性的社会文化活动。龙舟竞赛正逐渐演化成一种在喜庆节日出现的集众多内容于一体的文化活动。现代龙舟竞渡文化发展的思考要立足于中国文化史，龙文化源远流长，与中华文明息息相关。从远古到今天，中华巨龙一直保持着旺盛的文化生命力，其中凝聚着民族的性格，民族的精神，民族的真、善、美，它是中华民族彼此认同的标志。龙舟文化是龙文化的重要分支，从许多层面承载着龙文化的历史信息，并且以更为丰富的文化因素改造、充实了龙文化的内涵。研究龙舟文化就是为了将这一宝贵的民族文化遗产发扬光大，从而促进民族“文化认同”，提升民族“文化自觉”，增强民族“文化自信”，实现民族“文化自强”。

（一）龙舟的娱乐功能

作为运动项目，龙舟比赛保留了其内在文化的底蕴，要合理地将它的活动性质和传统文化衔接。自古以来，中国就非常重视对优秀的文化遗产进行发掘、保护和发扬，很多中华传统节日也一直保留至今，影响着一代又一代的中华儿女。也正是因为如此，龙舟运动开始成为一种文化象征和娱乐符号，每逢端午佳节，世界各地的华人纷纷举办大型活动进行庆祝，男女老幼共同欢庆，所有人都可以参与其中，享受龙舟运动文化带来的乐趣。它的娱乐性和人们的生活紧密相随，这种结合是千百年来人们生活劳作和娱乐活动紧密相随的重要产物，也是一项运动的必要功能。

（二）龙舟的健身功能

在具有娱乐功能的同时，龙舟运动还具有健身功能，正是龙舟竞赛的娱乐文化性，才能让人们参与到这项运动中来，起到了带动全民运动的效果，营造了良好的运动健身氛围。在进行龙舟比赛时，不但有传统文化的传承，形成了浓浓的文化氛围，同时还有助于在运动过程中凝聚团队力量，体现新时代的体育精神，使参与者在心理上积极健康。在参与过程中，人们还可以通过龙舟运动和日常的训练，达到强身健体的目的，长此以往，人们的身体素质水平能够得到很大提高。因此，龙舟运动能够为人们提供一个强身健体的平台，在进行比赛提升自身价值的同时达到锻炼身体的目的，这是龙舟运动的重要功能之一。

（三）龙舟的文化功能

文化自信，是指一个国家、一个民族和一个政党对自身的理想、信念、学说以及优秀传统文化发自内心的尊敬、信任和珍惜，对当代先进文化充满信赖感的尊奉、坚守和虔诚。龙舟作为中国传统体育项目，深深根植于中华优秀的传统文化之中，自古以来便是中华民族伟大精神的重要载体。研究传统体育项目的发展，发掘其在当今社会体育文化的价值，对于增强民族文化自信和传播中华民族文化来说，是十分必要的。中华民族优秀的传统文化赋予当今体育人最深厚的底蕴，在传统文化中汲取源源不断的灵感，不断开拓、创新、发展和传播传统体育项目，以求传统体育项目在世界体育之林中占有一席之地，并丰富中国现代体育及世界现代体育的内涵。

（四）龙舟的经济功能

休闲体育旅游最先在欧美发达国家兴起，后日渐流行并快速发展，如广为人知的攀岩、冲浪、蹦极等都属于此类，目前已拥有相当大的市场和消费人群。体育与旅游的无缝衔接，从身到心带给人们全面的非凡体验与感受，其市场产值和经济收入更是令人惊叹。例如，英国每年参加高尔夫公开赛的旅游人数高达 300 多万，而有“欧洲屋脊”美誉的瑞士，每年都会吸引 1500 多万的国外游客开展滑雪旅游项目。借鉴国外这些成功案例，结合传承千年、内涵丰富的龙舟文化，在国家政策的大力支持下，龙舟运动将成为休闲体育旅游业发展的助推器。

第三节 龙舟文化的品质与价值

一、龙舟文化的品质

（一）一脉相承的龙文化

一般认为，龙舟运动与龙文化一脉相承。龙是中华主族（大多数华人）的图腾、象征。龙文化上下几千年，源远而流长，是中国文化的突出符号。中国历代正史记载的有关龙的事件大概有三百多起，其他类型的文献数量更是庞大。龙的形象深入到中国社会的各个角落，龙的影响深入了中华文化的各个层面。龙装饰、雕龙、建筑里的龙吻、元宵节舞龙（舞龙灯、耍龙灯）、二月二龙抬头炒玉米、端午节赛龙舟、龙图画、龙书法、龙诗歌、龙歌曲等是长期流行的民间文化。龙成为一种文化的凝聚和积淀。值得注意的是，龙的正确英文译名是“loong”，与欧洲的“dragon”（龙、蜥蜴）构造不同，东西方的龙是不同的物种。在蛇身和天使这两大点上，中国龙近似于西方早期的“serap”（四足大蛇、炽天使）。龙，作为一种动物在自然界并不存在，它是先民信奉的一种吉祥神物和原始图腾。人类学家指出，这种综合型的动物形象是古代各部族图腾的综合，它标志着古代各部族的融合。我们的先民结束原始时代、进入阶级社会以后，龙的图腾意义便逐渐消退，而成为一种深受大众尊敬崇拜的神灵之物，成为中华民族的象征。直至当代，中国人仍自称是龙的传人，大众对龙的形象及行为也保持着高度的认同感。龙舟文化是图腾文化，很多学者认为，对龙图腾的祭祀崇拜是龙舟文化的起源。正如闻一多先生所考证的那样，龙舟竞渡应该是史前图腾社会的遗俗，这可以从船上的图纹和挂龙子幡得到暗示。人们划着刻成龙形的独木舟，在水上进行竞渡游戏，给图腾也给自己取乐。不仅是从龙舟运动的起源上，从龙舟运动的延续也能证明龙舟文化是一种图腾文化。如果不是出于对图腾的尊崇和仰慕，如果不是图腾对人们的震撼和影响，一个如此直接的文体形态何以历经2000多年而不衰呢？

龙舟文化也是大众文化。龙舟文化的观赏性、竞技性、娱乐性和协作性特征决定了龙舟文化的大众化属性。飞溅的浪花、飞舞的龙幡、飞驰的龙舟、飞扬的号子，与两岸欢呼雀跃的人群融为一体。哪里有龙舟赛，哪里就有激动的人群。桨手、鼓手、舵手是一个战斗的集体。多舟齐发，这种参与者众多的活动方可称为龙舟竞渡。每场龙舟赛事少则成百上千人，多则数十万人参与，表演者也好，观赏者也罢，无不乐在其中。龙舟竞赛是人民大众喜闻乐见并积极参与的，具有全民性的一种文化形式。“龙文化”是中华民族文化的重要渊源和组成部分，有着深远的影响。在有关龙的诸多传说，乃至由此衍生的各种以龙为主题的活动中，龙舟竞渡是一项历史久远、流传广泛和深受人民群众喜爱的传统文化与体育活动项目。它随着社会的发展而发展，延续至今，始终保持着浓厚的民族特点和风格。这一活动不仅根据传说和想象塑造了栩栩如生的龙的形象，而且突出表现了龙的传人同舟共济、奋力拼搏、勇往直前和生气勃勃的豪迈气质。凡是观看龙舟竞渡的人，无不受到这种气质的感染和鼓舞。

（二）发扬龙舟运动精神

龙舟运动不仅是一种娱乐性强的民间民俗活动，还蕴含着中华民族的情感态度、价值取向和传统文化，并表现出历代民众对爱国主义精神的赞赏、尊敬和推崇。人们参加龙舟竞技比赛主要是为了在比赛中取得好成绩，赢得荣誉，展现竞技水平。不论哪种龙舟比赛，竞渡中所蕴含的民族文化始终得以积淀、储存，从而传承、保留、记忆到现在。一是从时间上看，龙舟精神具有历史性与时代性。龙舟精神的历史性决定了它具有相对稳定性，而时代性又决定了它具有调整性和变化性。特别是在竞技体育迅猛发展的今天，龙舟运动也融入了竞技性的特点。二是从空间上看，龙舟精神具有民族性与社会性。民族性与社会性决定了它在特定范围内的广泛适用性，龙舟运动借助社会和社会活动来实现和传递广大人民群众所共同认可的价值与信念。三是从发展传承过程来看，龙舟精神能传承下来有一个形成、发展和不断完善的过程。龙舟运动的精神内涵主要包括人本精神、英雄主义精神、公平竞争精神、团队精神。它们分别反映了龙舟运动在健康快乐、挑战征服、公平竞争、团结协作这四个方面的价值标准。

（1）人本精神

人本精神是龙舟运动精神中最基本的精神，以人本主义哲学为其思想和理论基础。龙舟运动的人本精神主要包括：自信的精神，重视人的本身价值，重视人自身的尊严、自由和权利，理解、友爱、尊重等。

（2）英雄主义精神

英雄主义精神主要包括坚毅、执着的意志品质和顽强拼搏的精神。众所周知，龙舟运动是一项很耗体力的运动，需要腿部、腰部、上肢的协调发力。每划一桨，都需要全身配合，船才能快速前进。龙舟运动的训练也是非常辛苦的。对于运动员而言，在划船时，要想保持体能以及划船的感觉，就必须通过不断的训练，一桨一桨踏踏实实地做好。这对划手而言是一项非常大的考验。划船的技巧性不强，但需要运动员具备坚忍的毅力，所以龙舟运动能非常好地锻炼坚毅的品格。运动员在训练时，常常顶着烈日，且还会被水泼湿，但正是在这样的环境下才能磨炼出龙舟运动员的品格，锻造龙舟人应有的“精、气、神”。

（3）公平竞争精神

公平竞争精神主要包括诚信意识、开放参与意识、自由民主意识和竞赛规则意识。为了实现团队的共同利益和目标，运动员必须具有协调配合与互动的意识。在龙舟比赛中，大家都为了同一个目标，齐心协力划向终点。体育比赛是对人类最有益的一种竞争方式，是一个当某一国国旗升起时不会引起他国敌视的场合。龙舟比赛也是如此。通过比赛，可以培养运动员依靠实力、公平竞争的能力。

（4）团队精神

团队精神主要包括协作互助和共同拼搏精神。龙舟运动强调的是团结拼搏、同舟共济的团队精神，这也是最能代表中华民族的民族精神。这是一种同心协力、激流勇进的精神；这是一种吃苦耐劳、奋发向前的精神；这是一种遵守纪律、听从指挥的精神；这是一种胜不骄、败不馁的精神。

新时期，龙舟运动已经走向世界，成为中华文化对外交流的一张王牌，也是国家软实力的象征。以龙舟为纽带将全球华侨华人与祖国联系起来，发扬龙舟精神，团结一致，拼搏进取，不断创新，共同为中华民族复兴的伟大使命与任务而努力，具有很强的现实意义。

二、龙舟运动文化的价值

赛龙舟这一运动项目，表面上来看是一种运动形式，是一项具体的实践项目，然而它却作为一个价值的符号将传统文化进行细腻的保护与传承。赛龙舟这一项目诞生自端午节这一传统节日，当时为了纪念伟大的爱国诗人屈原，人们创造了很多具有传统意义代表性的活动，比如吃粽子、悬挂菖蒲艾草以及赛龙舟等。久而久之，人们开始逐渐认可这种纪念形式并且将其一代代传承下来，这些看似微不足道的活动，却能够将人们对传统文化热爱的心凝聚起来，在娱乐的同时还能够强身健体，提高人民整体素质。学校一直以来都是传播知识、营造学习氛围的好地方，将龙舟文化和学校教育相结合也是一种全新的创造方式。虽然历经千年，朝代更替，但龙舟竞渡从未间断过。到了现代，“龙舟竞渡”的宗教迷信色彩越来越淡化，“龙舟竞渡”的娱乐性、传统性的特点体现得淋漓尽致，并成为为振奋民心、祝愿国家繁荣昌盛而进行的传统文化活动。龙舟运动发展到20世纪八九十年代，其商品文化的氛围日趋浓厚，龙舟竞渡以舟为媒、经贸唱戏，体现出新时代的活力和新的文化内涵，然而龙舟文化所折射出的拳拳爱国之心，“富贵不能淫，贫贱不能移，威武不能屈”的意志品质，团结拼搏、勇往直前的精神，不畏艰险、力挽狂澜的毅力及中华民族的古老文明，更加充分地体现在其开发和宣传推广之中。

（一）龙舟运动的娱乐价值

龙舟运动保留了几千年来中华传统文化的底蕴和内涵，实现了竞技性和文化性的完美结合。而且，我国非常重视对传统文化的传承和发展，很多传统节日保留至今，一直伴随着人们的娱乐生活。龙舟项目在诸多传统体育中脱颖而出，成为一种文化传承和娱乐项目，每到端午节，华夏儿女赛龙舟、吃粽子、饮雄黄酒和组织大型庆祝活动，积极参与其中，享受龙舟运动带来的文化盛宴和娱乐大餐。龙舟运动可以给人们提供娱乐享受，无论是龙舟选手还是观赏者都能从中体会到娱乐价值，它的魅力就在于，当人们看龙舟比赛时，就能很好地融入其中，自然地体会到节日氛围带来的愉悦，这充分体现了龙舟运动的娱乐价值。

（二）龙舟运动的健身价值

龙舟运动，从其运动项目本身的特点看具有极高的健身价值；从运动技术上看它是一项全身运动，身体的各个部位肌肉都会参与其中；从比赛项目设置上看，它是具有无氧运动和有氧运动特点的一项户外运动。正是基于龙舟运动的以上特点，它才能吸引人们参与到这项运动中来，并通过参与龙舟运动增强体质，增强健康意识，形成良好的健身氛围，其健身价值是得到广大群众认可的。尤其是在我国水系发达的地区，龙舟活动丰富多样，不同人群、不同年龄的参与者众多。国家体育总局社会体育指导中心、中国龙舟协会每年组织多场大型龙舟赛事，已经把龙舟项目列为重要全民健身项目之一；而且在全世界的华人带动下，许多外国人也喜爱上了这项户外水上运动，它与赛艇、皮划艇等水上项目具有相同的健身价值。由此可见，龙舟运动具有极其重要的健身价值。

（三）龙舟运动的交流价值

任何文化形式都具有一定的文化互通和交流的功能，不同的文化在不同的文化背景下可以进行相互融合、相互补充，风格迥异的文化在彼此的交流与借鉴过程中达成共识，从而实现共同进步、共同发展。随着越来越多的人接触和认识龙舟文化，国内甚至国外一些活动中都加入了龙舟运动项目。还有一些龙舟爱好者自发组织了龙舟运动爱好者协会以及其他组织，这些团体组织前往世界各个拥有龙舟文化热爱者的地方宣传和开展一些相关的文化活动。随着龙舟文化在不同地域之间的交流，更多的人开始认识龙舟文化并且爱上龙舟文化。据不完全统计，全球大约有 60 多个国家每年举办这项活动，与中国进行龙舟文化的相互交流。通过对同一项运动的举办，龙舟运动作为一个文化交流的载体，促进了全球范围内的文化传播和沟通。

第三章

高校龙舟运动的发展

第一节　高校龙舟运动的现状分析

龙舟运动是起源于中国古代的一项民间娱乐活动，有很强的地域性、群众性、竞技性和民俗信仰。现代社会的龙舟竞赛，在保持其原始的娱乐性和民俗信仰的同时，增加了竞技成分，更多地注重团队的合作精神，以及坚忍不拔、顽强拼搏的体育竞赛精神。随着龙舟事业的发展，龙舟竞技所弘扬的奋勇争先、顽强拼搏的体育精神也吸引了越来越多的青少年加入这个队伍，渐渐地，高校龙舟运动也应运而生。2004 年，中国大学生体育协会赛艇与龙舟分会在天津工业大学成立，成为中国大学生龙舟运动的正式组织管理机构，负责大学生龙舟赛事的组织和管理；2006 年在天津成功举办了国际大学生龙舟赛暨首届中国大学生龙舟锦标赛并取得圆满成功，共有 30 多支高校队伍参加了此次比赛，扩大了龙舟运动在国内高校的影响；2010 年在天津成功协办了首届世界大学生龙舟锦标赛，来自海内外共 30 多支队伍参加了比赛，使得龙舟运动作为中华民族传统体育项目站在了世界的舞台；在 2014 年全国最高水平的龙舟顶级赛事“中华龙舟大赛”中专门设立了“中华龙舟大赛大学生组”。可见，龙舟运动在高校的开展已经取得了很好的成果，获得了社会的广泛认可。

然而高校龙舟队伍在不断发展壮大的同时也表现出一些弊端和问题，如经费紧张、训练场地不适宜、高水平教练员缺乏。这些问题制约着高校龙舟运动的发展，高校龙舟事业要想在未来获得持续发展，就要解决这些问题。

一、龙舟运动在我国的发展

随着社会的不断发展，龙舟这一起源于古代的民间娱乐健身活动，在当代社会逐渐被人们普遍接受，具有了一定的现代化内容。龙舟竞渡不仅具有了自己的组织龙舟协会，并且在当代体育领域形成了非常壮观的体育文化现象。早在 1984 年，国家体育运动委员会就做出了决定，把龙舟竞渡列为国家正式水上比赛项目，并于同年 10 月在广东佛山举行了全国首届屈原杯龙舟赛。1985 年 6 月 6 日，中国龙舟协会在湖北宜昌正式成立，发展至今，每年都相继举办像中国龙舟公开赛、中华龙舟大赛、中国龙舟大奖赛等高级别赛事。一时间各省、市、县相继成立了专业和业余的龙舟竞渡队伍。此后各种级别的龙舟比赛此起彼伏，龙舟竞渡在中国南方的水面上如火如荼地开展起来。随着“南舟北移”的实施，我国北方龙舟运动发展迅速，以东北电力大学、聊城大学、北华大学以及天津、北京等地区的一批高校为代表，不断推动龙舟运动发展，使我国龙舟运动全面开花。

二、高校是龙舟运动发展的沃土

学校是民族传统体育传承的主要场所。龙舟运动所蕴含的团结协作、拼搏进取的精神吸引着普通高等学校的领导、老师和学生，中国传统龙舟运动逐渐被引进高校。

龙舟运动传承了几千年的中国灿烂文化，在改革开放进程中，迅速与西方文化交融，并以其独特的魅力深受世界各族人民的喜爱。现在，龙舟竞渡已成为很多国家的大学生相互学习与交流的桥梁和纽带，也是中国未来奥运发展战略的主攻目标之一。高校龙舟竞技运动受到国家体育总局和教育部的极大关注。

随着中国大学生赛艇与龙舟协会的成立与全国大学生龙舟锦标赛如高校龙舟运动改革开放，龙舟竞渡这一传统习俗在南方地区得到长足的发展，声势延及港、澳、台和经济、文化繁荣的天津市、北京市。北京、天津、澳门等地常年举办国家大学生龙舟赛。2014 年起中华龙舟大赛设立高校组比赛，这极大地推动了高校龙舟运动的快速发展。

龙舟运动是竞赛项目中上场比赛人数最多的项目之一。训练和比赛都需要较多的经费。随着高校队伍在全国各级别比赛中大放异彩，龙舟运动不断地被更多的高校认可，它们每年都投入专项经费，开展龙舟运动。

（一）境外龙舟运动热的推动作用

自 1976 年 6 月中国香港举行现代龙舟邀请赛开始，龙舟运动便以迅猛的态势在世界各地发展起来。1990 年，欧洲龙舟联合会成立；1991 年，国际龙舟联合会成立；1992 年，亚洲龙舟联合会成立。洲际和国际龙舟联合会的成立为开展龙舟运动提供了法律依据和组织保障。1994 年，国际水平的亚洲龙舟锦标赛和国际龙舟锦标赛举行。受此影响，欧美的龙舟运动更是开展得如火如荼。端午节龙舟赛已成为五大洲人民的共同节日。很多国家大学生龙舟队成为体育交流的排头兵，每年他们都到龙舟的故乡——中国来比赛、交流，推动了中国高校龙舟运动向国际化、规范化、现代化方向发展。

（二）大学生龙舟赛事的推进作用

每年各种各样的龙舟赛事在全国各地举行，部分高校积极参与，但对高校最具影响力和吸引力的是由天津市旅游办、市体育局、市龙舟协会等单位联合主办于 2001 年的“国际大学生龙舟邀请赛”。从 2001 年开始，天津市政府每年都邀请国内外著名大学参赛，其中有美国的哈佛大学和加州大学、加拿大多伦多大学、澳大利亚悉尼大学、俄罗斯的远东国立大学、中国的南开大学等龙舟队。2006 年，首届全国大学生龙舟锦标赛举办。这两项赛事规模一年比一年大，水平也一年比一年高。一方面，国内外著名大学的参与对弘扬中华民族传统文化、传播龙舟精神起到了很好的推进作用。另一方面，全国的几十所高校纷纷开展龙舟运动，在天津国际大学生龙舟邀请赛中占近半数。龙舟与武术同为中华民族的优秀文化瑰宝，传承龙舟文化，诠释龙舟文化，展现当代大学生团结拼搏、积极进取的时代精神，是全国各高校刻不容缓的责任。因此，在这两项高校赛事的推进下，全国各地区高校龙舟运动掀起了一片热潮。

（三）中国大学生体育协会赛艇与龙舟分会的组织作用

2001 年，天津国际大学生龙舟邀请赛成功举办。2004 年，中国大学生体育协会赛艇与龙舟分会在天津工业大学成立，首次加入的会员有 37 所高校，其中包括香港科技大学和澳门理工学院。这标志着中国大学生龙舟运动有了自己的管理机构和竞赛组织。2006 年 7 月，中国大学生体育协会赛艇与龙舟分会首次组织高校龙舟队参加在沈阳市举行的第十四届“屈原杯”全国龙舟锦标赛；2006 年 10 月，又组织高校参加中国天津“塘沽杯”国际大学生龙舟邀请赛暨中国首届大学生龙舟锦标赛。2011 年后，各大高校纷纷参加中华龙舟大赛和中国龙舟公开赛的比赛，使中国高校龙舟运动迈入健康可持续发展的轨道，从此拉开了我国高校龙舟运动快速发展的序幕。

1991 年，全国第四届少数民族传统体育运动会在广西南宁召开，广西民族大学作为唯一的高校队伍代表广西壮族自治区参加了这次全国少数民族运动会的龙舟比赛项目，并获得优异成绩。此后，在天津、上海、山东、吉林、北京等地，众多高校相继组建了自己的校龙舟队伍，高校龙舟运动的发展得到极大的普及。大学生龙舟赛事活动越来越多，赛事发展的组织化、专业化程度也越来越高。现在以东北电力大学、聊城大学、江汉大学、集美大学为代表的高校队伍已经多次代表国家参加世锦赛、亚锦赛、亚运会等世界级大赛，并获得优异成绩。

高校正在成为龙舟运动的一个重要营地，越来越多的高校龙舟队伍参与比赛的意义并不简单地局限于取得好的成绩和名次，体现在更深层次的是对龙舟运动参与面的扩大，这是对龙舟运动技术含量的提高，是对传统龙舟队伍的一个挑战，是将龙舟文化更好、更全面地传播。从这个意义上讲，高校的龙舟队将会促成龙舟运动的一次全面飞跃和提升。同时作为一项具有深厚文化内涵的传统活动，龙舟运动一直以来多在民间活跃，随着中国龙舟协会对龙舟运动的规范化、制度化管理，龙舟运动已经呈现出新面貌，龙舟运动本身具有的魅力，比如团队精神的培养、坚强毅力的锻炼等吸引了很多高校学生，促成了龙舟运动在一批高校起航。高校在人才、知识等资源上相对集中，这对开展龙舟运动比较有利，另外，高校在训练中会从专业角度对龙舟运动的技战术、训练手段等进行研究，也是对龙舟运动的进一步提高与发展，并赋予龙舟运动更新的文化内涵，经过这个提高过程再进行推广，将对龙舟运动的发展起到极大的促进作用。现代与古老、科技与传统的结合是运动项目与文化发展中的一个自然转换现象，一个运动项目、一种文化要想不断前进就需要在总结传统的基础上引入现代元素。高校开展龙舟运动充分体现了高校自身的优势，龙舟运动因高校的参与而越来越具有活力，其发展也越来越快，龙舟运动已成为大学生十分喜爱的体育运动项目之一。随着龙舟运动在高校的开展，龙舟文化也逐渐传播开来，许多大学生通过龙舟文化的熏陶改变了自己的不良嗜好，成为品学兼优的当代大学生。

第二节 高校龙舟运动的实施路径

龙舟运动是一项对集体主义精神要求极高的运动，彰显了东方传统的价值观。龙舟运动融入高校体育运动中不仅能够加强大学生体育锻炼，而且具有很高的教育价值和意义，因此，高校龙舟运动的发展得到了我国教育部门及高校的大力支持。经过多年历史文化的传承，龙舟运动具有强大的号召力和吸引力，对龙舟比赛的关注度也逐年增高，政府和学校都给予高校龙舟运动政策以及运动设施等多方面的支持。政策的支持让更多龙舟爱好者积极主动地参与到龙舟运动中，同时也为龙舟运动比赛的举办扫除了障碍。端午节的龙舟比赛是一场盛大的赛事，不仅能够激发人们对龙舟运动的热情，而且能够将龙舟运动所蕴含的集体主义精神和优秀的传统文化传承下去；我国教育部门和高校也尤其重视高校学生龙舟运动的发展情况，参与龙舟运动有助于培养团结协作精神以及继承和发扬集体主义精神。

2011 年开始，中央电视台体育频道和中视体育公司与国家体育总局签约，对目前国内级别最高的中华龙舟大赛进行电视直播，通过调查给出的收视率显示，收看龙舟赛事直播的观众特别多，甚至有多场龙舟赛事的收视率超过同时段的赛事的收视率，由此可见龙舟运动的魅力和受欢迎程度，这也促使几十所高校踊跃参与其中。现在，观赏龙舟比赛已成为广大群众最喜好的娱乐方式之一，竞技龙舟运动以其独特的观赏性赢得广大群众的认可和支持，奠定了其发展的坚实基础。看见身着不同颜色、不同款式、带有民族特色比赛服的运动员，整齐地排坐在雕琢着龙头的一艘艘龙舟上，随着发令枪响起，各支队伍如离弦之箭迅速划出，伴随着现场观众震耳欲聋的呐喊声，人们很快沉浸到观看比赛的兴奋和愉悦中，老百姓的直观感受足以证明龙舟运动拥有一般体育项目所不具备的独特魅力，这也是中国传统文化魅力的体现。

2013 年，《中共教育部党组关于认真学习贯彻党的十八届三中全会精神的通知》明确指出，在加强当代学生社会主义核心价值观的同时，要本着立德树人的准则，加强传统文化的教育和传承，特别注重学生自身的全面发展。因此，现代高校学生应加强传统文化的熏陶，积累传统文化知识，正视民族发展，树立民族自豪感，为中国几千年文明的不断发展做出自己的贡献。龙舟运动作为传统体育项目，不仅可以强身健体，增加学生的运动技能，也蕴含着诸多传统文化精华，对高校开展“传承中华优秀传统文化教育”活动具备非常有力的推动作用，有利于全面促进高校学生的发展。

过去，龙舟运动曾被称为“农民运动”，主要是因为参与龙舟运动的主要是各地的农民，而且当时的龙舟比赛无论是规则还是竞赛条件都不够完善，甚至在某些地方的龙舟比赛中会出现纠纷、争执等不和谐现象。但是，近些年来，在国家相关部门的大力支持下，龙舟运动飞速发展，各方面的条件都得到进一步改善，尤其是龙舟竞赛规则方面。目前，国际职业赛场上有每两年举办一届世界龙舟锦标赛，国际业余赛场上有世界大学生龙舟锦标赛，国内也形成了以中华龙舟公开赛为代表的高级别职业赛事，此外，2014 年中华龙舟大赛还专门设立了大学生组的比赛。如今，龙舟运动的参与者已经从农民群众转向职业选手和大学生群体，并且大学生日益成为龙舟运动的中坚力量，我国龙舟运动无论是群体结构还是知识结构都发生了很大变化。在各项龙舟赛事的引领下，学生团体参与龙舟运动的规模不断扩大，参赛的高校龙舟队伍的水平也在不断提高。从学校层面来看，龙舟队作为一个团体，强调的就是一种团队互助精神，这对培养学生在团队中的融合性和团结一致的精神很有帮助。另外，开展高校龙舟运动，不仅是为了丰富学生的体育文化生活，更是为了扶持、培养一大批龙舟运动的高素质后备人才。因此，只有高校足够重视龙舟运动，让更多的大学生投身到龙舟事业当中，我国才会有更多龙舟方面的高素质人才，我国的龙舟竞技水平才能够不断提升。

高校龙舟运动的发展不能局限在龙舟运动队这一方面，还应加强高校龙舟理论课的设置，进而全面加深高校学生对龙舟文化的认识，不断丰富校园文化建设；需要创新办队模式、提高训练水平、加强文化建设、提高普及等措施，来促进高校龙舟运动的良性发展。

目前高校开展龙舟运动的途径如下。

一、开设龙舟课程

高校是培养高素质人才的地方，与中学生相比，大学生的自主选择学习能力更强，他们可以按照自己的意愿去选修自己感兴趣的课程。面向大学生开设有关龙舟运动的普修或选修课程，能够满足大学生的学习兴趣，引导大学生广泛涉猎民族传统文化，拓宽知识面，增强综合素质与能力，为适应21世纪对高素质人才的要求打下基础。同时龙舟运动课程的开设，也为教师施展才能、传播知识，为学生完善知识结构、培养文化素质、促进多学科交叉，提供了一个良好的环境。

二、开设龙舟运动传承与发展知识讲座

目前，许多高校每年花大量时间与经费为本校学生开设各种知识讲座。龙舟文化在高校作为一个新兴的科目，尤其迎合了当前大学生思维活跃、民主意识较强的特点。作为民族传统文化项目的代表，龙舟文化教育可以考虑采取自我教育、自我约束、自我提高的“自主式”教育模式，积极引导学生阅读研究龙文化与龙舟文化，探索龙文化与龙舟文化的渊源，体会龙舟文化的精髓所在，同时，广泛招募龙文化热爱者积极参与龙舟训练与竞赛，引导大学生体会龙舟竞赛中体现出来的团队协作精神，增强其团结合作、共同努力的意识。这也是龙舟文化在高校发展的意义所在。

三、举办校园龙舟文化节

在端午节期间，开展为期一周的龙舟文化节等相关活动，如学校龙舟队征集队标，鼓励教师和大学生积极参加设计，并评选出优秀作品给予奖励；

开展龙舟文化有奖知识竞赛，不但可以宣传龙舟文化，还可以让学生积极主动地了解并喜爱龙舟文化；举办龙舟文化知识展，让更多的学生可以到场参观与学习交流；举行龙舟下水仪式活动，让学生积极参与，了解龙舟运动与龙舟文化；组织学生参观当地富有民族特色的龙舟比赛，通过观看比赛，让学生了解从龙舟运动中提炼出来的龙舟文化的真正含义。通过举办各种有关龙舟文化的活动，在高校校园内掀起一场场“龙舟热”，让更多的学生喜欢龙舟文化并主动地传播龙舟文化。

四、参加全国各大赛事与举办高校龙舟友谊比赛

我国已有近百所高校成立了龙舟队，在每年的端午节期间多次参加全国各级别龙舟比赛，也完全可以举办高校龙舟友谊赛。通过比赛增进了解，同时也可以为学生创造一个交流的平台，了解彼此学校与周边城市的文化；同时，有龙舟队的学校的学生会更加关注自己学校在比赛中所取得的成绩，渐渐地从关注发展到喜爱，继而积极主动地传承与发展龙舟文化。

第三节　高校龙舟运动的瓶颈与挑战

随着龙舟运动的快速兴起，我国高校龙舟运动也得到了迅猛发展。经过30多年的历史积累，今天高校的龙舟运动已经取得了丰硕的成果，但也存在很多问题。通过对现代社会条件下高校龙舟运动发展进行分析，发现高校龙舟运动发展存在很多不利因素，如龙舟运动在高校开展中遇到人才缺乏、经费不足、场地受限、运动员自身发展不充分等诸多问题。

一、龙舟运动在高校开展的现状

目前，全国高校开展龙舟运动的有近百所，并呈现逐年增长的趋势。参加2011～2019年中华龙舟大赛青少年组的高校一共有58支龙舟队伍，其中

男子龙舟队伍32支，女子龙舟队伍26支。这些高校都是龙舟运动开展较好、龙舟队伍水平较高、比较有代表性的高校。目前我国龙舟运动在高校开展的现状如下。

1. 高校分布

通过对开展龙舟运动的高校分布情况进行分析，发现龙舟运动开展较好的高校主要集中在南方地区，共有29所。这是由于开展龙舟运动的高校多位于江河附近，受当地龙舟文化影响较深；南方地区水系较丰富，龙舟文化较深厚，有利于龙舟运动的开展。

2. 高校类型

通过对开展龙舟运动的高校不同类型进行分析，发现龙舟运动的开展主要集中在理工类、综合类的高校，文史类高校几乎没有。这说明高校龙舟运动的开展受学校类型和校园文化的影响比较大。理工类、综合类大学男同学人数较多，对体育运动较为喜好。

3. 高校级别

通过对开展龙舟运动的高校所属级别的对比分析，发现普通大学有龙舟男子队伍28个，女子队伍22个；重点大学有龙舟男子队伍4个，女子队伍4个。普通大学开展龙舟运动的情况比重点大学开展龙舟运动的情况好，说明龙舟运动的发展在重点大学并未引起足够的重视，还需要在高校中进一步推广和普及龙舟运动。

二、龙舟运动在高校开展遇到的问题

自20世纪80年代，龙舟运动逐渐走进高校，基于教育体制改革和政府教育机构的大力支持，龙舟运动在高校得到了快速的发展。中国龙舟协会社会体育指导中心对高校龙舟运动的发展极为重视，就高校龙舟运动的发展问题，笔者对中国龙舟协会副会长余汉桥进行了访谈。在访谈中余汉桥指出，高校龙舟是龙舟发展的一个重要领域，高校具有高素质的人才，我们要重视高校龙舟运动的发展，目前虽然高校龙舟运动发展势头良好，但是还是存在一些不利因素，例如，龙舟自身制约因素、人才和经费制约因素、环境因素、运动员发展问题等，并表示要想尽一切办法解决这些困难，使高校龙舟运动得到进一步发展，进而推动中国龙舟运动的发展。通过对余汉桥的访谈，并结合实地调查研究，发现高校龙舟运动的发展主要存在以下几个方面的问题。

（一）龙舟项目自身制约因素

民族传统体育在近一个世纪的发展过程中，面临着发展的瓶颈。这既是当代民族传统体育发展的历史必然，也是民族传统体育发展面临的重大课题。现代体育起源并发展于西方国家，随着奥林匹克精神的不断传播和发展，现代体育文化已经成为世界各国的主流体育文化。现代竞技体育具有观赏性和可参与性，是当代体育的一面旗帜。现代体育对场地和器材的要求较小，所以目前在高校体育课程当中开展的大都是现代体育项目，传统体育项目由于很多不是奥运主流项目，所以并未引起一些高校的足够重视。龙舟运动恰好属于非奥运竞技比赛项目，致使很多高校忽视了对龙舟运动的关注和支持，有些高校缺乏对龙舟运动的了解，严重阻碍高校龙舟运动的发展。龙舟运动作为一项水上体育项目，必须依靠船和桨进行运动。在龙舟比赛的过程中，运动员划桨要求每一桨动作一致，不能像篮球、足球、排球等项目有很大的个人展示空间，影响了运动员自身个性的发挥。同时，龙舟项目训练周期较长，在训练过程中既有力量训练又有水上训练，训练形式缺乏趣味性，要想取得理想的成绩就要付出很多汗水和努力。很多高校的大学生对这种艰苦的训练缺乏必要的认识，所以在尝试一段时间后，觉得缺乏兴趣，不愿意继续参加这项运动。

（二）高校缺乏龙舟运动专业人才

中国龙舟协会副会长余汉桥指出，龙舟运动专业人才包括两个方面，即高水平的龙舟教练员和运动员。

1. 高校缺乏专业龙舟教练员

由于龙舟运动属于民族传统体育项目，龙舟教练员大多产生于民间，国家目前还没有正式培养龙舟教练员的有效途径。高校想引进高水平的龙舟教练员会受到国内一些制度的限制，致使高水平的龙舟教练员不能顺利进入高校执教。虽然高校想自身培养高水平教练员，但因缺乏理论基础和实践经历，致使高校龙舟教练员的指导水平不高。

2. 高校缺乏专业龙舟运动员

我国目前龙舟运动和龙舟文化的教材较少，而且没有正式的教育课程和青少年训练队伍，致使我国中小学生对龙舟运动、龙舟文化了解较少。学校和社会也较少组织关于青少年龙舟运动方面的集体活动和专业比赛，导致目前还没有形成完善的专业龙舟高水平运动员培养体系，高校很难获得高水平的专业龙舟运动员。所以，高校虽然学生人数较多，但是能够参与龙舟运动的专业人才却寥寥无几。目前很多高校也发现了这个问题，正在寻求一些解决途径。有的高校为了获得龙舟高水平运动员，把目光投在了各地区的赛艇队、皮划艇队的运动员身上，这些运动虽然项目特点很相近，但是也存在较大差异。因此，这种做法并未从根本上解决这个问题，不利于高校龙舟运动的长远发展。

（三）经费因素影响较大

高校龙舟运动队的经费支出主要体现在训练支出和比赛经费支出。训练支出包括给运动员发放的训练补助、训练器材的购买等。比赛经费支出主要包括参与各个龙舟赛事产生的食宿、差旅费等支出。龙舟运动属于团队集体项目，参与训练和比赛的人员较多，比赛地点不固定，经费开支较大。很多高校注重学校的基础设施和教学的投入，却忽略了对各个运动项目的资金投入。高校组织龙舟赛事的经费支出更大，组织一场龙舟比赛需要考虑多方面的因素，比如气候、水域、器材、地理文化、地方政府承办比赛经费等。通过对余汉桥的访谈可知，想要组织一场公平、公正、公开的龙舟比赛，首先要考虑比赛水域是否满足条件，即水域需要满足水流静止，水深一致，没有暗流、风浪；其次需要考虑器材因素，如果是第一次组织比赛就需要购买标准的龙舟、船桨、救生设备，大小龙舟价位不等，从几万元到十几万元不等，加上比赛的其他开销，组织龙舟比赛至少也要上百万元。因此，对于高校来说，要想组织一次正规的龙舟比赛绝非易事。

（四）训练和比赛环境要求较高

龙舟运动不能离开水，高校开展龙舟运动必须有合适的水域作为训练和活动场所，即使校园内没有适合训练的场地，也要求在学校周边有江河湖泊，以满足训练和开展活动的要求。在南方这个要求并不难满足，但是也不是所有的高校都具备相应的条件；在北方满足这一条件就比较困难，即使学校周边有江河湖泊，由于气候因素，也只有夏季才能够满足训练条件，其余季节都不适宜龙舟的室外训练。孙天明作为一名北方的从事龙舟运动的教练员，通过在广东三年多的龙舟运动经历，对龙舟运动有深刻的理解。在关于高校龙舟运动的发展问题方面，笔者对孙教练进行了访谈，他指出：制约我国北方高校龙舟发展的重要因素就是气候，北方适合龙舟运动的季节主要是夏季，因此训练时间较短，严重影响了我国北方龙舟运动的发展。北方的高校为了开展龙舟运动，因地制宜地想了很多办法，例如位于吉林市的东北电力大学为了开展龙舟运动，在全国范围内率先建立了学校室内龙舟训练馆，对龙舟的传承与发展起到了很好的示范作用。

（五）运动员面临两难的抉择

运动员的发展问题也是影响高校龙舟发展的重要因素。高校大学生的首要任务就是学习文化知识，增强专业技能，为以后进入社会工作打下基础，然而大学生龙舟运动员进行训练，势必占用其部分时间。龙舟赛事遍布全国，运动员经常随队到外地进行集训和比赛。要保证训练和比赛的效果，运动员就要将部分时间用于训练和比赛，势必对其学习成绩、专业技能的掌握造成一定的影响，甚至影响其毕业后的就业问题。这也是高校运动队普遍存在的问题，运动员毕业后从事本专业工作的就业比较困难，继续运动生涯的机会较少，处于两难的境地。

龙舟运动是一项传统体育运动，承担着中国传统运动项目进入奥运会的重大使命。如今，高校在我国龙舟运动发展中发挥了重要作用。高校应通过校园媒体宣传引导，使学生在校园文化的大环境中潜移默化地受到龙舟运动的熏陶。高校还要利用自身的资源优势、科研优势，为高校龙舟运动提供可靠的资源保障和理论支持，同时，在此基础上要善于借助社会力量，增加高校龙舟运动的支撑条件，以促进龙舟运动的发展。

第四节　高校龙舟运动的发展趋势

龙舟项目是一项传统项目，它能激发人们的集体主义、同舟共济、奋勇争先的精神，适合在高校开展且势头较好。开展高校龙舟的高校由最初的七八所已发展到现在的近百所，发展速度较快。我国高校龙舟项目开展的总体情况良好，参与开展龙舟项目的高校不断增多，发展势头强劲，既对在大学生中传承中国优秀龙舟文化起到了良好作用，也为学校开展良好的素质教育搭建新的平台。这一切表明，高校开展龙舟运动正朝着正规化、科学化、制度化、规范化、国际化方向发展。

随着我国综合国力的不断增强和人民生活水平的不断提高，越来越多的人开始追求更加舒适、高雅的生活方式，政府在文化建设方面的投入也随之增大，以满足人民文化和娱乐的需求。于是，龙舟赛事这项有着良好观赏性的项目得到广泛开展。此外，中国加入世界贸易组织之后，与世界的沟通、交流日益增多，越来越多的外国人渴望了解中国。龙舟运动承载了几千年的中华文明史，借此可以向世界宣传中国，让中国走向世界。龙舟运动也将成为中国一张独具特色的名片，在这张名片上，高校龙舟运动将是浓墨重彩的一笔，所以高校龙舟运动的发展十分重要。龙舟运动也在这一背景下，得到政府的大力支持：在国家层面，体育总局社会体育指导中心专门成立龙舟工作部门，组织和规划龙舟竞赛的举行；在地方政府层面，各地政府积极拨款，完善龙舟竞赛场地、设施，积极承办龙舟赛事，积极开展与高校间的合作，打造各自的龙舟品牌，多地举办了多项全国性的龙舟赛事，极大地推动了龙舟运动的蓬勃发展；在高校龙舟运动方面，教育部进一步设立自主招收高水平龙舟队的高校，并给予一定的政策倾斜和相关指导，加大对高校龙舟运动发展的推动力，中国大学生体育协会赛艇与龙舟分会定期举办丰富多样的高校龙舟赛事，为高校龙舟发展提供更多的平台。

全国开展龙舟运动的学校有近百所，常年坚持训练、竞赛的学校有 50 多所，经费完全由学校投入的有 70 多所，校企合作的有近 10 所，自筹经费的 10 余所。这说明随着龙舟运动的发展，许多高校也开始关注龙舟运动，看到了开展龙舟运动对学生培养、校园文化建设有益，所以龙舟运动在高校内有了一定的地位。

高校龙舟运动发展水平大部分还很低，要想进一步提高，就需要更多的社会赞助，以提高高校的资金投入，扩大龙舟的影响范围，吸引更多的高校引进龙舟项目。依靠学校资源优势，通过校拨经费维持校运动队训练与比赛，是高校办队之初及现阶段普遍采用的组织模式。该模式管理效率高，经费有基本的保障，学生学习保障性强，但对拓展参赛领域、提高参赛频率和竞技水平不利。目前高校龙舟运动队正在尝试向以下几种模式转型。

一、校企合作模式

纵观当今国内龙舟职业俱乐部，无一例外都有地方企业的赞助，确保了运动员全身心地参加系统的龙舟训练。而且这些企业多集中于龙舟发展水平较高、经济发达的地区。而高校龙舟队能得到地方企业赞助则凤毛麟角，仅有淮北工学院得到了太阳雨太阳能集团的赞助，每年的资助额度在 5 万元左右。虽然资助额度不高，但在高校中起到了很好的示范效应，在改善装备水平、提高参与热情方面发挥了积极的作用。高校龙舟运动队得不到企业赞助主要与高校龙舟市场化运营水平低、高校龙舟运动影响力不高、企业得到回报少等因素有关，可以预见的是，伴随着 CCTV-5 与 CCTV-1 并机直播“中华龙舟大赛”，高校参与职业赛事的机会增加，企业赞助高校龙舟队参加比赛将成为发展趋势。

二、校俱合作模式

2012 年 4 月，聊城大学龙舟队与广东汕尾仁荣龙舟俱乐部合作办队，共同组队参加中国龙舟公开赛和中华龙舟大赛，使学校的龙舟竞技水平得到快速提高，不但女队首尝世界大学生锦标赛冠军胜绩，男队更是代表中国高校率先进入中国两大高水平赛事的年终总决赛，并取得中国龙舟公开赛5000米环绕赛第4名、中华龙舟大赛总决赛团体总分第6名的佳绩。北华大学与嘉兴龙舟俱乐部联合办队，在中华龙舟大赛温州站500米决赛中挺进四强，击败了常胜冠军广东顺德龙舟队，创造了历史最好成绩。校俱合作模式助力高校龙舟技战术水平的提高，接连改写高校龙舟竞技历史。

三、校地合作模式

鉴于中国龙舟事业仍处于打基础的阶段，受龙舟运动开展条件的限制，各地区龙舟水平发展极不平衡，部分高校长期承担为地方政府完成指定比赛任务的任务。许多高校龙舟队也是地方代表队，特殊的发展背景形成了相当数量高校与地方政府合作办队的组织模式。尤其在春、秋两个黄金季节地方政府举办的龙舟比赛，多数高校龙舟队代表各地方政府参加比赛。尽管有的是长期合作模式，有的是短时行为，校地合作模式为繁荣龙舟事业，改进高校办队条件、增加训练补贴等方面，发挥了积极作用，这种模式还将长期存在下去。如宜春学院代表鄱阳县参加中华龙舟大赛，聊城大学多次代表东昌府区参加地方龙舟比赛，都是校地合作模式的典范。

从以上三种特殊的转型趋势中可以看出，龙舟运动不能只依靠高等学校单一模式，这样不利于高校龙舟运动的可持续发展，不利于龙舟竞技水平的快速提高。高校龙舟办队转型虽然是多样的，但仍然没有像职业俱乐部那样，从经费保障上彻底解决发展问题，发展之路任重道远。

高校的龙舟运动发展迅猛，参赛人数年年增加，竞技水平也逐渐提高，但仍然建议在高校中进一步发展学生资源，让更多的大学生参与龙舟运动，进而为高校龙舟运动的发展储备更多的人才。

国家体育总局社会体育活动中心原副主任、国际龙舟联合会原秘书长雷军说，在高校中开展龙舟运动是有着积极作用的，高校龙舟推广对弘扬团结、向上求索的精神有着潜移默化的作用。高校是我国龙舟运动传承与推广的重要沃土，广大青年人充满了活力和希望，他们为龙舟运动的发展提供了一个更加广阔的空间，对龙舟运动的传承起到至关重要的作用。在高校中开展龙舟运动，是今后中国龙舟协会推广龙舟运动的一个重要的发展方向。一定的体育项目的产生都是和特定历史文化或民族风俗相关联的。国际体育交流最为引人注目的也正是不同国家、不同民俗所显示的文化魅力。体育有民族文化性，现在的体育活动大多是西方体育活动，它们不能全部满足中国人体育活动的情感需要，这种情况迫切需要国家体育部门倡导优秀的民族体育。中国高校龙舟运动发展迅速，前景广阔，虽然现在存在些许问题，但是多元化的发展模式会保持高校龙舟运动的迅猛势头，加强自身建设会给高校龙舟运动带来新的契机，高校龙舟运动正向国际化发展方向阔步前行。

第四章
高校龙舟运动的科学研究

第一节　高校龙舟运动的科学发展

发展是永恒的主题和潮流，世界各国都在发展，各种民族文化、传统文化、体育项目都在积极扩大自己的影响力，吸引受众群体。跆拳道成功进入奥运会，与此同时我国“武术运动”仍在探索发展之路，这些都是值得我们思考的问题。因此，强调高校龙舟运动对发展本质的认识，就是要在高校龙舟运动发展上坚持科学发展的指导理念，将我国高校龙舟运动由小做大，由单一的体育功能价值向体育、文化、教育等多元价值扩展，不断开拓发展思维，不断丰富发展手段。

我国政府对龙舟运动的发展历来非常重视，制定了很多实施方案与计划，为促进龙舟运动的发展和普及做了大量的工作：基于实施全民健身国家战略和中华优秀传统文化传承发展的构想，从政府、社会、学校和民间等方面提出相关方案，分析和研判龙舟运动的科学化发展路径，建立对龙舟文化内涵的正确认识，在政策上保障龙舟运动的发展，树立龙舟文化发展观，以健康为价值取向，并在发展中坚持变与不变的融合。

一、“南舟北移”，促进高校龙舟整体发展

应充分发挥龙舟文化教育功能，推进其在学校中的传承。学校是发展民族传统体育的中坚力量，很多项目的成功传播是以学校为起点而逐步传播到社会上的。任何组织和个人都无法单独承担起保护与传承龙舟文化的重任，学校应义不容辞地积极主动协调有关部门、社会力量努力做好这项工作。龙舟运动走进校园也是对体育教学内容的补充，是一种双赢的举措。

（一）抓住机遇、提高整体实力

龙舟项目成为广州亚运会等重大国际赛事正式比赛项目，中央电视台对中华龙舟大赛的直播，对于龙舟运动的传播、产业发展具有重要的意义。借

助“南舟北移”的东风，应当抓住机遇，加强北方高校龙舟建设，扩大龙舟在北方高校中的推广发展，这样，龙舟在北方的影响力将不断增大，促使北方参与龙舟运动的人口增多，提高全国高校龙舟的整体实力。

（二）加大科研投入、加强专业人才培养力度

应建立龙舟科研基地，加大科研投入，提高训练与竞赛的科技含量。与高校进行合作，鼓励相关人员围绕龙舟运动的教学、训练、比赛等环节进行科学研究，为竞技龙舟提供相关理论依据，进行教练员培训，使其掌握科学的训练理论与方法，从而培养适应现代竞技体育运动的专业教练队伍。通过高校龙舟运动打开龙舟科研的新局面，为高校龙舟运动的发展提供科学、严谨的支撑。

（三）吸引人才并建立多元化运动员培养结构

应推动龙舟运动的职业化进程，鼓励有实力的企业和地方兴办职业龙舟俱乐部，完善运动员奖励机制，吸引年轻人才参与龙舟运动。应加大高校龙舟队伍建设力度，鼓励高校与其他水上训练队伍合作，形成职业龙舟俱乐部、业余龙舟俱乐部、高校水上训练队、专业水上训练队“四位一体”的训练格局。保证龙舟运动后备人才培养渠道的多元化，为高校龙舟运动的发展开辟新道路。

（四）保护龙舟传统文化、促进现代化龙舟发展

应加大龙舟非物质文化遗产的保护和传承力度，确保龙舟在走向世界、走向现代的同时保持中国传统特色，增加龙舟赛前的祈福流程，利用传统特色吸引眼球，更好地为龙舟现代化发展起到推动作用。这与高校龙舟运动的发展是密不可分的，因为高校具有科研、创新和传承文化的功能，高校龙舟文化本身就是传统龙舟文化的衍生和创新，所以保护龙舟传统文化、促进现代化龙舟发展也是高校龙舟运动发展的必然方向。

中国龙舟运动近些年发展迅速，龙舟运动的国际化、竞技化给中国龙舟带来了机遇，但中国龙舟队伍地域分布不均衡、人员结构老化、参与人群素

质有待进一步提高、理论基础薄弱等问题仍然制约着中国龙舟运动的大发展。因此要“南舟北移”，提高全国高校龙舟运动整体实力，加强人才培养，加大科研投入，推动龙舟市场化、产业化，在保护龙舟传统文化的基础上促进龙舟现代化发展，这是高校龙舟运动科学发展的重要工作。

二、树立高校龙舟文化发展观，以传承发展为价值取向

随着媒体技术的不断发展和更新，通过人口流动、借助面对面交流已经跟不上时代的脚步。各种新媒体的不断出现实现了信息的远距离快速传播。人们在各种媒体上都能了解到龙舟运动的相关信息，但是这些信息的获得大多是浅层的，不能让人们对龙舟运动有更深刻的体会，所以通过高校这个特殊阵地开展龙舟运动，树立高校龙舟文化发展观，以传承发展为价值取向，能够给当代青年人带来更大的影响。除了参加龙舟竞赛外，还可以带领大学生了解龙舟的制作（涉及刺绣、龙舟的选料、龙舟制造的技术、龙舟的装饰等），以及与龙舟有关的端午节、粽子、龙舟说唱、服饰等，把龙舟文化学习作为另一重要环节，让大学生了解、掌握龙舟文化。

龙舟与高校的结合有力地促进了龙舟的传承和发展，龙舟文化在青年一代身上生根发芽将使龙舟运动经久不衰。所以高校龙舟运动的良性开展能大力推动龙舟文化的发展，培养大学生以传承发展为价值取向，能更好地彰显中华文化的魅力，并且具有时代意义。

第二节　高校龙舟运动员的训练形式特征

竞技龙舟运动是一种以无支点桨通过抓水寻找支点完成拉桨的过程，推动舟体快速前进的周期性、集体性的竞速运动。从完成动作的性质以及肌肉工作形式看，运动员的每一桨都需要表现较大的功率，即快速和有力，而贯穿整个比赛过程则需要较强的保持速度的能力，即速度耐力、力量耐力、专项耐力。从龙舟划桨动作的用力特征和顺序看，竞技龙舟运动对运动员的全

身力量和协调性有较高的要求，即运动员在桨能够有效抓水的同时，在船中同侧迅速蹬船，将获得的力量迅速传递并转化为舟艇推进力。

一、现代竞技条件下龙舟运动员训练的生物学特征

（一）现代竞技条件下龙舟运动员的代谢供能特征

人体的运动离不开体内能源物质的供能。龙舟比赛中，运动员大量的体能消耗，主要通过体能三大供能系统进行供应。体能能源物质的多少决定了能量供应。三磷酸腺苷（ATP）分解是肌肉收缩时将化学能转变为机械能的唯一途径。人体在运动时，肌肉收缩直接能量物质是 ATP，肌肉中的 ATP 含量极少，在单独由 ATP 供能做极限运动时，维持时间不到 1 秒，若再加上磷酸肌酸（CP）供能，维持最大功率运动的时间不到 10 秒，必须由糖酵解生成乳酸的代谢过程继续提供 ATP。在超过数秒的极量运动后，随着 ATP 和 CP 的消耗，肌肉细胞内肌酸等物质含量逐渐增多，能够激活肌糖原分解，使糖酵解速度加快，肌肉内 ATP 再合成的供能是由多种能量物质和连续、系统、互相协调的代谢过程完成的。龙舟项目属于磷酸原供能和糖无氧酵解供能混合供能系统，在运动开始时，磷酸原供能马上为龙舟运动员提供大量的能量，使龙舟由静止迅速启动。但是，由于磷酸原供能的时间非常短暂，能量供应比较有限，不能支撑到完成整个龙舟比赛，所以还需要糖酵解和有氧氧化来进一步进行补充，使能量能够持续供应，直到完成比赛。从生物化学的角度出发，能源物质为机体供能时，最先供能的是 ATP，在三磷酸腺苷酶的催化下，ATP 迅速分解成二磷酸腺苷（ADP）和磷酸根（Pi），同时释放能量，使横桥反复摆动，牵动肌丝滑动，使肌纤维缩短，以完成肌肉做功。

ATP 在人体的储量极少，仅能维持几秒的极限运动，因此要想使肌肉快速大强度做功，必须使人体内的 ATP 边分解边合成。人体内 ATP 的分解和合成供能时间在 10 秒左右，过了这个阶段，肌肉的供能就要靠体内储存的糖原进行酵解来供能。由于不同代谢类剧烈运动项目动用的能源物质不同，在以发展能量代谢供能能力为目的的体能训练中，首先必须选准在专项中起主要

作用的能量系统。

在龙舟项目中，大部分的能量供应物质是 ATP 与糖原。因此应该选择大力发展其供能系统的训练方法，加大其能量的储备。例如：要发展龙舟运动员 ATP 系统供能，可以采用最大运动时间、最大用力力竭时间来控制运动员的训练运动强度，达到促进 ATP 合成和分解速率的目的。体能训练会导致运动性疲劳。现代运动训练的特点之一是大运动量训练。大运动量增加了运动训练负荷，也加重了机体的疲劳，机体如果产生疲劳而不能很快地恢复，就不能连续完成训练任务，使训练水平下降。现代运动训练把运动训练后的恢复提到了重要位置。恢复是运动训练中不可分割的一部分，运动后的恢复与训练中的负荷有同等重要的作用。没有负荷就没有疲劳，没有疲劳就没有训练，没有恢复也就没有提高。在以往的训练中，有些教练是把训练放在第一位，先训练完了再谈对疲劳的恢复，疲劳如及时恢复，则立即开始新的训练任务，如未能恢复，只好调整训练计划。这是一种不科学的“跟着疲劳走”的被动训练，无法保证现代运动训练的高强度、大负荷的要求，不可能使运动员达到和保持较高的训练水平。

20 世纪 90 年代，竞技运动高水平的竞争对运动训练提出了更高的标准。一个较为深刻地理解和掌握现代运动训练理论的教练，在安排训练负荷的同时要考虑到产生疲劳的程度、恢复过程和采用的恢复手段。从某些角度看，要把恢复放在训练的首位。

（二）现代竞技条件下龙舟运动员的肌肉用力特征

骨骼肌具有收缩能力，其收缩时所表现的收缩力可小可大，骨骼肌纤维均被组织成运动单位。每一运动单位包括一个运动神经元和该神经元所支配的所有肌纤维。对于不同肌群，其运动单位中所含的肌纤维数有很大的差异。运动神经纤维起于中枢神经系统，并将冲动从中枢传至骨骼肌而引起相应的活动。神经纤维的末端分成许多分支，而每一分支则与一条肌纤维相连。当神经元传导神经冲动时，此冲动传遍该种神经元的神经纤维分支，并到达该运动单位的所有肌纤维，而引起该运动单位所有肌纤维一起收缩。运动单位的肌纤维并不集结在一起，而是分散在整块肌肉的各处。因此，单一运动单位收缩时，可使整块肌群出现轻微收缩。如有更多的运动单位收缩，则其肌肉产生更大的张力。运动单位是肌肉收缩的基本作用单位，当一运动单位的运动神经元受刺激时，此单位中所有肌纤维均收缩。如该单位中有许多肌纤维，则其收缩力强；反之，若仅含数条肌纤维，则其收缩力弱。因此，肌肉的收缩力可因参加收缩的运动单位多少或因运动单位的大小而不同。运动单位在功能上可分为快肌纤维和慢肌纤维。肌肉中肌纤维类型不同，其功能也有所不同，我们从以下四个方面来对龙舟运动员的肌肉用力特征进行阐述。

1. 肌肉的能量代谢

快缩单位的无氧代谢能力要比慢缩单位大得多。例如，快单位和慢单位都含使 ATP-CP 代谢系统发生作用的酶，但前者中的酶作用力约为后者的 3 倍；同样，两种运动单位中都含糖化酶，但快肌纤维中的此酶作用力高达慢肌纤维中的 2 倍以上。因此，快缩纤维在生化学上最适宜快速冲刺、跳跃等活动。反之，慢缩纤维的有氧代谢能力比快缩纤维强得多，因此其在生化学上最适宜耐力性项目的活动。在龙舟短距离比赛中，快肌纤维主要负责为机体提供能量；在长距离比赛中，慢肌纤维主要负责为机体提供能量。在日常体能训练中，要根据龙舟专项技术要求本身的能量学特征选用训练方法和手段，进行有针对性的力量训练。

2. 肌肉的收缩速度

一般认为，快肌纤维产生最大张力所需时间约为慢肌纤维的 1/3。造成如此差异的原因主要有二：快缩单位具有较强的无氧代谢能力；快缩单位中的运动神经元的神经纤维直径较粗，神经冲动的传导速度较快。因此人体肌肉中快肌纤维的比例越高，其肌肉的收缩速度则越快，其在速度方面的运动能力越明显。在龙舟比赛过程中，起航技术要求运动员有较强的爆发力，这就要求快肌纤维进行快速收缩，为肌肉快速做功提供巨大能量，所以，在日常体能训练方面，应根据比赛的实际需要，多做一些关键发展快肌纤维的体能训练。

3. 肌肉的收缩力量

快肌收缩单位的收缩力量要比慢肌收缩单位大得多。造成两者之间的这种差异原因也有二：一是快肌纤维的直径比慢肌纤维的直径大；二是快肌收缩单位所含的肌纤维数目要比慢肌收缩单位多。人体肌肉中快肌纤维的比例越大，其收缩力越大，人体在力量方面所表现出来的运动能力越明显。龙舟比赛中，在划桨阶段，划桨速度越快，桨克服水的阻力做功越多，船速也就越快，这就要求运动员要有较强的划桨能力。所以在日常体能训练中，应根据龙舟的技术要求特点，做一些专项体能训练。

4. 肌肉的疲劳

快肌纤维要比慢肌纤维更易疲劳。其原因是快肌纤维的有氧代谢能力较弱，因此，在动作时间达到一定限度时，需依赖无氧状态下的糖分解释能供其做功，但这样势必产生大量乳酸，并逐渐聚积在体内从而限制快肌纤维的工作，并先于慢肌纤维产生疲劳。而慢肌纤维疲劳的发生多在长时耐力的训练或运动后发生，发生原因并非乳酸的堆积，而是多种原因：血糖的极度降低、肝糖的耗尽、体内大量失水、身体电解质的丧失、体温的升高、心理厌烦等。因此，根据肌肉疲劳的机理，在日常体能训练过程中，应多注意肌肉的疲劳与恢复，对不同类型的肌纤维运用不同的疲劳恢复手段，以保障肌肉适应比赛和训练的需要。

二、现代竞技条件下龙舟运动员训练的动力学机制特征

动力学机制是指在运动过程中提供人体运动的力学原理。在龙舟运动员体能训练过程中，参照其运动的力学特征，有针对性地加强其主要发力肌群的力量训练，科学合理地选择训练方法和手段，能够使体能训练的目标更加清晰，效果更加显著。龙舟运动靠人划桨使船在水中前进，所以船前进的动力是通过人作用在桨上的力克服水的阻力获得的，其力量的大小取决于人对桨作用力的大小。因此，为了增大船速，最重要的是增大肌肉收缩速度和力量，以加大划桨力从而得到一个较大的反作用力，使龙舟状态发生改变。由牛顿力学定律得知，要改变物体静止或匀速直线运动状态，就必须对物体施加合外力，因为只有合外力不等于零时，物体才会产生加速度。因此，外力

是改变物体运动状态的唯一动力。龙舟在水面划行过程中，受到的外力有龙舟整体自身竖直向下的重力、垂直水面向上的浮力和桨在水中向后划动的作用力与平行水面的摩擦力（后面两个力的合力即龙舟改变运动的作用力）。显然，重力和浮力大小相等，方向相反，其合力为零，不能使龙舟产生加速度和改变龙舟原来的状态，因而使龙舟向前运动的动力只能是桨对水的作用力与水面对龙舟的摩擦力的反作用力。运动员在划桨时的许多技术特征，如拉桨臂与支撑臂的前移幅度和速度、桨插水的距离、肩关节角度、拉水力量和插桨角度等都会通过有关部位的肌肉伸缩间接影响水面对龙舟的作用力，从而影响龙舟前进的速度。但归根到底，这些因素都是通过间接的方式影响运动员划桨的力量，它们产生的力来自人体的力，其本身不能使龙舟相对于水面产生位移。所以，它们不能作为龙舟前进的动力。它们只能通过有关肌肉的传递作用影响桨对水的作用力，从而影响水对龙舟的反作用力（根据牛顿第三定律）。要想提高龙舟运动员比赛的竞技水平，加强他们的体能训练是关键。在训练中通过有效的方法提高各肌群的爆发力水平，增大拉桨臂与支撑臂的前移幅度和速度，加大拉水力量，促使水对龙舟反作用力增大，从而加快龙舟前进的速度，这是龙舟运动员体能科学训练的根本所在。龙舟属于典型的体能类竞速项目，必须依靠肌肉的快速收缩产生强大的肌肉力量来满足运动的需要。龙舟划桨技术的基本组成是一个划桨周期，一个划桨周期又可细分为不同动作阶段。一个划桨周期简要地可分为两大阶段——水上阶段和水下阶段。根据桨在一个划桨周期里所在的不同位置，一个划桨周期又可划分为插抓水阶段、动力阶段、回桨阶段三个阶段。但由于划桨的周期各阶段动作不同，各有关肌肉在划桨的不同动作阶段也表现出不同的技术特点。

（一）插抓水阶段

从桨叶接触水面到桨叶完全插入水中再到桨杆与水平面约成直角时为插抓水阶段。前插桨期最主要的任务就是利用势能转化为动能将桨叶轻快、迅速地插入水中。要求拉水的手臂充分前伸，肘部伸直，手臂前伸，强调放松，上臂肌群发力不强。插抓水阶段要尽量加快回桨时的速度，以保证插桨时桨叶下端的水平速度并获得较大的力量，为抓水阶段能抓满桨水奠定基础。因此，从生物力学角度分析，插抓水应注意两个因素：一是前插的速度要快，以保证桨入水时能够使桨和水面成有效角。二是桨入水瞬间相对水面的速度要慢（优秀龙舟运动员约为 1.4m/s），即要求桨入水动作轻快、柔和。因此，龙舟运动员的肩关节和腕关节的快速活动能力至关重要，是提高划桨过程中放松能力的关键所在。

（二）动力阶段

动力阶段包括拉推水期和出水期。继插抓水阶段之后，桨杆拉过直角，通常拉桨手到达大腿中部的位置即进入出水期。出水期是动力阶段的自然延伸。桨杆借助推水期的反作用力向前上方弹出水面。要求充分利用躯干大肌肉群力量，利用手臂的连接作用，将躯干的力量传递至桨杆。其肌肉工作的特点是，拉桨臂肌群做向心收缩，使肘关节角度减小，肩关节及后背肌群继续收缩，使身体重心迅速后移，膝、踝两关节顺势蹬伸进行发力，前脚掌主动积极向前作“蹬船”动作。从生理学角度来说，前臂肌群、肱二头肌、肱三角肌、后背肌群等做向心收缩，股四头肌和腓肠肌等肌肉做离心收缩，这样既能够充分地使桨在水中获得了水的反作用力，又能够使这种反作用力迅速地通过人体传导至龙舟上。因此，龙舟运动员体能专项力量训练应高度重视以肘关节向心收缩肌群的力量训练和以膝关节肌群为主的离心收缩力量训练。

（三）回桨阶段

回桨阶段是指桨叶下端完全离开水面到桨叶下端再次接触水面。这一阶段是从动力阶段过渡而来，当桨叶离开水面，身体重心由高位过渡到低位，两臂迅速由后向前进行充分伸展。肌肉用力特点是，以肩关节为轴，拉桨臂伸肌作离心收缩，强调放松，收缩力不强，但动作要迅速，使肘关节角度尽量增大，肩关节及后背肌群充分伸展，使身体重心迅速前移，膝、踝两关节顺势弯曲进行向心收缩，使身体得到缓冲。从生理学角度分析，拉桨臂肌群作离心收缩，使两臂迅速伸展，从而能够使桨在离开水面以后快速地运动到插抓水阶段，为下一个阶段的动作连贯缩短时间，同时，膝、踝两关节顺势弯曲，使腿部肌肉能够迅速放松，为下一动作储备能量。因此，在龙舟专项体能训练上，要同时强调以肩关节为轴的离心收缩肌群收缩速度的训练。

三、龙舟运动员训练的运动学特征

运动学是力学的一门分支，专门描述物体的运动，即物体在空间中的位置随时间的演进而作的改变，完全不考虑作用力或质量等影响运动的因素。运动学特征是人体运动的重要形式，它是人体在空间和时间内的位置及运动的量度。运动学特征能描绘不同运动员的身体形态特点和运动形式特点，能够指导他们了解、选择最适宜的动作，改进自己的运动技术。

（一）龙舟项目动作结构与工作方式运动学特征

龙舟运动员在做划桨运动时，运动员上肢的运动方式比躯干和下肢更多，幅度也更大，主要是肩带肌和上臂肌肉做功。运动员完成拉桨动作时，原动肌为三角肌后部、肱三头肌和冈下肌、背阔肌等。在回桨动作时，原动肌为胸大肌、三角肌前部和肱二头肌等。躯干回旋和维持姿势的肌肉做功也很重要，运动员的躯干回旋时，腹外斜肌和维持姿势的竖脊肌发挥主要作用，而下肢的作用相对较小，主要辅助上肢和躯干完成动作，将水的反作用力传导到龙舟上，这时，胫骨前肌、股二头肌和股四头肌等起作用。从完成龙舟运动的技术上分析，运动员的上肢肌肉工作方式主要是远端固定的向心收缩，根据肌肉运动的特点，平时的训练方法应多采用远端固定的训练方法，这对体能训练具有重要的指导意义。龙舟划桨技术是周期性的划桨运动，需要运动员反复重复一种循环动作，运动员手臂、躯干、上肢等总是沿着一定的运动轨迹做动作，要求技术动作有连贯性。这种动作轨迹是划桨技术的合理性的外在表现。优秀的龙舟运动员在整个划桨过程中上肢、躯干有固定的运动轨迹。手握船桨向前伸充分带动躯干，目的是在肌肉收缩前使这些原动肌的肌纤维拉长，肌纤维活化的横桥数目达到最大，这些肌肉大都是身体的大肌肉，肌纤维数目较多并且较粗，肌肉收缩力和肌肉拉长后的反弹力较大。在运动过程中，要求相应的原动肌能发挥主要作用，同时协同肌起到协调作用，而拮抗肌要放松，防止因拮抗肌过度紧张而引起原动肌的肌力由于内耗而下降。划船时，运动员的运动轨迹标准是以脊柱为轴，躯干回旋，充分利用躯干的大肌肉群和肩带肌的力量进行拉桨。运动员的肘关节运动是积极自然地前侧伸，并绕垂直轴作旋内运动。肩关节运动是上臂绕额状轴在肩关节处屈转。为了增大划距和幅度，肩胛骨也参加前伸运动。由于肩锁关节属于微动关节，锁骨只能围绕胸锁关节的垂直轴作前后运动，使肩胛骨作前侧伸运动，拉长斜方肌和菱形肌的纤维，为拉桨储备弹性势能。整个过程要求一气呵成，提高动作的经济性水平。

（二）龙舟项目不同赛段运动学特征

龙舟比赛是运动员利用单桨划水技术推动龙舟前进的比赛项目，从理论上看，船速受桨频和划距的影响，桨频越高，完成单桨划水技术的动作速度就快，舟速也就越快；拉桨的力矩（划距）越大，做功越多，舟速越快。但是在实际比赛或训练中，桨频与划距之间相互制约，片面追求高桨频必然会牺牲划距，做功次数多但做功距离短，龙舟的速度就慢；片面追求增大划距，必然会牺牲桨频，做功距离长但做功次数少，龙舟的速度还是慢。桨频与划距只有保持适度比例才能有效提高龙舟的运动速度。根据龙舟比赛时的专项技术特点，可将龙舟比赛过程分为四个赛段：起航、加速、途中和冲刺。赛段不同，应用的划桨技术也不相同。起航是在龙舟静止状态下，运动员克服舟体阻力，通过快速划桨，推动龙舟尽快启动，向前进入水平移动的过程，因此起航过程中要求桨划水很深，划距较大，起航桨数为3～6桨。加速过程是以最短时间在尽可能短的距离上，使龙舟到达最快的行驶速度，因此桨频较高，划距较小。途中过程中，为了保持龙舟行驶的速度，同时让运动员有调整的间歇，通常采用稍降桨频、提高划距来完成。冲刺过程中，运动员通过提高桨频，使舟体以最快速度冲过终点，桨频比途中桨频有较大幅度提高。由此可以看出，起航时，为了加快起动速度，将采用桨叶入水最深、划距大的划桨技术；加速时与冲刺时，为了达到行进的最大速度，采用桨频高、划距小的划桨技术；途中时，为了保持速度，采用桨叶划距大、做功的距离大的划桨技术。所以在比赛过程中每个赛段桨频与划距各具特点。正确处理不同赛段桨频与划距的关系，能够促进教练员对龙舟运动员的科学训练。根据龙舟运动的能量代谢特点和运动员肌肉的用力特征有针对性地训练，是提高龙舟运动员自身体能的有效手段，是龙舟运动员体能训练的内在因素。根据龙舟运动的动力学机制和运动学特征进行体能的适应性训练，是龙舟运动员体能训练的外部因素。在体能训练中同时注意内部因素和外部因素能够使体能训练更加科学合理。

第三节　高校龙舟运动员的身体素质与训练要求

一、龙舟运动员的身体形态

龙舟运动员的形态特征为身材高大魁梧，上肢较长且有力，肩宽胸阔腰粗，躯干呈倒三角形，前臂粗壮，腰背部肌肉发达。身高、臂长的形态特征有利于运动员在划船时加大划幅并增大有效划距。肩宽、胸阔、腰粗可以为划船提供足够的动力，以充分发挥大肌肉群的力量，为舟体快速运行提供保障。

二、龙舟运动员的力量素质

（一）龙舟专项身体训练的概念

对龙舟运动起主要影响的身体素质是力量素质和耐力素质。因此，力量和耐力是龙舟运动的专项素质。这里首先谈一下力量训练，耐力素质训练在后面进行讨论。力量是肌肉收缩或紧张时表现出来的一种能力。根据肌肉收缩时的不同情况，肌肉的工作可以分为克制工作、退让工作和静力工作，所以，肌肉的力量也可以分为克制性力量（通常所说的动力性力量）、退让性力量和静力性力量。而克制性力量又分为重量型、速度型和持续型等。肌肉力量的这些特点和分类，是进行力量训练时所必须考虑的因素。

（二）龙舟专项身体训练的特点

龙舟比赛主要是比谁划得快，而决定船速的基本因素是划桨的整齐度、划桨的力量、划桨的速度、划桨距离和连续划桨的能力，因此，龙舟运动基本属于有氧耐力运动，因而其专项素质训练使身体必须承受很大的负荷，其力量特点主要是动力性的有氧力量耐力。力量的改善是有一定的生理基础的，它主要表现在三个方面，即肌肉本身的结构和机能的改善、肌肉工作时供能情况的改善和神经调节机能的改善。因此，经常从事龙舟运动力量训练，体内会产生一系列生理、生化和形态结构的变化。

1. 使肌肉的生理横断面增大

生理横断面越大，肌肉收缩时产生的力量也越大。经常进行力量训练可使肌纤维增粗，增加肌肉中蛋白质的含量，主要指肌肉收缩时的肌凝蛋白。

2. 改善神经系统的调节机能

力量训练可以使支配肌肉的神经中枢机能得到改善，发展神经过程的强度。经过多年训练以后，龙舟运动员的体重变化不大，肌肉也没有增大多少，然而成绩却提高了很多，其重要原因就是神经系统调节机能得到了改善。

3. 使肌肉工作时的供能情况得到改善

力量训练可使肌肉中毛细血管网增加，从而增加肌肉组织所需的氧气和养料供应。力量训练还可使肌肉中肌红蛋白含量增加，从而提高肌肉的储氧能力。这一系列生理、生化和形态结构的变化使得人体的力量素质得到了提高。

龙舟运动的力量练习以动力性练习为主，是以发展力量、耐力为目的而进行的。

（1）大重量、少次数的训练方法

该训练方法又被称为强度训练法，主要通过加大阻力来发展力量。一般用 85%以上的大强度训练来进行重复练习，甚至可达到极限强度。这是发展绝对力量的方法，在龙舟运动的训练中可适当采用。

（2）中等重量、少次数、快速度的训练方法

这种方法的突出要求是加快单个动作的速度。想要加快动作速度，重量就不能太大。这种方法是发展爆发力的良好手段，在龙舟训练中经常被采用。

（3）小重量、多次数的训练方法

大重量训练对神经系统的刺激比较强烈，但由于次数较少，对肌肉的刺激深度不够，而重量较小，则应增加练习次数，给肌肉较深的刺激，因为肌肉的活动次数多，可以使肌肉的代谢加强。这是一种发展肌肉耐力的良好方法，在龙舟训练中被广泛采用。

（4）超等长练习法

这是一种将退让和克制结合在一起的训练方法。在这类练习中，肌肉先做退让工作，并使肌肉极度拉长，然后尽快转入克制工作，是发展爆发力的良好手段。其生理机制是牵张反射。这也是龙舟训练的有效手段之一。

（5）测试公式

采用以下公式定期对最大力量进行测试：

最大重量 =（0.033×重复数）×被举起的重量＋被举起的重量

4. 专项力量的训练方法

在水上进行以发展划桨力量为目的的专门训练见表 4-1。

表 4-1　在水上进行以发展划桨力量为目的的专门训练

目的	专门训练
增加阻力	在舟艇内附加重量、少人划舟艇拖带物划桨行进、浅水划、逆水划、增加桨长、增加桨宽、增加桨重
减小阻力	顺水划、在较快的浪中划、用较短的桨划、减少桨叶宽度划

三、龙舟运动员的速度素质及其训练要求

（一）速度素质的概念

龙舟运动员的速度素质是指运动员在龙舟比赛时所表现的快速运动的能力。其包括运动员对出发信号刺激快速反应的能力、快速完成划桨动作的能力和使艇快速行进的能力，通常分为紧密联系的反应速度、动作速度和位移速度三种形式。

速度练习主要有短距离冲刺划或以短距离为主要内容的训练，目的是发展无氧能力。无氧能力在龙舟赛的起航、变速和冲刺中有着重要的作用，因此它也成为训练的重要内容之一。

1. 反应速度

反应速度是指人体对各种信号刺激的快速应答的能力，最常见的练习方法是利用各种声、光等突发信号使练习者快速做出相应的反应动作，以提高其神经系统反射弧的接通机能水平。

反应速度训练常用的方法有以下几种。

（1）信号刺激法

利用突然发出的信号提高运动员对简单信号的反应能力。

（2）运动感觉法

运用运动感觉法一般要经过三个阶段：第一阶段是让运动员以最快的速度对某一个信号做出应答反应，然后教练员把其所使用的时间告诉运动员；第二阶段是先让运动员估计出应答反应所需要的时间，然后教练员再将这个时间与实际使用的时间进行比较，目的在于提高运动员时间感觉的准确性；第三阶段是教练员要求运动员在规定的时间内完成某一反应的练习，这种练习可以提高运动员对时间的判断能力，促进其反应速度的提高。

（3）移动目标的练习

运动员对移动目标能做出迅速应答，一般要经过看到或听到目标移动所发出的信号、判断目标的移动方位及速度、运动员选择行动（应答）方案和实现行动方案四个步骤。其中，判断目标的移动方位及速度的准确性关系到所选择行动方案的正确性，因此，这是训练的重点。随着训练水平的提高，在目标移动的设计上可加大难度，如提高目标移动速度、缩短目标与运动员之间的距离等。

（4）选择性练习

具体做法是随着各信号复杂程度的变化，让运动员做出相反的应答动作。如教练员喊“蹲下”，运动员则站立不动；教练员喊“向左转”，运动员则向右转；或教练员喊一、二、三、四中某一个数字时，运动员应及时做出事先规定的相应动作等。

2. 动作速度

因为动作速度寓于某一个技术动作之中，如入水动作速度、拉桨动作速度、冲刺动作速度等，所以动作速度的测量是与技术参数的测定联系在一起的，如测定划桨动作周期中的出水动作速度。通过连续多次完成同一动作，亦可求出平均的动作速度（桨频）。

动作速度是指人体完成某一动作的快速能力，提高动作速度的锻炼方法有以下几种。

1）减小练习难度、增加助力法。如牵引助力跑步或游泳、顺风跑、下坡跑、顺水游、推掷较轻的器械等。

2）加大练习难度、发挥后效作用法。如负重跳或推掷超重器械练习后，紧接着做跳跃或推掷标准器械的练习。

3）时限法。按预定的音响节拍频率完成动作，以改变练习者的动作频率和速度。

3. 位移速度

位移速度是指在做周期性动作中，单位时间内人体快速移动的能力。提高动作速度是提高位移速度的基础，并与四肢肌肉的爆发力密切相关。通常采用下列方法。

1）快速跑。如短距离用最快速度重复跑、短距离追逐游戏、短距离游泳、速滑等。

2）加快动作频率的练习。如快频率小步跑、快速摆臂练习等。

3）发展下肢的爆发力。如负重跳、单脚跳、跨步跳等。

发展速度素质，一般采用强度大、持续时间短的练习，应在精力充沛、运动欲望强的情况下利用各种练习方法交替进行，因为在疲劳或只用单一的练习方法时，并不能收到良好的效果。同时，发展速度素质要与锻炼力量、耐力和柔韧性素质结合起来，注意提高肌肉的放松能力。

四、龙舟运动员的耐力素质及其训练要求

耐力是龙舟桨手需要发展的重要运动素质之一。龙舟比赛是以有氧耐力为主的竞技项目，要求运动员有强大的心肺功能，轻重量、大次数的力量练

习，长距离的耐力跑，不同距离和强度的变速跑、重复跑，超长距离的越野划，长距离游泳训练，还有足球、篮球运动等，都是提高运动员有氧耐力能力的有效手段。有氧耐力练习应该贯穿于龙舟训练的始终，但是根据训练的不同时期和阶段，也要有所侧重。在准备期应以有氧耐力练习为主，在竞赛期应以有氧耐力练习为辅。力量在持续 15～20 秒的比赛起航期、20 秒～8 分钟的途中期和 15～30 秒的冲刺期均表现出重要作用。快速启动需要最大力量和速度力量，保持舟艇的高速度需要力量耐力，强劲的冲刺需要速度力量和力量耐力。耐力训练不仅能改善运动员的运动水平，提高运动成绩，而且可预防伤病的发生，并改善平衡能力、协调能力和提高技术水平。

（一）重视运动员呼吸能力的培养

耐力训练中要注意呼吸问题。机体主要通过提高呼吸频率和加深呼吸深度来摄取坚持长时间工作所必需的氧气。一般而言，没有参加过训练的人在长时间运动过程中，主要以提高呼吸的频率来满足机体氧气的需要，而高水平运动员则主要以加大呼吸的深度来改善体内氧气的供给。

在运动训练中，当运动员进行中等耐力训练时，就会出现每分钟耗氧量与供氧量不一致，在大负荷时其不一致的程度就更为明显。可见，培养运动员的呼吸能力是十分必要的。在耐力训练中，应加强对运动员用鼻呼吸能力的培养，从卫生学角度看，鼻腔的黏膜可以净化空气，也可以使氧气缓和一下再吸入气管，这样就会减少尘埃及冷空气直接进入肺部。在训练中应加强呼吸节奏与动作节奏协调一致的训练，因为呼吸节奏紊乱会使动作节奏遭到破坏，从而影响运动成绩。

（二）加强意志品质的培养

运动员的意志品质在耐力训练中起着很重要的作用，意志坚强者比意志薄弱者耐力表现更好，在耐力素质训练中必须注重对运动员意志品质的培养。温度过高、气压过低，对一个人的耐力也会产生较大的影响，抵抗这些不利因素也需要运动员有坚强的意志品质。

（三）耐力训练的主要内容和形式

耐力训练的主要内容和形式见表 4-2。

表 4-2　耐力训练的主要内容和形式

名称	内容	形式
一级负荷	发展基础耐力，稳定巩固技术动作。 强度：血乳酸值至 4 毫摩尔/升； 心率 140～160 次/分	30～60 分钟持续划
二级负荷	发展有氧耐力，在所要求的强度下巩固技术。 强度：血乳酸值 4～7 毫摩尔/升； 心率 160～175 次/分	6～8×500 米，间歇 5 分钟； 4～8×1000 米，间歇 8 分钟； 3～4×2000 米，间歇 15～20 分钟
三级负荷	以比赛距离的强化训练，在接近比赛的条件下巩固技术。 强度：血乳酸值至 7～12 毫摩尔/升； 心率 170～190 次/分	4～6×500 米，间歇 8～10 分钟； 4～6×1000 米，间歇 10～15 分钟
四级负荷	速度训练，负荷时间为 20～90 秒，距离为 100～300 米的水上专项速度耐力。 血乳酸和心率达到最大值。 桨频达到比赛中的出发桨频	100 米 4～6 组 4～6 个重复； 150 米，200 米，250 米，300 米，或 100 米—200 米—300 米—200 米—100 米
比赛性负荷	200 米、500 米、1000 米、2000 米距离的比赛训练。 按照比赛的要求进行。 心率>190 次/分；血乳酸值>9 毫摩尔/升； 桨频为比赛桨频	1×2000 米或 1×1000 米或 2×500 米或 2～3×200 米。按照比赛状态，包含出发－途中－冲刺
恢复性负荷	补充训练，用于训练间歇或恢复训练单元。 血乳酸值在 2～5 毫摩尔/升以下； 心率和桨频无要求	训练时间在 20～60 分钟
专项耐力	专项力量耐力训练，结合技术动作提高划桨效果，在船上增加阻力。 心率>180 次/分，桨频按照二级负荷要求。血乳酸值为 6～8 毫摩尔/升，提高专项力量耐力	8×200 米或 6×500 米或 4×1000 米

龙舟运动员进行耐力训练的基本方法有持续训练法、法特莱克式的变速划等。如果使用间歇训练法，应以小强度的间歇法为主，运动强度控制在 50%～70%。练习总时间为 50 分钟左右，练习与休息时间的比例可按 2∶1 安排。

五、龙舟运动员的柔韧素质及其训练要求

柔韧素质指人体各关节可活动的幅度、肌肉和韧带的伸展能力。每一个

关节的柔韧性都是特定的，比如，一个人的腕关节在所有的方向可能有很大的活动范围，但肩关节的活动范围却很小。有以下三个理由可说明柔韧素质对运动员是重要的：预防伤痛、发展技能与提高成绩、产生功率。

（一）柔韧素质和技能的发展

动作的协调性是技能发展的关键因素。如果不能达到技能所需要的活动范围，那么就难以掌握技能。例如，龙舟运动员在完成划桨动作时，经常出现使用手和手臂抓水、划桨的错误动作，其原因可能是运动员腰腹部和髋部的柔韧性较差，转体和前屈体动作不到位。

（二）柔韧素质和功率产生的关系

龙舟运动的过程中，桨在水中只能增大功率和船速。良好的柔韧素质使桨在水中停留时间较长。柔韧素质只是功率产生的一部分，如果太灵活，可能在桨入水时过度伸展，在实际上反而减少了功率的产生。因此，肌肉在极端的伸展位反而导致技术上的缺陷。

良好的柔韧素质能增加动作的幅度和弹性。在训练的全过程中，应该始终重视运动员柔韧性的练习，否则随着力量的增强，肌肉的增大将可能使关节变僵，进而影响划桨技术的发挥。另外，良好的柔韧素质还能有效地防止运动外伤的发生，具有现实意义。柔韧素质练习的方法如下。

1. 主动或被动的静力性伸展法

主动或被动的静力性伸展法是一种行之有效且比较流行的伸展方法，它是缓慢地将肌肉、肌腱、韧带拉伸到会产生一定酸、胀和痛的感觉的位置，并维持此姿势一段时间，一般认为停留 10～30 秒为理想时间，每种练习连续重复 4～6 次为宜。这种方法可以比较好地控制力量，也比较安全。

2. 主动或被动的动力性伸展法

主动或被动的动力性伸展法是指有节奏的、速度较快的、幅度逐渐加大的、多次重复一个动作的拉伸方法。主动的动力性伸展是靠运动员的力量进行的拉伸，被动的动力性伸展是靠同伴的帮助或负重借助外力进行的拉伸。

利用主动或被动的动力性伸展法进行练习时，所用的力量应与被拉伸的关节的可能伸展力相适应，如果大于肌肉组织的可伸展能力，肌肉或韧带就会被拉伤。在运用该方法时，用力不宜过猛，幅度一定要由小到大，先做几次小幅度的预备拉伸，再逐渐加大幅度，从而避免拉伤。

3. 神经肌肉本体感受的简易化伸展方法

各种形式的本体感受神经肌肉的简易化伸展方法得到普及。通过此方法可使关节的柔韧性迅速增强，几乎不产生疼痛的感觉。简易化伸展是一种被动的伸展，在进入活动范围之前对阻力产生最大的等长收缩，收缩可保持 4～10 秒，随后在活动之前进行 4～10 秒的放松。简易化伸展练习可单独或在同伴的帮助下完成。由于简易化伸展练习在完成时存在潜在危险，所以，同伴之间的交流很重要。为保持简易化伸展的安全，应遵循以下原则：被伸展的人（对象）要负责或控制其被伸展的程度；施行伸展的人（同伴）应维持强有力的稳定体位，这样完成收缩时，就可防止滑落或坠落。

1）同伴必须确保关节的正确调整，对不正确调整的关节进行有力的收缩会导致练习者受伤。

2）要告诉同伴何时开始收缩。

3）同伴可以充当队友推离的对象。

4）如果同伴得到提醒，应立即停止对队友所做的所有伸展。

5）在试图增加运动范围时，收缩要慢。

6）应慢慢地增加收缩力量。

7）随着最大收缩的开始，可以逐渐摆脱同伴。

8）在伸展时，需要放松关节周围的肌肉。

六、龙舟运动员的灵敏素质及其训练要求

灵敏素质是指人体在突然变化的条件下，快速、准确、有效地完成动作的能力，它是运动员的神经反应、运动技能和各种运动素质在运动过程的综合表现，是一种复合式的运动素质。神经反应的快慢决定了反应速度的快慢，判断的准确程度、随机应变和及时做出应答动作的速度、反应迅速等都是灵

敏素质的先决条件。各种运动素质是及时做出应答动作的保障，爆发力控制着人体运动的加速或减速；速度能力决定着身体的移动速度；耐力素质使运动能力得以保持；柔韧素质保证了力量、速度的发挥，各种运动素质的协同配合是及时完成应答动作的基础。熟练的运动技能可使运动员的反应速度、判断的准确性和及时做出应答动作的能力得到充分体现，灵敏素质往往通过动作的熟练程度来体现。龙舟运动员灵敏素质的作用主要在于可以使运动员迅速、准确、熟练地完成动作并获得理想的技术效果。根据专项的关系，灵敏素质可分为一般灵敏素质和专项灵敏素质。

（一）灵敏素质训练方法和手段

灵敏素质是人体综合能力的反映，很大程度上受遗传因素的影响。为了提高灵敏素质，应加强青少年时期的训练。此时，运动员神经系统的可塑性强于成年期，有利于充分发展灵敏素质。

1. 灵敏素质的训练方法

发展灵敏素质，应尽可能采取逐渐增加复杂程度的练习方式，或通过改变练习条件、器械、器材等方式，增加练习动作的复杂性和难度，并着重培养和提高运动员掌握动作的能力，如反应能力、观察与判断能力、平衡能力、时空感、节奏感等。

（1）徒手练习法

徒手练习法包括单人练习和双人练习。

（2）器械练习法

器械练习法包括单人练习和双人练习。

（3）组合练习法

组合练习法包括两个动作的组合、三个动作的组合和多个动作的组合练习等。

（4）游戏法

发展灵敏素质的游戏具有综合性、趣味性和竞争性的特点，能引起练习者极大的兴趣，使练习者身体力行、积极思维、迅速判断、巧妙应对复杂多变的活动，有效地提高神经的灵活性，发展运动素质和运动技能。发展灵敏素质的游戏很多，主要包括各种应答性游戏、追逐性游戏和集体游戏等。

2. 灵敏训练的主要手段

1）在跑、跳中迅速完成改变动作方向的躲闪、急停、转体、变向跑等练习。

2）非常规的练习。

3）反向完成动作。

4）各种调整身体姿态或身体方位的练习。

5）限制完成动作的时间和空间。

6）改变习惯性的动作速度或速率的练习。

7）利用各种条件，完成复杂多变的练习。

8）做各种变换方向的追逐性游戏或对各种信号快速做出应答性反应的游戏。

七、龙舟运动员的协调能力及其训练要求

（一）协调能力的概念

协调能力可理解为：①合理地建立完整运动动作的能力。②改造已形成的行动形式或根据不断变化的条件从一些行动转入另一些行动的能力。

生理学家的研究表明，协调能力的本质是中枢神经系统的协调功能及其他的特性（如可塑性）。毫无疑问，高质量协调动作的可能性本质上取决于分析器功能的完善，特别是本体感受器的完善。而具有决定意义的是已掌握的和改造动作的经验。原则上，运动员掌握的运动技能储备越丰富，掌握新动作的可能性就越大。

（二）龙舟运动员协调能力的分类

龙舟运动是具有标准动作结构和相对固定比赛条件的竞技项目。龙舟运动员的协调能力分为一般协调能力和专项协调能力。采用非专项的身体、技术、战术手段系统地更新运动员的运动经验，完善动作分析器的功能和在一定的时空条件下适宜调节肌肉紧张能力的训练称为一般协调能力训练；采用

龙舟专项身体、技术、战术手段，系统地更新和巩固运动员的运动经验，完善动作分析器的功能和在一定的时空条件下适宜调节肌肉紧张的能力和发展运动员的节奏感、平衡感、划船感等专项知觉的训练称为专项协调能力训练。

在近代运动训练理论和实践中，日益重视协调能力的作用，把协调能力看作是发展运动员技能和战术能力的基础。运动员的协调能力决定了其龙舟技术和战术素养的水平，从而决定了其竞技水平。

（三）协调能力的评定及训练负荷量度的确定

1. 协调能力的评定

判断龙舟运动员协调能力的发展程度，可以根据龙舟运动员划桨技术完善程度的标准和配合能力进行评定。

2. 训练负荷量度的确定

根据协调性练习中要求高度集中的注意力、精细的分化和调节、较强的意志集中等特点，以及形成新的动作协调形式或改造已巩固的协调联系对于神经系统而言是极为困难的任务，最好是在训练基本部分开始时，安排协调能力性训练负荷，并适当控制总负荷量，一般不超过 60 分钟，使运动员能保持最佳的心理状态和运动状态完成练习。一般原则是练习重复间的休息应不少于防止由疲劳引起的协调破坏所必需的时间。如果在重复过程中出现了协调破坏的趋势，就应当增加休息时间，或者转入使用不要求新的复杂协调任务的练习。

（四）协调能力训练的主要内容方法、手段及要求

1）利用一般训练和专项训练方法进行大量练习，克服动作困难因素建立机体间协调的联系，为了保持训练效果应当改变练习，或者使用新的练习。新颖性、不寻常性和协调难度是选择培养协调能力方法和手段的决定性标准。为这一目的而使用的手段（练习）应当具有多变的特点，即在竞技能力的完善过程中必须不断地更新它们。掌握新的练习后，运动员不仅充实了自己的运动经验，而且发展了自己的可练能力，即形成新的动作协调形式的能力。这是培养青少年龙舟运动员协调能力的主导方向。

2）龙舟运动是相对狭窄的、标准的动作结构，充实运动员运动技能储备

的主要手段是竞技辅助性体操练习（包括技巧练习）、活动性球类项目、游泳等水上项目以及与专项相近的其他项目。

3）在每一个训练阶段中，运动员在使用已习惯的和新的训练方法时必须遵守一定的比例。

众所周知，随着一个个阶段的推进，用于专项练习完善的时间越来越多，用于掌握辅助性练习的时间却越来越缺少。因此，随着龙舟运动训练过程中专项化的深入，在完善已习惯的行动时引入不寻常性的因素，以满足对动作协调水平不断提高的要求，是培养协调能力主导性的方法路线。这一路线在方法方面可具体分解为三种处理办法，每一种处理办法都可以通过许多局部性的方法来实现。①按严格的规定改变已习惯的运动行动的某些特点或整个形式，增加动作协调的难度。②在不习惯的组合中完成已习惯的动作。③使用不同的外部条件，迫使自己改变已习惯的动作协调形式。

第四节　高校龙舟运动的技战术水平提升

一、龙舟运动的基本技术内容

（一）鼓手技术

鼓手是全队中最重要的人物，正常情况下担任队长一职。在比赛中，鼓手是调动和实施教练员的战术构思以及指挥全队完成比赛的人。因此，一个好的鼓手，能更好地调动划手的积极性，鼓舞全队的士气，增强全队的自信心。千金易得，一将难求，对于一支龙舟队而言，选择一名出色的鼓手至关重要。

1. 敲鼓

鼓手在敲鼓的过程中可采用单手敲鼓或双手敲鼓的方式。鼓声也可变化出许多花样。无论怎样敲鼓，都是为了使划手的划桨动作整齐划一，也就是理想化的二十把桨就像一把桨一样。通常的配合方法是，鼓手敲，划手跟，即划手插桨入水那一瞬间恰好落在鼓的节奏上，俗称入水鼓。也有一些其他的配合方法，如划桨结束时的一瞬间落在鼓的节奏上，俗称出水鼓。无论是出水鼓还是入水鼓，在训练中都要有事先约定，使划手充分理解鼓的节奏和变化，这样才能使全队划桨的动作整齐划一。

2. 敲鼓的节奏与力度

鼓手敲鼓的节奏和力度对划手的影响非常大，有力的敲鼓和节奏的加快能有效地刺激划手的中枢神经，以此来调动情绪，使划手奋力划水，提高船速。反之，如果节奏无变化，敲鼓无力，就会显得没有激情，使划手容易产生厌倦，尤其是在训练中，会导致训练质量的下降。因此，在训练中适当变换一下敲鼓的节奏和力度，可以调动划手的积极性，提高训练的质量。在比赛中，当两船齐头并进、势均力敌时，鼓手的敲鼓力度尤为重要，敲鼓有力会鼓舞全队的士气，而且能够提高划手的兴奋水平，保持拼下去的劲头，不然在比赛中一旦被落下，将很难再追上。因此，在平时的训练中，鼓手要熟练掌握敲鼓的节奏变化和敲鼓的力度，认真领会和观察变换节奏和加大敲鼓力度的时机，这样才能更好地率领全队完成训练或比赛。

（二）舵手技术

舵手的好坏直接影响全队的成绩，好的舵手会增强全队的自信心，运动员将没有后顾之忧，全身心地投入比赛；反之，如果舵手很差，会给运动员造成很大的心理负担，影响运动员的比赛情绪。因此，舵手的技术在龙舟技术当中显得尤为重要。船是否走得直，船速的快慢都和舵手有直接关系。拥有一个好的舵手是一个队伍取得好成绩的重要条件。

1. 舵手的姿态

龙舟比赛舵手掌舵的基本姿态中最常见的有坐姿、跪姿和站姿三种。

（1）坐姿

身体正对或侧对前方，坐在舵手的位置，两脚分别置于左右舱，稳定支撑身体；右手握住舵柄，左手扶住舵杆，使舵叶平面垂直水面，两眼注视前方。这是现在采用的最普遍的姿态。

（2）跪姿

身体对准侧前方，左小腿横在龙舟尾部舵手的位置，以左膝关节和左脚掌顶住两侧船舷，右脚踏在船舱内，稳定支撑住身体；右手握住舵柄，左手扶住舵杆，使舵叶平面垂直水面，两眼注视前方。这种姿态多用于玻璃钢船比赛中。

（3）站姿

身体侧对前进方向，右脚在前，左脚在后，头右转目视前方；右手握住舵柄，左手扶住舵杆，使舵叶平面垂直水面，时刻观察周围情况。这种方式的最大优点是视野开阔，便于舵手观察水面情况，多在顺风时采用。

还有一种是单手站立式，即舵手身体面对正前方，两脚开立，稳定支撑身体，左手握住舵杆顶部（紧靠舵柄），使舵叶与水面垂直，两眼注视前方。这种方法适用在顺风而且浪小的情况下采用，这种方法对舵手的要求比较高，舵手必须能及时观察船方向的变化，适时做出调整。一旦出现紧急情况，舵手需马上改变掌舵的姿态。

2. 掌舵技术

（1）点式技术

舵入水后很快提出水面的技术称为点式。对于龙舟在行驶过程中，在无明显的侧风、左右划手力量均衡、船的行驶方向改变小的时候，可采用此技术。具体操作技术为：舵手坐在船尾，右手握紧舵柄，左手握住舵杆，将桨叶压离水面，舵手要全神贯注，能非常敏锐地感觉到船体方向的细微变化，当船稍有偏航时，马上采用点式将船修正。例如，船在行驶过程中，舵手感觉到船在向左侧偏出时，应马上将舵叶压入水中并向外推出后压起，反复几次后，将船的方向修正，然后将舵压离水面。这种技术在船稍有偏航时采用效果较好，而且产生的阻力小，对船速的影响不大。如果船继续向左偏航，舵手可采用有节奏的点式打舵技术，即舵叶连续入水推起，舵叶入水的角度应根据偏航的角度及舵手的力量灵活掌握。这样可以在保持船速的情况下不偏航。

如果舵手注意力不集中，或者出现技术偏差，船体偏航角度很大时再修正航向，会产生很大的阻力，而且由于船速产生的惯性，船偏航时离心力较大，舵手需要将舵叶压入水中用力外推，这样会给船一个横向的力，从而使舵叶在水中的时间变长，产生的阻力加大，对船速影响很大。因此，舵手在行驶过程中，要注意力集中，观察和感觉行驶方向的变化并及时进行修正。

（2）拨式技术

当船偏离航向角度较大时，选中水中的一个点，迅速将舵叶下压并横向推（拉）舵杆，这种打舵方式称为拨式。

如果船在行驶过程中偏向左侧，此时舵手右手应握紧舵柄，左手握住舵杆先内收舵柄后上抬，将舵叶压入水中后向外推出，以此来修正船的方向。此项技术一般应用于风平浪静情况下的龙舟掉头、靠岸，以及龙舟进入航道时摆正航向等，效果较好。不宜在有风浪的情况下采用此技术，因为掉头和靠岸很难保持船的平稳；在船行驶过程中一般也不宜采用，因为阻力比点式技术大许多，同时也很难保持船的平稳。

（3）拖式技术

在船行驶过程中，舵叶始终在水中控制方向，称为拖式技术。当船体方向改变很大时采用此项技术，此项技术一般为初学者采用。

这项技术可有效控制方向，比较稳定，在有风浪的情况下采用此技术掉头靠岸比较平稳。但是因舵长时间拖在水中，故此项技术产生的摩擦阻力最大。船偏航角度越大，舵与前进方向的角度也就越大，因此在比赛中较少采用此项技术。“宁驮一个佬，不拖一棵草”说的就是这个道理。

龙舟在掉头和靠岸，或者需要大幅度、急速改变方向时，可先采用拨式技术；当船的运行状况快要达到要求时，就应采用拖式技术，来保持船的平稳。

原则上，在训练和比赛中，不论舵手采用何种技术，都要尽可能地减小船的阻力，保持船速。因此，舵手必须熟练掌握这些技能，根据赛场的实际情况灵活运用这些技术，使划手的力尽可能多地用在提高船速上。

（三）划手技术

划手技术目前有两种，一种是坐姿技术，另一种是蹲跪姿技术。在亚洲范围内的比赛，可以采用蹲跪姿技术进行划行。而根据国际龙舟联合会的规则，只能采用坐姿技术进行划行，下面对此进行介绍。

1. 基本姿态

髋关节靠紧船舷，外侧腿紧紧蹬住前舱隔板底部，内侧腿弯曲收于坐板下隔舱板，这样使两脚和臀部三点形成稳固的支撑，外侧腿的大肌肉群可以充分发挥其力量优势，而且在拉桨过程中可以靠大力的蹬转和稳定的支撑将力送上去，避免动力损耗。

2. 桨的持握

两手握桨，左手握住桨柄（以右侧划手为例），右手握住桨杆（距桨叶上一拳远或 10～15 厘米），将桨横握于体前，桨叶平贴水面，目光平视，注视鼓手，调整好呼吸。

3. 预备姿态

当听到预备口令时（以右侧划手为例），上体保持放松姿势，桨从前方运动员的腋下伸出，右手（低位手即下手）尽量前伸，肘关节微屈，以便发力，身体左转将右肩探出，身体略向外倾斜。左手（高位手即上手）屈肘握桨柄于额头前右上方，外侧腿弯曲蹬紧，此时背阔肌已经充分拉开。从侧面看，桨杆紧靠船舷与水平面成 45°入水；从前向后看，桨杆略微向里倾斜，此时划手的眼睛要向前看，头在船舱外；从上面看，桨叶与船舷成 90°，这样桨叶就形成了最大的对水面积，保证提供给船最大的力。

另一种预备姿势是，听到预备口令后，将划桨直接置于水中，此时身体姿态与前面所讲的相同，只是此时要将桨叶完全置于水中，入水点在外侧腿膝前 10～15 厘米处，下手置于水中，上手屈肘握杆柄置于头前，外侧腿弯曲蹬紧，此时的身体姿态是最适合最大用力拉桨的，同时下手肘关节微屈，随时准备发力拉桨。

4. 插桨

以右侧划桨为例，插桨时，左手（上手）作为支点应稳定在额前，以保证入水点的准确，右手（下手）前伸，右肩前探，肘关节微屈，入水时靠桨的自身重量、上手的下压及上体的力将划桨插入水中。

（1）易犯错误

1）左手（上手）太直太僵，导致桨入水时角度太大，严重影响桨叶入水角度，抓水效果不佳。

2）插桨时右手（下手）弯曲，左手（上手）伸直使得划距缩短，拉桨无力，形成漂桨。

3）桨如果拍水，则会使溅起的水花大，带入的气泡多，并产生一个向上的分力。

4）左手（上手）压不住桨，抓不住水。

5）桨插水浅，没有抓到深层水。

6）桨叶与船舷没有形成90°角，桨杆朝船舱内倾斜太多。

（2）纠正方法

按照正确的技术动作，反复练习桨入水的动作要领，注意左手（上手）的控制，做到入水点准确，插桨快而有力。

5. 拉桨

以右手拉桨为例，拉桨时，外侧腿用力蹬紧前隔板，使下身形成稳固的支撑，上手（支点）保持稳定，用适度的力做前顶下压动作，使桨稳稳地抓住水，同时上体也配合上手动作用力下压，以保证桨插得足够深。下手开始握紧桨杆直臂拉桨，用力的方向为向下向后拉桨，此时外侧腿要配合发力，将下肢和腰部蹬转的力传递到肩及手臂，使得腿、腰、背、肩及两臂的力能够最大限度地释放出来，通过蹬腿的力将动力传出。拉桨时，下手肘关节靠近身体，拉水方向与前进方向在一条直线上，弯曲的上手（支点）随身体的后转向后移动并继续做前顶的动作至下手肩的前下方，下手以最快速度拉过髋关节。在拉水过程中，应始终保持越拉越快的节奏。桨叶对水面积越大，分力越少，有效距离越长，速度就越快。桨叶在水下的运动轨迹为小弧形。

（1）技术要求

1）插桨和拉水要衔接紧密，即入水就发力，而且插桨时靠上手和上体及桨的自身重量插桨，应向下向后猛力拉桨。

2）上手作为支点一定要稳定，而且要抓住桨柄，保证桨叶入水点准确。

3）拉桨速度要快。

4）拉桨要能抓住水，不能划漂桨。

5）在入水和拉桨过程中，每个划手的水感都要好，要能感觉到是否抓住水、拉桨速度的快慢、是否给船提供了动力等。

6）插桨要深，抓住深层水；拉桨要到位，不能拉一半就回桨。

（2）易犯错误

1）屈臂拉水，只是小肌肉群发力，而大肌肉群的力量没有用上，很容易产生疲劳，造成划桨无力。

2）插桨和拉桨衔接不紧密造成脱节，使得拉水无力，抓不住水。

3）上手（支点）不稳定，使得桨叶对水的力学方向改变，形成分力。

4）上手前推力过大，使得桨叶对水的力学方向朝后上方，产生向下的分力，加大了船的重量。

5）拉桨时，上手离身体远，形成撮水。

6）拉桨方向与船行驶的方向不一致。

（3）纠正方法

1）进行陆地模仿，认真体会划桨技术及用力顺序。

2）进行船静止时的划桨练习，认真体会桨入水和拉水的衔接。

3）进行船行驶中的划桨练习，提高划桨时的拉水速度。

4）在练习过程中，认真领会上手和下手的运行轨迹。

5）提高上手的稳定水平。

6. 回桨

以右侧划桨为例，在下手（右手）以最快速度拉过髋关节的瞬间，上手（左手）从右肩前下方主动向前上方提桨，同时下手（右手）屈肘上提，上提的方向与桨杆的方向一致；当桨叶出水后，上手（左手）向左后侧稍内收，止于额前，同时身体左转，右肩前探，右手握桨前伸，回到预备姿势。桨叶出水后向前呈外弧形。

（1）技术要求

1）拉水结束的瞬间要与双手上提衔接紧密，不能脱节。

2）上提的方向应顺着桨杆方向，且自然协调。

3）桨出水和回桨时，上下手的动作要配合身体的扭转。

（2）易犯错误

1）拉水结束动作与上提桨动作脱节，形成阻力。

2）上提不明显，上手（左手）直接内收，造成向外翻桨。

3）上下手的配合不好，桨控制不稳，使得下一环节受影响。

（3）纠正方法

1）陆地模仿，反复体会动作，认真领会上下手及桨叶的运行轨迹。

2）反复练习拉水结束和桨出水的衔接。

3）上下手及身体的配合练习，关键是上手（左手）的控制。

（四）错误动作原因分析

根据龙舟运动的特点，产生错误动作的原因有以下三点。

1. 对动作的概念不清、要领不明确

这与教授者的讲解和示范及运动员的接受和理解能力有关。纠正时，教授者首先要用精练的语言，突出重点，形象生动地讲解动作要领，同时配以正确、慢速或分解的示范动作。教授者也可以用正误对比的方法进行分析对比，启发运动员进行思考，使其明确概念及动作的过程。

2. 运动员的身体素质差

从事龙舟运动需要运动员具备一定的力量耐力和有氧耐力，因此对运动员的体质要求较高。运动员因力量差而不能很好地完成技术动作的现象很普遍。这种由于身体素质差而产生的错误动作不是一两次训练就能纠正的，同时提高素质也需要时间，因此教授者在教学过程中要给运动员安排一定量的身体素质练习，还可以先降低难度或减缓动作节奏，使运动员建立正确的肌肉感觉，再逐渐增加动作的难度和要求。

3. 思想过分紧张或其他客观条件的影响

在龙舟运动技术教学过程中，运动员对水的不适应及恐惧心理也是造成错误动作的一个重要原因。由于教授者的讲解不当或示范失败，或场地器材选择、准备不当，一些运动员在学习时产生保护性抑制，从而形成错误的动作。针对这种情况，教授者应改变教学方法和教学条件并积极消除运动员思想上的顾虑，以提高教学效果。

（五）划桨感觉的培养和训练

感觉是可以从学习和训练中获得的。首先必须要学习基本动作，然后形成运动员的风格，最后获得运动员的感觉，具体步骤和方法如下。

1. 合理划桨技术的精神准备——大脑建立正确的影像

龙舟划桨技术的学习、改进和提高至少要解决三方面的问题：明确什么是好技术；为什么是好技术；怎样做到。最终到达一种就像用手而不是用桨推进舟前进的感觉，做到人舟合一。

（1）观看高水平运动员的比赛表现

在技术教学录像和比赛实况录像播放前，要保证环境安静的条件，然后运动员安静地观看和分析，体会不同技术环节拉桨用力的感觉。

（2）观看运动员目前的技术录像

自我反馈与个人问题的发现，是技术反馈训练法的重要内容。运动员每天观看当天水上训练时的技术表现，与优秀运动员进行直观对比能够更快地发现自身存在的问题，明确什么是好的技术，找到改正的感觉。录像播放过程中，教练员利用间歇时间，让运动员评价录像中技术的好与坏，先不做结论。这样可以培养运动员技术的理解能力。

2.“闭目划”——龙舟上的本体感觉的训练

曾经在漆黑一片的夜晚划过龙舟的运动员都有体会，若没有视觉上的干扰，就能够对技术产生更快、更好、更深的本体感觉。训练学专家认为，生物力学无法解决运动员用力与船之间的感觉问题，什么样的桨频用什么样的力量和收缩速度等，只有靠运动员不断激发自身对船的感觉才能通过练习获得。

在水上安排1000～3000米“闭目划”，可以培养和训练运动员的技术感觉。

3. 发展倾听龙舟的能力

龙舟上人的体重是龙舟的4倍甚至5倍以上，人体微微的运动对龙舟的位置和移动的影响都很大，因此运动员只有能够及时准确地感受龙舟的运动情况，并结合一定的技术才能获得经济、实效的船速。运动员要在日常的训练中发展对船移动的感知能力，应更用心去划船，发展对船更强的感知力。

二、龙舟运动的基本战术内容

（一）龙舟运动的战术分析

战术是根据比赛的实际情况，正确地分配体能，充分发挥本队的体能、技术和心理等方面的特长，战胜对手，争取胜利的比赛艺术。战术是在一定的体能条件、技术水平和心理品质的基础上形成的，通常与比赛规则有密切的联系。而战术又反过来对体能、技术和心理提出更高的要求，并在一定程度上影响着运动员的技术和心理品质的发挥，给比赛带来巨大的影响。为了使运动员掌握最合理的战术手段和战术方法，培养运用这些手段和方法的能力、以便发挥运动员的特长、争取战胜对手、为比赛做好战术上的准备而进行的训练叫作战术训练。

正确地运用战术对取得比赛的胜利有着重要的影响。战术运用得当，常常能以弱胜强；战术运用不当，强者也会变成弱者，进而导致失败。龙舟运动属于集体项目，自身的战术和对手的战术对比赛的结果影响都很大，因此必须重视龙舟运动的战术训练。

龙舟运动的战术训练通常根据本队的自身特点和训练水平来进行有针对性的制定，总体上可分为起航战术、途中战术和冲刺战术。

1. 起航战术

起航的划法一般由大桨和快桨组成。目前普遍采用的是 5 大桨 25 快桨，可根据本队的素质特点和技术特点进行有针对性的设计，以便最大限度地发挥运动员的能力。例如，运动员整体的绝对力量大时，启动较快，能将船迅速拉到临界速度时，大桨数可适当减少；反之，运动员整体的绝对力量差时，大桨数可适当增加。大桨数确定以后必须进行反复练习形成动力定型。快桨属于无氧能力，对技术水平要求较高，必须找出适合本队的快桨桨频和桨数，因此一定要量体裁衣，不能盲目增加，以免在比赛开始就使运动员体能消耗过大，影响全程水平的发挥。在确定了适合本队的快桨桨频和桨数以后，必须进行反复练习形成动力定型，才能在比赛中运用。通过反复练习及适当比赛，运动员的能力会有所提高，起航战术也应随情况的改变而及时调整，以求最大限度地发挥运动员的能力，创造最优成绩。

2. 途中战术

在直道竞速赛和环绕赛的途中，可采用多种、多次的变速划和调整划。根据自身的实际情况和对手的实际情况，进行有针对性的设计，并在比赛中有针对性地采用。在比赛途中，适时地采用变速划超过对手，很可能造成对手精神气馁、战术混乱甚至乱桨的情况，从而为赢得比赛奠定基础。途中战术因队而异，没有一定规律，以最大限度地发挥运动员的能力为前提，只有客观、科学地设计战术，并在训练中反复练习，才能取得优异的成绩。

3. 冲刺战术

冲刺战术通常采用高桨频的快桨来完成。根据不同的训练水平及比赛情况，所选定的冲刺距离有所不同。冲刺早了，达不到终点；冲刺晚了，又不能最大限度地发挥运动员的能力。尤其冲刺战术是在完成了起航和途中以后，运动员体能已经大大降低，完成冲刺战术靠的是坚忍不拔的意志品质和顽强的拼搏精神。冲刺战术所选定的桨频和距离必须科学合理，既要考虑运动员的主观能动性，又要考虑运动员训练水平的客观实际，以此实施切实有效的冲刺战术。冲刺战术在全程技术练习中要反复演练，形成条件反射，才能在比赛中运用，以创造更优异的成绩。

（二）竞技龙舟运动比赛常用的战术形式

1. 直道比赛战术

龙舟 200 米、500 米和 1000 米比赛的战术与持续时间相同的其他竞速运动项目有类似之处。不管是在 500 米比赛中还是在 1000 米比赛中，最好成绩不仅依赖专门的技巧，更重要的是取决于运动员身体的生理适应性变化能力。

200 米比赛的高桨频类似于短跑，而 500 米、1000 米比赛却需要有途中划，那种出发拼命领先、途中增加划距、最后加速的旧观念，作为竞赛战术而言已经过时。随着现代训练的科学发展，竞赛战术已经有了极大的改进，经过生理和心理评定之后，教练员与运动员可以合作，选择最适合运动员的竞赛距离和竞赛战术。

为了取得预期的效果，在任何情况下都要坚定地实践和确定适合运动员的某一种竞赛战术。也许一个运动员犯的最严重的错误便是在竞赛途中放弃既定的比赛战术，这经常导致灾难性的结果。为运动员制定的竞赛战术必须考虑到整个赛季所有的训练方法（包括辅助的和专项的），都必须为强化竞赛战术而精心选择。所以，比赛中执行一种战术不变是不行的，要根据运动员特点制定 2～3 种战术，以备运动员在比赛中随机应变。教练员应该谨慎地听取外界的各种意见，来改进竞赛战术。

龙舟项目的比赛有四种基本战术。

（1）领先战术

领先是比赛中最常用的战术，这一战术的指导思想是在比赛中利用领先后坚持下去的方法给对手施加心理压力。根据项目的不同，起航时间与全程平均时间的差异为 3～5 秒。采用领先战术要求有专门的训练，因为前 100～150 米要以近乎最大速度划行，可能持续 30～50 秒。在出发时的极限合力将引起肌肉乳酸高度堆积，为了能在高乳酸条件下划完一半竞程，运动员需要进行特殊的训练，可能仅仅是那些经过挑选的、在这种条件下进行全面的生理检测并承受得住的运动员才能选择此战术。通常民间龙舟队伍会采用这种战术，此种战术有利于鼓舞士气，增加信心。

（2）匀速战术

采用这种战术的，运动员划前半赛程的速度低于其出发速度，而划后半段的速度却高于整个赛程的平均速度。换句话说，这一战术要求赛船有较高的平均速度。对于平均分段而言，必然减小出发落差。由于较慢出发的运动员，不像采用领先技术的运动员那么快出现乳酸堆积，部分能量也可省下来供后半程使用。整个过程中一直都比较平稳，速度波动很小，体力分配相对比较合理，基本上采用的是匀速战术（平均分段战术）。

起航时神经兴奋与肾上腺素水平处于支配地位，所以运动员采用这种战术时必须对起航进行总体控制，而且要有出发后落后 2～3 秒的心理准备。匀速战术的训练需要大量高强度桨频的训练和有控制的出发实践，在桨手、鼓手、舵手等队员间，通过身体动作和语言的交流，建立起相互的能量输出和出发时的兴奋控制是非常有必要的。领桨手的任务是在出发时控制正确的节奏和桨频，以便全队跟上。平均速度分段往往就是指均衡桨频，特别是在1000米和长距离比赛中尤为突出。

（3）负分段战术

负分段战术正像在其他运动项目中那样，如跑步、游泳等运动项目中所使用的战术，就是划完各个分段所耗费的时间是递减的，即时间增量是负数，所以叫负分段。按其他项目所说的负分段在龙舟比赛中几乎是不可能的，因为舟艇要受到邻近舟艇的波浪影响。但是在确定了一个良好的出发之后，负分段战术对最后500米而言又是可能的。

负分段战术适用于1000米和长距离比赛。对于500米而言，分段距离应该是100米。由于间隔距离太短，所以难以成功地控制负分段。这一战术的训练需要良好的速度感和控制桨频的能力。最普遍的是高强度和高速度相结合的练习，最好是较均匀地加速。全程匀加速战术，即根据运动员的实际情况合理分配体力和比赛的距离，逐渐加速并在一定距离内保持恒定速度，力争前后半程时间分配均衡。通常采用这种战术需要运动员有良好的速度感和较强的竞技能力，此种战术有利于节省运动员的体力。分段变速战术是在分段中通过控制运动员的速度使其产生快慢的变化，目的在于打乱对手的速度节奏，最大限度地消耗对手的体力。这种战术通常出现在1000米的比赛中，以此来摆脱对手的跟随划战术。

2. 竞技龙舟运动全程战术安排

（1）起航阶段战术安排

听到出发信号后，迅速蹬腿、转体、拉桨发力。前4～6桨衔接快，做到动作稳、发力牢、爆发力大。一般采用6桨起航模式。

（2）加速阶段战术安排

启动后，注意提桨频、加力量，力争在10～15秒内使船速达最大速度。做到桨频高、出水快、划幅小、拉水狠。

（3）途中划阶段战术安排

出发后10～15秒，当船速达到最大速度时，迅速转入途中划。此时要求桨频减慢，但拉桨力量加大，船速不变。划桨应节奏明显，要注意“三度”，即深度、幅度、加速度。

（4）冲刺划阶段战术安排

冲刺技术包括临近终点的加速划技术和冲线技术。加速划技术与起航技术近似，主要通过缩短划桨非支撑阶段的时间，提高动作速度和桨频来提高船速，做到动作齐、拉桨快、划幅小。冲线技术是龙舟运动员在接近冲线时，利用艇身比人体体重轻的特点（惯性原理），使身体后仰，用力蹬艇向前的技术。

3. 根据风向变化所采取的起航战术安排

（1）顺风起航的战术特点

起航时，如果是顺风顺水，船就会越过起点线，因此要让船漂到起点，并向后划停住船。如果后面有裁判船，舵手可抓住裁判船，其余划手间断性地向后划，以减轻舵手的压力。如果风浪对泊船影响大，则一、二、三号桨位划手可协助舵手稳船。如果是活动起航，裁判员会利用口令来使各个龙舟都排到起点线后的一定距离，让船自由漂至起点后，在各船差距最小时发令，在这种情况下，所有运动员要注意裁判员的发令信号。在顺风情况下，划手可利用船向前的速度划桨，前几桨身体的前倾角度可以小一些，桨频稍高，舵手可站立掌舵，借助风力为船提供额外动力。

（2）逆风起航的战术特点

起航时，如果遇到逆风逆水，船就会退回到起点线以后；如果在后退时起航，就会形成更大的阻力，船很难起动。因此在逆风逆水的情况下，裁判员取齐时，在不越过起点线的同时，由一、二、三号桨位划手控制船，使船不向后移动，且时刻注意裁判员的信号，当裁判员发出“各队注意”时，要向前紧划几桨，当喊“预备”时，全体举桨时，船会恰好停在起点线后不后移，然后再出发。这需要划手有经验，掌握好力度，做到既不犯规，也不吃亏。在这种条件下起航，要求舵手坐姿掌舵，以减少风的阻力。

（3）侧风起航的战术特点

比赛时，裁判员要求参赛龙舟在起点线后取齐方可发令。而在遇到有侧风的情况下使船对直航道泊船最为困难。出发后，船的起航速度很快，受侧风的影响，船很快就会变向。如果舵手此时下桨打舵会增加阻力，使起航速度受到影响。所以遇侧风情况下的起航技术，与其他情况下的起航和泊船技术是不同的。例如，在遇有左前侧风和右后侧风的情况下，泊船应把船尾向右摆。由左侧第八、九、十号桨手严格控制泊船角度和方向，一旦出发后，使船在风力的作用下恢复正确航向。起航时，舵手应尽量少下桨打舵，否则将影响船速。泊船的倾斜角度应视风力大小决定，如在遇到右前侧风和左后侧风的情况下，泊船应把船尾向左摆，由右侧第八、九、十号桨手严格控制泊船角度和方向。

每一支高水平高校的龙舟队伍都应根据自身的组成特点和训练水平，以最大限度地发挥自身优势为目的，形成适合自身技术合理发展的技术风格和战术特点，做到以我为主，扬长避短。龙舟运动在我国源远流长，龙舟文化博大精深，要想使我国的竞技龙舟水平达到世界一流水平，就必须在总结先辈技术的基础上有所创新，吸取国外龙舟训练的先进经验，做到龙舟训练科学化、数据化，进一步增强运动员、教练员科学训练的意识，加强教练员队伍建设和队伍管理意识，同时在技战术共享的基础上做到百家争鸣、百花齐放。

第五节　高校龙舟运动的训练模式研究

一、龙舟运动的体能训练模式研究

近些年，体能问题引起了业内的广泛关注。在运动生理学和体质研究中，体能多指身体功能、生理机能、运动能力、有氧能力和无氧能力；体质研究中的体能更多是指运动素质和身体适应能力。在总结前人研究的基础上，得出对体能的阐述主要有以下三个方面。

1）体能是通过先天遗传和后天锻炼（训练）获得的，在形态结构、机能状态及能量系统代谢方面的能力。每个人形态结构、生理机能及各个能量代谢水平是存在差异的，这种差异性是受先天遗传和后天锻炼（训练）影响的。

个人体能在先天遗传上的不足是可以通过后天的锻炼（训练）而改善的，而良好的先天体能遗传在后天不加以锻炼（训练）也可能慢慢地消退。

2）体能是一种人体在身体形态、生理功能、各能量代谢系统相互联系，相互作用，协调表现出来的一种综合能力，而不是某个系统的单独作用。

3）体能的表现是要与外界环境相结合。不同的环境、不同的工作以及运动员从事的不同的运动项目对人体的生理机能、能量代谢及神经、肌肉、骨骼等系统都有其特殊的要求。只有使人体的生理机能、能量代谢及神经、肌肉、骨骼等系统相互协调适应所生存的环境、从事的工作及运动专项，才能使体能水平得到充分的表现与发挥。

二、龙舟运动员体能理论研究匮乏

龙舟运动在我国有着悠久的历史。进入现代，对龙舟竞渡的研究情况并不是十分全面。但是在龙舟文化方面的研究相对多一些，较为有代表性的是张建世，他的专著《中国的龙舟与竞渡》，系统地介绍了中国龙舟竞渡的起源及其发展、龙舟竞渡的日期、地理分布、龙舟器材的构造、传统的竞渡方式、龙舟竞渡与宗教文化的关系、龙舟竞渡的群众基础及缺点、龙舟竞渡的体育化等内容，提出了很多的具有理论性的见解，是十分具有学术价值的关于龙舟竞渡的著作。继张建世之后，中国龙舟协会、湖南省龙舟协会、岳阳市龙舟协会编辑了《中华龙舟专辑》，主要是中国龙舟协会相关文件与各地龙舟工作者或体育局等人员应约所著，水平不一，见解不同，在全国范围的龙舟竞渡运动刚刚兴起，研究处于发展阶段，但其推动作用功不可没。影响较大的论文著作还有杨琇绿的《龙舟文化探源》、庞进的《八千年中国龙文化》、马勇和贺昭泽的《“龙舟竞渡”的发展及特点探析》、胡朝栋的《从两龙船节看中华龙舟文化传承与发展》、罗婉红的《龙舟竞渡的文化探源及其发展》、王星辰的《龙舟文化的起源及发展展望》等。这些学者的文化理论学养较深厚，但其研究大多集中在对龙舟运动文化方面的研究，而对运动员体能及技战术方面研究较少。随着龙舟运动的快速发展，其竞技性被发掘得越来越多，为了适应竞技比赛的需要，对龙舟运动员的体能要求也越来越高，亟需系统的体能训练理论来指导龙舟运动员的体能训练。

通过对龙舟运动员体能训练方面的资料进行查阅，反映出目前我国竞技龙舟项目的研究还处在起航阶段，大多是划桨技术上的研究，针对体能训练方面的研究还没能引起国内学者的注意，造成了现在的龙舟运动“重技术、轻体能”的不良局面，不利于龙舟运动的可持续发展。

三、高校龙舟运动员体能训练的现状

（一）影响我国高校龙舟运动员体能发展的因素

改革开放以来，龙舟项目得到了较快的发展，并在世界范围内传播，龙舟比赛也由传统的民俗运动逐渐转变为竞技运动。龙舟竞技要求运动员具备良好的体能基础，这样才能具备较高的竞技能力，在比赛中取得优异的成绩。经过多年的发展，在龙舟教练员、运动员与相关科研人员的不懈探索下，我国龙舟运动的竞技水平得到了提高。但与其他强国相比，还存在差距。主要原因在于以下几个方面。

1）受传统龙舟运动思维影响，大多数从业人员对现代龙舟竞技认识不足，重视不够。

2）在体能的训练上缺乏自身独特的、科学系统的训练体系，没有一套完整的系统训练模式。

3）现代科学手段使用不足，没能充分认识到科研设备在训练中所发挥的重大作用。

4）运动员组成结构单一，对体能训练理解能力有限，训练效果不理想。

5）教练员执教水平偏低，不能根据龙舟运动的技术特点制定专项体能训练计划，导致运动员专项体能水平偏低。

（二）现阶段我国高校龙舟运动员体能训练所面临的主要问题

1. 对体能训练重视不足

通过查阅中国知网和对运动员的调查，从目前我国竞技龙舟的研究状况来看，研究的方向多集中在龙舟划桨技术上，对运动员体能的研究较少，内容也仅是体能机构特征的指标研究，缺乏系统的体能训练研究。可见，现在竞技龙舟的训练思想是重技术轻体能。这反映出龙舟界普遍观点，认为技术是决定比赛胜负的唯一因素。所以，每次在龙舟大赛上都能看到专门摄像的龙舟科研人员，对比录像，只反复研究技术特点，忽略了体能在比赛中发挥的重要作用。通过调查和访谈，由表 4-3 可以看出，运动员对体能训练的重视程度也远远不够，其中认为体能训练很重要的占调查总数的 19.6%，持一般态度的占调查总数的 43.6%，近半数的运动员对体能训练不够重视。调查还反映出各个运动队的训练内容也不尽理想，主要表现为没有科学的训练体系。训练的计划、内容和强度仅凭教练员的主观经验，缺乏一定的科学根据，造成训练内容不合理，专项训练不突出，训练效果较差。按照供能理论研究，龙舟是体能主导的竞速项目，没有体能作为主导，再完善的技术动作也不可能显现效果。体能和技术作为龙舟比赛的两个重要因素，是相辅相成的，忽略了一方而重视另一方的训练，背离了运动的规律，是不科学的，必须予以纠正。

表 4-3　龙舟运动员体能训练认识情况一览表

项目	一般	重要	很重要	合计
人数/人	218	184	98	500
百分比/%	43.6	36.8	19.6	100

2. 体能训练时间较少

龙舟项目不是国家重点发展的竞技项目，没有国家体制的保障，没有职业的运动员。通过对运动员的调查，现阶段龙舟运动员的结构组成大多是农民、自由职业者，他们平时还要忙于生计，只有在闲暇时参加训练，体能训练时间相对较少。由表 4-4 得知，运动员每周训练 3～5 次的占调查总数的 31.0%，基本不训练的占调查总数的 36.8%，反映出体能训练的时间较少，不能满足日益激烈的比赛要求。随着现代化训练技术手段的应用，龙舟技术也在不断地革新，技术训练的时间明显增多，这就打破了传统的训练内容和方法，体能训练的时间就被占用，体能训练逐渐减少。只注重技术训练而忽视体能训练，这种错误的观念必须在今后的训练中予以纠正。

表 4-4　龙舟运动员体能训练的频率一览表

项目	基本不训练	每周 1～2 次	每周 3～5 次	合计
人数/人	184	161	155	500
百分比/%	36.8	32.2	31.0	100

3. 缺少专门的训练手段

由表 4-5 得知，龙舟运动员采用相近项目体能训练方法的占调查总数的 54.0%，采用龙舟专项体能训练的只占 20.2%。目前我国龙舟运动员的一些训练内容和方法也都由传统继承而来，不能适应龙舟竞技对体能要求越来越高的需要，影响了龙舟竞技的发展。同时，由于现代竞技龙舟的起航较晚，没有自身专门的体能训练手段，大多参照其他项目的训练方式、方法来进行体能训练，这种借鉴方法在短时间内可以对体能训练起到一定效果。但是由于项目的不同，其体能供能特征和肌肉用力方式也有所不同，长时间进行这样的训练，必然背离龙舟项目对体能的实际要求。因此，必须改变过去那种专项训练不符合项目专项运动需要的做法，结合龙舟自身的项目特点，探索出适合龙舟运动的专门体能训练手段。

表 4-5　龙舟运动员的训练手段一览表

项目	无具体训练方法	相近项目体能训练	龙舟专项体能训练	合计
人数/人	129	270	101	500
百分比/%	25.8	54.0	20.2	100

4. 体能训练缺乏现代科技手段

现代科技的发展为体能的训练提供了科学的帮助。一些生理生化仪器能够准确检测出运动员的机能水平，对体能训练具有现实指导意义。由表 4-6 可以看出，龙舟运动员体能训练中没有有效检测设备的占调查总数的 63.8%，能够满足体能训练监控需要的只占调查总数的 10.4%。由于目前我国龙舟运动员的体能训练没有有效的训练体系，所以，借助科学仪器能够帮助教练员对训练过程有很好的掌控。在今后体能训练中，教练员可以根据各种生理、生化指标来调节训练的强度和内容，避免盲目训练、过度训练，提高运动员的训练效果；同时，可以根据指标的反馈，逐渐摸索出适合运动员体能训练的方式、方法、训练负荷的强度等，这有助于总结出专门适合龙舟运动员体能训练的系统。

表 4-6　龙舟运动员体能训练监控设备一览表

项目	无检测仪器	有 1～2 台	能够满足体能训练监控需要	合计
人数/人	319	129	52	500
百分比/%	63.8	25.8	10.4	100

四、高校龙舟运动员体能训练的价值

价值是指事物本身的属性、用途或积极作用。体能训练的价值集中体现在以下几个方面。

（一）促进身体健康

健康是运动员从事运动训练的必要基础条件，良好的健康状况是系统训练的根本保证。科学的体能训练能够有效地提高运动员的心血管系统、呼吸系统的机能，增强骨骼、肌肉、肌腱和韧带等的运动功能，并使中枢神经系统机能得到明显改善，同时，对于克服人体生物惰性、促进新陈代谢也具有重要作用。这些都能够有效地提高机体对外界环境的适应能力和对疾病的抵抗能力，从而有效地促进运动员的身体健康。

（二）充分发展运动素质

现代奥林匹克运动是一种伟大的社会实践活动，运动健儿为了创造优异成绩，刻苦训练，奋力拼搏，向人类身体运动能力的极限发起一次又一次挑战。要充分发展人体运动能力的潜力，在赛场上创造优异成绩，就必须最大限度地发展和提高力量、速度、耐力、柔韧、灵敏和协调等运动素质，体能训练正是实现这一目标的主要途径。体能训练能够有效地提高运动员的力量水平、速度和耐力素质，并使运动专项所需的柔韧性得到良好发展，使运动员获得更好的灵敏素质和协调能力，专项运动素质得到最大限度的提高，一般运动素质得到协调发展，为最大限度地创造优异的专项成绩打下坚实基础。

（三）保证机体适应大负荷训练的需要

现代竞技运动竞赛频繁，竞争激烈，运动员要在重大比赛中夺取胜利，创造优异成绩，就要通过大负荷的运动训练、长期对机体进行生物学改造、掌握娴熟的专项技术和战术达到。从第一届现代奥运会至今，运动训练经过了自然发展阶段、新技术广泛应用阶段、大运动量阶段和科学训练（即多学科综合利用）阶段。科学训练阶段的一个重要特点是将现代科技成果广泛运用于运动训练中，科学、系统地监测训练过程，并在此基础上保证大负荷训练。大负荷训练要求运动员具有强健的体魄和良好的身体机能。体能训练能够为此打下坚实的基础，并使运动员在不断加大负荷的情况下，能够承担训练和比赛对机体的一切要求。

（四）有利于掌握各类技术动作

体能训练实际上是使运动员机体各器官系统功能协调发展、具有完备的从事专项竞技运动能力的过程。不同的运动项目对机体的运动能力有不同的要求。例如，短跑要求运动员必须具备突出的爆发力、良好的反应速度、快速的移动和良好的专项柔韧性，以及较强的对快速运动的协调能力；举重则要求最大限度地提高运动员的力量水平和专项动作速度，并对专项耐力、专项柔韧性和协调性有很高要求；体操、武术、拳击和球类等运动则对各项运动素质都有很高要求，并且有些技术动作本身就是运动素质的综合表现。运动员只有在充分发展各项运动素质的基础上，才能很好地掌握复杂、先进的技术。体能训练正是实现这一目的的基本保证，只有体能训练才能为运动员更好、更快地掌握复杂、先进的技术和战术奠定基础。

（五）创造优异运动成绩，延长运动寿命

竞技能力是取得优异成绩的主导因素，是由身体形态、身体机能、运动素质、技术、战术、心理和智力因素决定的。这七个因素可近似地概括为体能、技能和心理能力。体能是由运动员的身体形态、身体机能和运动素质表现出来的。这一特点决定了它是竞技能力的物质基础。没有体能，技能就会

成为无源之水，心理能力则成为无的之矢，竞技能力也就无从谈起，所以良好的体能训练是取得优异成绩的有力保障。

五、高校龙舟运动员体能训练的科学理论基础

高度分化与相互融合是现代科学技术的两大发展趋势，这种趋势也在体育科学领域反映出来。一方面，体育科学技术的分工越来越细，新学科不断涌现，使体育科学研究的专业化程度越来越高。另一方面，体育科学领域各学科、各专业之间的传统界限正不断模糊和消失，综合性的学科研究显示了巨大优势。特别是随着体育科学高度分化的发展趋势，运动训练领域新技术、新知识、新训练方法和训练理论不断涌现，运动技术水平不断提高，体能训练理论研究落后于实践的矛盾日益显露出来。作为运动训练重要内容的体能训练，迫切需要广泛利用现代竞技运动实践和训练理论的研究成果来阐明其一般理论、规律、原则与方法，从而建立体能训练学的理论技术体系，提高体能训练的科学化水平，这是现代体育发展的迫切需要和必然趋势。因此，总结与归纳现代龙舟运动的发展趋势和科学理论基础，对龙舟运动员的体能训练思路和训练方法与手段的选择运用具有重要的意义。

六、高校龙舟运动员心理训练模式研究

（一）心理训练的概念

心理训练是指有意识、有目的地对运动员的心理活动施加影响的过程，以便使运动员在紧张而又激烈的比赛中保持心理的稳定性，使其竞技水平得到正常或超常发挥。

（二）心理训练的作用

运动员的心理训练已作为重要的训练项目融入运动训练之中，同日常的体能训练、技术训练紧密结合，成为现代运动训练的完整体系。现代科学研究证明，人体的运动潜力在于体能、技术和心理因素的有机结合。人的心理

因素影响着体能、技术水平的发挥，尤其在各运动员的体能、技术水平日益相近的条件下，比赛中谁胜谁负，心理因素往往具有决定性作用。

随着现代竞技运动的发展，教练员越来越重视运动员的心理训练，认为运动成绩的取得，70%归于其他方面，30%归于心理训练。美国一位游泳教练员认为，一名现代教练员必须同时是心理学家、生理学家和生物学家，但首先是心理学家。心理训练在体育竞赛中的作用已被国际体坛公认。

我国广大龙舟运动员也逐渐认识到心理训练的重要性，因为龙舟竞赛活动的特点是运动员心理高度紧张。要想迅速提高龙舟运动成绩，就要更加重视心理训练的重要性。

在龙舟竞赛中，由于 22 名运动员的心理素质存在着个体差异，赛场的气氛、裁判员的判罚、领导的压力、器材的好坏、对名次的渴望等，都会对每个运动员的心理活动产生不同程度的影响。一支龙舟队的情绪体验又具有群体性的特点，任何一名龙舟运动员的心理失常，或消极情绪的产生，都可能波及全队，导致全队竞赛水平发挥失常。

随着龙舟运动的广泛开展，训练和比赛的负荷量、负荷强度的增加，心理负荷也会随之增加。为了保证运动员在训练和比赛中的心理稳定性，获得优异的成绩，必须对其赛前的心理准备、赛中的心理调控和赛后的心理调整予以充分的重视。

（三）心理训练的基本原则

心理训练来源于体育界，本身就贯彻着体育模式，所以体育训练的基本原则也被移植到心理训练中。

1. 主动性原则

训练有没有效果关键在于运动员是否主动。运动员不动起来就没有任何效果，教练员不可能代替运动员训练并得到效果。

2. 超负荷原则

训练中的心理负荷只有超越一个人平时承受的负荷才有价值。比如拓展训练中有个高空断桥项目，因为走高空断桥超出了大部分人的心理承受范围，所以这项训练对运动员才有效果。

3. 循序渐进原则

心理训练在个别情况下也可以使用冲击训练，瞬间使运动员的心理负荷接近或达到极限。但大部分心理训练要遵循循序渐进的原则。

4. 持续性原则

生理机能和心理机能都是用进废退的，必须持之以恒地进行训练才能保持高水准。心理训练只是训练方法，运动员必须通过长期训练才能提高并保持心理机能的水平。

5. 针对性原则

每项训练所要增强的机能都必须有针对性。现代体育和传统体育的不同之处就是结合生理学知识，提升各种训练的针对性，去掉许多危险或者低效的训练方法。健身房里的联合器械就是分别针对特定肌肉的特点设计的。心理训练在这一方面更困难一些，因为在日常生活中，心理机能是统一发挥作用的，怎样抽取出来，用某种训练单独加以强化，还很困难，但这是心理训练努力的方向。

6. 个性化原则

每个人的生理情况都不一样，因此，不存在完全统一的训练方法。教练员必须针对不同运动员的情况制订个别的训练方法。由于心理状态的个性特点更明显，在心理训练中就必须更严格地贯彻。心理训练的第一步就是了解运动员的心理状态，再制订特定的训练程序。

7. 全面性原则

必须对全部生理机能和心理机能进行训练。由于所从事的体育项目或者日常工作不同，运动员肯定会有某些生理机能或者心理机能被突出训练，但也不能偏废其他机能。

（四）龙舟运动员心理调节的常用方法

在赛前必须控制适宜的比赛动机和期望值，培养运动员的适应能力和自我控制能力，一旦运动员出现精神过度紧张，可采取以下几种调节方法。

1. 表象调节

运动员在比赛前，可运用语言暗示，在脑中清晰地重现过去获得成功时的最佳表现，运用联想体验当时的身体感觉和情绪状态。这对心理调节、增强信心、提高运动成绩是有帮助的。表象重现是一种积极的意念。它可以间接地促使自主神经系统活跃起来，进而使心跳加快，呼吸加深，使新陈代谢过程的血流量增加，糖分解加速，能量供应充足，增强全身的感觉和情绪，促使最佳竞技状态的形成。

2. 表情调节

表情调节即运动员临场时有意识地改变面部表情以调节情绪的方法。情绪状态与外部表情存在密切的联系，如高兴时笑容满面、手舞足蹈；愤怒时怒发冲冠、横眉冷对；情绪低落时垂头丧气、萎靡不振等。因而运动员可以通过改变外部表情的方法而相应地改变情绪状态，当感到情绪紧张时，可以有意识地放松面部肌肉，或者用手轻搓面部，使面部肌肉放松。

3. 活动调节

情绪的产生能引起相应的生理变化，肌肉活动所引起的生理变化同样也会产生相应的情绪状态，因为大脑与肌肉的信息是双向传导的，神经冲动可以通过神经纤维从大脑传至肌肉，也可以从肌肉传至大脑。情绪过分紧张时，可采用一些强度小、幅度大、速度和节奏慢的练习，从而降低情绪的兴奋水平，消除过度紧张的状态。而当情绪低沉时，可采用幅度小、速度快和节奏快的练习，提高情绪的兴奋水平。

4. 音乐调节

音乐可以影响人的心理过程。音乐能使人产生兴奋、镇定、平衡这三种情绪。通过感情色彩鲜明的音乐来调节人的情绪状态，效果十分明显。

曾有研究观察音乐对运动员赛前心理准备的影响，在比赛前系统地向 159 名举重、柔道和古典式摔跤运动员播放三种具有不同心理调节作用的音乐，即诱导性音乐、放松性音乐和动员性音乐。结果发现，这些音乐能使运动员有效地摆脱赛前的紧张情绪，间接地对其进行心理暗示，促使其取得比赛的胜利。

5. 呼吸调节

呼吸调节是运动员临场处理情绪波动时常用的心理调节方法，即通过深呼吸使运动员的情绪稳定下来。运动员过于紧张时，常有呼吸困难或气虚的感觉，这是呼吸不完全造成的。这时，运动员可以采用加深呼吸或缓慢呼吸的方法来消除紧张，尤以腹式呼吸法效果最好，一段时间后，就会得到缓解紧张情绪的效果。

当情绪低落时，运动员可采用长吸气与用力呼气调节来提高兴奋水平。采用呼吸调节之所以能奏效，是因为情绪状态与呼吸之间有着必然的联系。

6. 颜色调节

色彩在客观上是对人们的一种刺激和象征，在主观上又是一种反应与行为，也可以同时引起其他感受，从知觉到记忆、思想、意志、象征等使人获得不同的体验。在比赛前可以利用颜色刺激来调节运动员的心理状态，当运动员过度紧张时，看些绿、蓝、紫等色彩和使用相关色彩的物品，会起到很好的镇静、缓压作用，用绿、蓝等颜色毛巾擦汗，饮用绿色的饮料等，也可以有效地调节运动员的紧张心理。

7. 暗示调节

它是利用语言对心理活动产生影响的方法，也可以用手势、表情、口型或其他暗号来进行。有研究表明，暗示不仅会对人的心理和行为产生影响，还可影响到人的生理变化，暗示可以分为自我暗示和他人暗示。比赛之前，教练员与运动员尽量用积极的语言分析对手的情况，制定竞赛方案，树立信心。避免使用有消极刺激的言语，多使用“我要冷静、我能行、我最棒”等具有鼓励性的语言，用“名次不重要，尽最大努力，不留遗憾”这类语言减小运动员的竞赛压力，使运动员放下包袱轻松上阵。教练员和其他运动员还应十分注意运动员的手势、姿态、脸部表情和眼神，这些都是传递暗示信息的媒介，这可能会对他人的心理产生重要影响。

8. 转移调节

转移调节是一种可通过强化另一种活动来消除紧张情绪的方法。在运动员情绪过度紧张时，有意识地强迫运动员把注意力从应激刺激转移到其他事物上，这就是转移调节。例如，进行有浓厚兴趣的娱乐活动，如看演出、逛商场、打扑克牌、下象棋等，都可暂时缓解紧张情绪。

9. 静坐闭目养神调节

比赛场上人多声杂，意外刺激也不断出现。运动员由于外界影响而产生情绪波动时，可在比赛间歇闭目静坐，把思想引向自身内部，使感觉畅通、心跳有力等，这样就可以阻止外界信息，有效防止干扰，使心情逐渐趋于平静。

赛前调节紧张情绪的方法还有很多，无论采用哪一种方法，都要经过运动员的认可以及在赛前进行系统的适应性训练，这样才能在比赛中取得良好的效果。

七、高校龙舟比赛中运动员的心理调整

（一）运动员的赛前心理准备

1. 赛前心理准备是形成最佳竞技状态的重要手段

（1）赛前心理准备的重要意义

运动员在参加重大比赛前要做好各方面的准备，包括体能、技战术和心理上的准备。在临近比赛前运动员的体能和技战术都不会有太大的变化，而其情绪的变化却可能尤为显著，一些微小的因素有时会引起运动员情绪的大起大落。所以赛前做好心理准备，控制情绪的稳定对运动员而言尤为重要。实践中发现，在比赛中发挥不好的运动员中，大部分运动员的失败是心理准备不足造成的，因竞技水平、技术准备不足而造成的占小部分。比赛前的心理准备和比赛中的心理稳定在某种程度上讲，比体能和技术准备更重要，直接关系到竞技水平的发挥。

（2）赛前心理准备的目的和主要内容

赛前心理准备的主要目的是增强运动员的心理稳定性和必胜的信念，通过各种心理措施来消除运动员赛前新出现的心理障碍，理顺思想，调节情绪，建立积极的心理定式，形成理想的赛前心理状态。运动员在比赛前的心理活动

往往表现得异常活跃，教练员应善于了解和把握运动员的心理状态，有针对性地做好深入、细致的工作。建议从以下几方面帮助运动员做好赛前心理准备。

1）明确比赛任务，建立适宜目标。目标的要求应既有利于充分调动和发展运动员的机能能力，又能被运动员所接受，不至于形成思想包袱。为避免目标过高给运动员带来心理压力，所设的目标最好略有余地。

2）激发良好的比赛动机。比赛动机是指驱使运动员去参加比赛的内部动力，运动员抱有适宜的比赛动机，渴望参加比赛，才能自觉地、积极地、最大限度地发挥机体潜力并投入比赛。若动机过于强烈，超过了适宜水平，将导致精神过度紧张，注意力过于集中在比赛的结果上，从而影响竞技水平。

3）增强运动员取胜的信心。信心是成功的基石，缺乏自信心就会不战自溃，所以当运动员在赛前遇到暂时的挫折和不利因素的干扰而影响比赛信心时，可通过认知训练帮助运动员充分看到自身的优势，对其进行鼓励、动员，或进行过去成功体验的意向练习，用各种积极的手段来帮助运动员增强信心，使其敢于竞争、敢于拼搏，帮助其调整好心态，这将有利于运动员全身心地投入比赛。良好的心态能更好地发挥大脑皮层神经系统的调节支配机能，以保证运动员顺利参加比赛。因此在运动员赛前情绪水平过高或过低时，要及时采取措施，有针对性地对运动员进行调控，使其心态趋于最佳化。

4）建立赛前行为程序化和思维程序。赛前何时应当想什么和何时应当做什么，这些都因人而异。应使运动员在赛前能有效地控制身心活动，成功地排除来自内部或外部的各种干扰，保持情绪稳定。

5）全面认真地分析比赛形势和各种利弊因素。这对龙舟竞赛十分重要，要充分认识到我方的有利条件和彼方的不足之处，以增强自信心；同时也要清醒地看到我方的不足和彼方的长处，不可盲目乐观。须针对双方的情况和我方可能遇到的困难，制定具体的、切实可行的竞赛方案，以应对复杂多变的比赛局面，防患于未然。

6）掌握简易可行的自我调整心态的方法。运动员应掌握一些简易可行的自我调整心态的方法，如自我暗示法、调整呼吸法、转移注意或集中注意力等方法，以提高运动员的自我控制能力，使其及时排除临场出现的紧张情绪，应对各种意外的干扰。

2. 赛前心理准备的任务和措施

心理训练应贯穿于整个运动训练和比赛的全过程，而并非在比赛时才进行。

（1）赛前心理准备任务

1）确定适宜的比赛目标。

2）在临赛前对运动员进行心理辅导。

3）向运动员提供为完成任务所需要的信息。

4）帮助解决各种赛前心理障碍。

（2）赛前心理准备措施

1）激发比赛动机。

2）学会自我调控的方法和手段。

3）面谈、诱导、鼓励、自我暗示。

4）赛前程序习惯化。

（二）赛前激活水平的最佳控制是赛前心理准备的重要环节

1. 激活水平是影响赛前心理状态的关键

运动员在临赛时需要动员人体各神经系统进入竞赛工作状态，力图发挥机体的最大潜力来进行比赛，这种对全身各相关系统的动员称为激活。

人的中枢神经系统对机体起着主导和支配作用。所以赛前首先要提高并控制好中枢神经系统的兴奋水平，才能促进心血管系统、呼吸系统和运动系统的总动员。

运动员临赛前出现兴奋、紧张等状态不仅是必然的，也是必要的。适度的紧张能使人体各方面的机能潜力得到最好的动员，从而发挥出最佳水平。过高的激活水平会扰乱人体正常的生理过程，过多地消耗能量，致使身体活动难以控制。激活水平过低时，大脑又得不到足够的能量从事激烈活动。因此，适度的激活水平对成功的比赛起着至关重要的作用。

2. 赛前激活水平的变化和控制

心理专家研究发现，运动员比赛中的激活水平与其运动成绩呈倒 U 形关系。

为了使运动员在比赛中处于适中的激活水平，应使其激活水平的变化随着比赛期的日益临近而逐渐升高，在比赛时达到一定的高水平，并持续一段时间；比赛结束后，激活水平再逐步降低，从而获得一个调整恢复期，准备进入下一个比赛周期。

这里最重要的问题在于，如何把最适宜的激活水平控制在比赛期间出现。一些运动员赛前过早兴奋，感到全身有劲，渴望尽快投入比赛，而到了比赛当天却感到力不从心，兴奋不起来。这主要是赛前过早地到达激活水平而消耗了过多能量所致。对此应及时采取措施，如转移注意力、听听轻音乐、语言诱导放松训练、做游戏等，以此来减少比赛信息的输入，同时应减少热身赛和记者采访。反之，有些运动员临赛前还兴奋不起来，就要采用语言激励、动员赛前热身、激烈的身体活动或竞争性游戏等来加速动员，使其最佳激活水平和比赛期吻合起来，以利于运动员更好地发挥其竞技水平。

运动员的激活水平在赛前往往会受到环境气氛以及教练员和队友言行的影响而产生变化。因此，除了提高运动员适应各种刺激的能力之外，还要求教练员在重大比赛前加强自我控制，保持情绪稳定，形成良性心理作用。

（三）几种赛前心理状态的典型表现及对策

1. 赛前精神过度紧张

（1）表现

赛前过度紧张主要表现为赛前热症、赛前过度兴奋。这种精神过度紧张的状态如果得不到及时缓解，有时还会导致生理机能的异常反应，如头痛失眠、腹痛腹泻、尿频、发高烧、恶心呕吐、食欲不佳、出冷汗等。其主要表现有：①心理过程表现为注意力不集中、头脑发热、思维混乱、记忆减退、知觉迟钝、表象模糊、心不在焉、情绪体验强烈、听不进教练员的指导，很难把注意力集中到即将到来的竞赛活动上，往往对教练员布置的竞赛方案和注意事项充耳不闻，常常遗忘比赛中的重要因素和注意事项。②生理过程表现为血压升高、呼吸短促、心跳加快、四肢颤抖、肌肉发僵发硬。③行为上表现为动作忙乱、坐立不安、对自己的行为失控、不知道自己要干什么或该干什么。

上述现象往往在赛前出现而在赛后自动消失，因这并非病理现象，而是精神过度紧张造成的。这些现象不仅会影响比赛成绩，更有损健康。这是由于大脑皮层兴奋水平过高而产生了扩散，大脑皮层对自主神经机能和皮层下中枢的调节功能减弱，导致心理失调。

（2）原因

1）比赛意义重大，运动员充分体验到比赛的形势和任务的严峻性，心理压力过大，因而出现情绪焦虑的情况。

2）训练水平低，比赛经验不足，自控能力差。

3）外界传入的虚假信息多，害怕对手，总认为对手比自己强，对自己的实力缺乏自信。

4）对比赛条件（场地、器材、气候、水土、观众、裁判等）的适应能力弱。

5）对比赛的期望值过高，想赢怕输，心理负担过重，过多地考虑比赛结果。

（3）调节方法

1）赛前利用呼吸调节法。通过深呼吸可以使运动员的情绪波动慢慢稳定下来。当心理过分紧张激动时，呼吸短促，这时采用缓慢的呼气和吸气练习，则可达到放松紧张情绪的目的，使情绪的兴奋水平得到控制。这种方法之所以能奏效，是因为心理状态与呼吸之间有着必然的联系。因为情绪紧张时，呼吸快而浅，呼吸快时，体内吸入大量氧气，呼出大量二氧化碳，问题在于二氧化碳呼出过多使血液中的二氧化碳浓度变低，时间一长，中枢神经便会迅速做出抑制的保护性反应。这时，运动员可以采用加深呼吸或放慢呼吸频率的方法来消除紧张情绪，一小段时间内，使呼吸放慢和加深，就会得到安静的效果，呼吸功能重新获得控制，使运动员产生可靠感，能短时间克服赛前紧张和焦虑。

2）赛前利用阻断思维法。当运动员由于压力引起赛前心理紧张时，可利用大吼一声，或者向自己大喊一声“我能行、加油”等短暂的振奋话语，去阻断消极、紧张的思维；或者用切实可行的活动阻断消极思想，例如紧张时可以做3～5个俯卧撑，或几个深蹲，做几次技术动作徒手模拟等，都是利用语言和动作来调节赛前紧张情绪。

3）赛前利用音乐调节法。比赛开始前运动员心理紧张时，可以选择听自己平时喜欢的音乐或者在平时训练时经常听的音乐，这样可以使运动员缓和情绪和找到训练时的从容心态。根据运动员的喜好，可选择适当的音乐舒缓运动员的紧张心理，适当调动运动员的比赛情绪，对赛前调整心理状态起到良好作用。

4）教练员的心理引导。在赛前教练员的心理引导是很重要的。很多运动员赛前紧张都来源于比赛成绩的压力，此时教练员应引导运动员放下包袱，为运动员营造一个以竞赛过程为重点的比赛氛围，减少成绩给运动员带来的压力，使运动员像平时训练一样全身心投入到纯粹的技战术发挥上，这对运动员减少赛前压力和舒缓赛前紧张有重要作用。

2. 赛前淡漠状态

赛前淡漠状态也叫冷漠状态，其心理特点与过度紧张状态相反。

（1）表现

1）心理过程表现。情绪低落、精神萎靡不振、意志消沉、心境不佳、缺乏自信心和参加比赛的欲望、心理过程进行缓慢、知觉和注意力显著降低、反应迟钝。

2）生理过程表现。身体乏力、动作怠慢、中午睡不醒、身体发紧、手脚发冷或是准备活动总是活动不开。

（2）原因

1）与大脑皮层兴奋水平降低、抑制过程增强有关。

2）神经过程激活不足。

3）精神过度紧张反而导致抑制状态的出现。抑制状态严重地影响着人体各系统的充分动员。

4）赛前训练强度过大而产生过度疲劳，伤病长期不愈或导致产生淡漠情绪。

5）运动员认为比赛任务过重、困难过多又缺乏对策，意志力较差、缺乏信心和斗志，从而形成赛前淡漠状态。

（3）调节方法

1）采用积极的语言暗示、动员、激励、提高运动员的动机水平，使运动员对当前比赛保持正确的态度，树立良好的自信心，相信教练员，且把教练员当作其精神支柱。

2）认真研究彼此的优劣势，制定切实可行的具体措施，增强自信心，鼓舞斗志。

3）模拟训练赛前热身，临赛前要提早或加大做准备活动的时间和活动量，使其激活水平提高，调动参赛的积极性。

4）防止赛前过度疲劳。

3. 赛前盲目自信状态

这种状态又叫作自我安慰状态，这种状态表现为表面兴奋，内心空虚，虽然其口头称有信心，但其信心是建立在面临比赛的困难和复杂性估计不足、过高估计了运动员的实力上的。这些运动员大多表现为浮躁，不愿意冷静地思考问题，总相信自己能轻易取胜，或侥幸成功，比赛的积极动机水平下降，赛前没有认真分析现状和研究对策，对遇到的困难持消极或轻视的态度。

（1）表现

其表现为知觉、思维和选择决定迟缓；注意力强度下降；比赛的警惕性不强；不能动员自己的全部力量投入比赛。在比赛过程中一旦出现失利，情绪便一落千丈、急躁烦恼，最终形成恶性循环，使比赛连续失利。因此，赛前盲目自信状态的出现对精神的动员和技能的发挥形成较大的障碍。

（2）原因

1）运动员有骄傲情绪。

2）对比赛任务的重要性认识不足。

3）轻视对手，对情报掌握不准确，在比赛中一旦失利，就会降低自我控制的能力。

对待这种状态除了加强对运动员的思想教育之外，还必须认真做好赛前心理准备工作，认真分析双方的利弊条件，做到知己知彼，同时应头脑清醒地参加比赛，避免出现盲目自信的状态。

4. 最佳心理准备状态

最佳心理准备状态，即最佳竞技状态，其表现如下。

1）运动员对面临的比赛任务有清楚的了解和深刻的认识，有正确的比赛动机和良好的比赛状态，具有与比赛任务相适应的神经兴奋过程，渴望参加比赛，有全力以赴参加比赛的信心。

2）运动员精神焕发，精力旺盛，以迫切的心情等待比赛的到来。其主要标志是沉着、自信、专注，且其技术和实力能在比赛中得到充分发挥。

3）有适度的情绪状态，神经过程的激活水平适宜，既振奋又清醒。

4）有高昂的斗志和充沛的精力以及坚定的必胜信念。

5）具有良好的抗内外心理干扰能力和自我控制能力，主动地控制对信息的处理。

6）动作连贯、流畅、自动化，技术配合整齐划一，时空感、水感好。

心理过程的反应有以下表现。

1）专项感知觉敏锐水平提高，能觉察到各种复杂情况的变化。

2）注意力集中，能清楚地知道比赛中应该注意什么和利用什么。

3）思维过程敏锐、反应迅速。

4）具有超越自我、战胜自我的良好心态。比赛中最大的敌人就是自己，不可过多地考虑比赛结果和存在杂念，要持平常心。

5）情绪饱满，精力充沛，具有稳定而深刻的情绪状态和对比赛的认识。

6）对胜利充满信心，表现为精神振奋地进行准备活动。

运动员处在最佳的准备状态时，不仅心理活动增多，动作的反应速度也会提高，运动员的体力和意志力得到最大限度的体现。这种状态是运动员长期训练的结果。

从上述四种赛前状态的心理特点分析表明，前三种是赛前消极状态，第四种才是赛前积极状态，赛前消极状态是可以克服的，赛前积极状态是可以保持和发展的。这就要求找出赛前各种不同状态产生的具体原因，采取相应的具体措施并经常训练，以增强运动员应对各种反应的稳定性。

（四）运动员的赛前心理准备训练

赛前心理准备训练对运动员的临场发挥起着重要的作用，如果赛前无准备，赛中便会造成混乱的局面，很容易导致失败。赛前心理准备训练的具体事项很多，但从心理学的角度讲，最关键的是使运动员既有夺取比赛胜利的强烈愿望，认真对待比赛，又能控制住情绪，保持最适宜的兴奋水平。

比赛中常因心理准备不足而产生两种倾向。第一种是运动员过于乐观，因而忽略了竞赛的准备工作，对困难估计不足，造成赛前麻痹大意，赛中茫然失措的局面。运动员在这种情况下的情绪变化，一般是掉以轻心、松垮懈怠，继而产生慌乱、急躁的情绪，最后造成比赛发挥不好而失利。第二种是担心比赛成绩不好，以致背上包袱，从而表现出畏难、害怕、紧张等情绪。

这两种情绪状态都会使比赛失利。运动员临场时在想什么，与能否发挥运动员的实力有很大关系。所以赛前要让运动员充分相信自己的实力，相信教练；要让运动员临场时注意力集中在如何更好地发挥水平，准备好相应的竞赛措施和应变措施。

为此，应做好以下心理准备的训练。

1. 知己知彼，提高应变能力

运动员参加比赛时，要时刻保持头脑清醒，理清思路，端正心态和深刻了解自己技术上的特点和不足，以及比赛中如何做到扬长避短。这些都需要在赛前做好充分的准备。此外，如果能预先准确并详细地掌握对手的情况，就可以事先准备好对策，同时还要准备应对那些赛场上可能发生的变化。在任何情况下，对手的赛前信息只能作为参考，在不利的条件下，要尽力做到扬长避短。因此，赛前的心理准备要加强这方面的训练。

2. 对容易引起临场的紧张因素加强预防训练

赛前心理准备训练的另一个重要方面，就是针对比赛中容易引起运动员心理紧张的因素进行训练，使运动员保持稳定的心理状态。如器材出现问题，裁判误判、不公，起航没划好等特殊情况，往往使运动员产生紧张心理。这就要通过训练使运动员学会在各种复杂的情况下控制自己。

3. 激发运动员的责任感和集体荣誉感

比赛中运动潜力的发挥还来源于运动员的责任感和集体荣誉感。战胜自我往往比战胜对手更难。运动员只有有了高度的责任感和集体荣誉感，才能有顽强的拼搏精神和超越自我、战胜自我的良好心态，才有可能战胜困难、战胜对手，否则就会信心不足，斗志不旺，遇到强手时感到害怕，心神不安，比赛时出现紧张、失常、手足不灵，导致实力不能得到充分的发挥。

4. 正确对待比赛胜负

龙舟竞赛的胜负是比赛的必然结果，但不是竞赛的唯一目的。竞赛的目的是以比赛为杠杆，进一步促进龙舟运动的发展与提高。参加比赛的运动员只有有争取胜利的欲望，才能达到通过竞赛来发展与提高龙舟技术水平的目的。“胜负无所谓”或“只许胜不许败”的口号都是错误的。前者是一种消极思想的表现，后者则会加剧运动员的情绪紧张，不利于运动员实力的发挥。运动员在比赛中要充分发挥主观能动性，正确认识胜负的辩证关系。比赛中的胜负存在内在联系的两个方面，在一定条件下是相互依存、相互转化的。当暂时领先时，如果骄傲自满，麻痹轻敌，放松了主观努力，就会使强者变弱，由胜转败；如果暂时落后，但能做到不气馁，及时总结经验，奋力拼搏，努力追赶，则有可能反败为胜。因此，应使运动员认识到，胜利中并不全是积极因素，其中也有消极因素；失败中也并不全是消极因素，其中也有积极因素。运动员只有明确认识这种胜负的辩证关系，才能做到胜不骄、败不馁，做到不因过于计较胜负而临场紧张失常，这样才能获得优异成绩。

5. 重视对手

不论对手的强弱，都要敢于战胜。只有敢于战胜对手，才能建立必胜的信心，激励士气，旺盛斗志，从而获得优异成绩。不论对手强弱，都应十分重视，要充分估计困难并认真研究对手，具体分析双方的有利条件和不利条件，做到心中有数。如果不重视对手，比赛中一遇到困难，就会出现不知所措的情况。比赛中运动员过分紧张，有时来源于缺乏对对手实力的正确估计。估计过高，使运动员心虚，丧失斗志与信心；估计过低，又易使运动员满不在乎，错误地估计客观形势，以致出现赛前麻痹大意、赛中茫然失措的局面。

除做好上述各项心理准备外，使运动员明确比赛任务、激发比赛动机、树立必胜信心、形成最佳情绪状态等，也是运动员赛前应做好的心理准备。

（五）竞赛中的心理控制

1. 情绪控制是竞赛中运动员心理控制的核心

运动员在比赛过程中的情绪体验往往最为深刻，其变化幅度也最大。来自内部环境或外部环境的各种刺激都会使运动员产生不同的情绪体验。积极的心理会增强信心，担心害怕对手则会产生焦虑情绪，观众的呐喊会使某些运动员感到烦躁不安，而裁判的误判又会使运动员愤怒和抱怨，教练员鼓励安慰的语言也能给运动员以鼓舞，比赛场上形势千变万化，运动员的思想也在激烈地活动，这些无一不影响着运动员的情绪。而情绪波动又与肌肉活动相关。因此，无论在何种复杂的情况下，保持情绪稳定是比赛成功的基本保证。

2. 影响运动员比赛情绪的因素的分析及对策

情绪和情感与机体的生理、生化机制有密切的关系，并为以下三种因素所制约：刺激因素（环境影响）、生理因素（生理状态）和认知因素（认识过程）。其中，认知因素起着关键作用。

（1）刺激因素的影响及其调控

刺激因素主要是通过人的感官从外部获得的信息，如比赛环境、气氛、观众、语言、对手的表现等。这些因素往往直接影响着运动员的情绪。为克服刺激因素的不良影响，最根本的措施是提高运动员的适应能力，减弱其对外界刺激的感受性，使其注意力集中在对动作的感觉上，另外还可适当采取信息回避的措施，尽量减少各种刺激的机会，或者利用无关刺激转移不利因素的干扰。

（2）生理因素的影响及其调控

生理因素主要是指机体内部生理过程的活动状态、自主神经系统的机能水平、内环境的平衡以及骨骼肌的紧张度等，如疲劳、伤病、女子月经前期等都易引起情绪波动。对此主要应采取心理调节和心理治疗中的自我训练法、精神放松法、心理诱导、催眠等方法，来防止生理因素对情绪的干扰和影响。

运动员在具有一定的自我调节能力时，即使处在生理活动有些失调，或疲劳、伤病等情况下，也拥有可以正确对待和积极稳定的情绪状态。

（3）认知因素的影响及其调控

认知因素可以说是来自大脑的各种中枢信息，包括对过去经验的回忆（如过去失败阴影的重现），以及对未来的想象预测等（如对比赛结果的期望）。认知因素对运动员有深刻的影响，尤其在比赛关键时刻，运动员只要担心失败，其情绪往往就会焦虑急躁。因此，要防止认知因素的不良影响，必须建立正确的思维定式和程序，要使内心被积极的想法和思绪所占据，采取积极的自我暗示并进行自我鼓励、自我安慰，这是达到自我控制的有效途径。同时控制正确的认知过程还可以合理处理并防止刺激因素和生理因素所带来的不良影响。

（六）竞赛后的心理调整

1. 运动员赛后心理调整的必要性

无论龙舟竞赛胜负都会使运动员在比赛后产生各种积极和消极的情绪体验。因此，要认真分析运动员赛后的心理状态，并根据存在的问题采取必要的措施加以调整。如果忽视了这个问题，就可能对后续比赛产生不利影响。教练员应深刻认识到在龙舟竞赛中，运动员的情绪体验带有群体性的特点，往往一次比赛的失利，或裁判的误判就可能导致全队情绪低落，甚至自暴自弃、罢赛、弃权等情况；而有些队由于经不起获胜后的考验，忘乎所以，行为失控，全然不顾后面的比赛。因此，必须重视运动员赛后的心理调整。

2. 运动员赛后的典型心态

（1）获胜者的心态

比赛成功是大家的共同心愿，这种成功必然会使运动员产生鲜明而深刻的情绪体验。然而，不同的运动员也会产生积极或消极两种截然不同的情绪体验。成功者的积极情绪体验主要表现为：对胜利充满自豪感，对所获成绩产生一种心理上的满足感；精神振奋，情绪愉快；因胜利而受到鼓舞，信心更强，希望继续参加比赛，不断夺取更好的成绩，做出更大的贡献；表现出积极向上的强烈的团队精神。成功者的消极情绪体验主要表现为：骄傲自满、目中无人，对运动员估价过高，看不到缺点与不足，自我欣赏、自我安慰、无忧无虑、盲目自信，认为今后可轻易取胜。

（2）失败者的心态

比赛失败或未能发挥应有的竞技水平无疑是令人遗憾的事情，但不同的失败者也会有积极或消极两种不同的情绪体验。失败者的积极情绪体验主要表现为：比赛虽未成功，但发现了自己的缺点和不足，全面分析失败的原因并决心有针对性地去克服；失败更激起斗志，挫折使运动员更加聪明，信心百倍地投入后续比赛和训练，走出失败阴影。失败者的消极情绪体验主要表现为：经不起失败的打击，情绪消沉，怨天尤人，丧失信心；把失败多归于客观原因，因而感到不满、苦恼、失望、抱怨；总认为周围的人看不起自己，一蹶不振，厌倦继续参加比赛。

（七）运动员比赛调整

1. 提高认识，端正态度

针对不同心理状态的运动员进行心理辅导，帮助其提高认识，端正态度。对待具有积极情绪体验的成功者和失败者都要充分肯定其心理状态的积极性，进一步调动其积极因素，继续保持积极情绪，鼓励其更加努力拼搏，争取更好的成绩。要教育具有消极情绪的成功者冷静地对待胜利，多指出其缺点和不足，使其能够客观地进行评价，头脑清醒，居安思危，完成好后续的比赛。对那些具有消极情绪的失败者，则要多鼓励、多帮助，指出其优点及各种有利因素，增强其信心，帮助其全面分析失败的主客观原因，并找出克服问题的办法，使其重新唤起争取比赛胜利的斗志。对于心情过于沉重、一时难以摆脱失败困扰的运动员，可让其先从事其他活动，使其精神得以解放，暂时转移注意力，加速摆脱失败情景的影响，然后再心平气和地细致总结和分析失败的教训，以利再战。无论对于成功者还是对于失败者，都要防止其自我印象的骤然变化，使其始终保持情绪的稳定状态。

2. 安排积极性休息，调节精神状态

比赛后要适当安排积极性休息，采取转移注意力等措施来调节精神状态。运动员每参加一次重大比赛，都要消耗大量的精神能量和身体能量，尤其是一些赛期较长、竞争又很激烈的比赛，运动员所承受的负荷成倍地高于平时。因此，运动员在大赛之后会感到疲劳，尤以精神疲劳更甚。这时需要及时采取一些恢复措施，除了体力恢复之外，还应安排一些积极性休息，如文娱活动等轻松愉快的活动，首先使其精神上摆脱比赛情景的烦扰，进而使身心得到调整和恢复。总之，在运动员比赛后的调整期内，其生活应以轻松愉快、丰富而有节奏为原则，以此达到积极调整的目的。这种心理调整不仅有利于今后的比赛，也有利于运动员全面健康成长。

第五章

高校龙舟运动的实证案例

——东北电力大学龙舟队的建设与发展

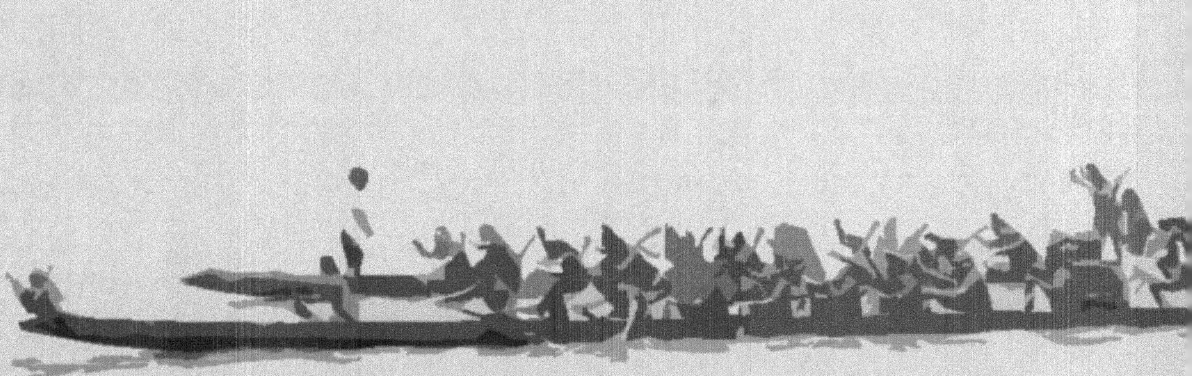

第一节　东北电力大学龙舟队简介及成绩

一、东北电力大学龙舟队简介

东北电力大学龙舟运动（简称东电龙舟）开展于2002年，正逢我国龙舟运动的“南舟北移”的发展阶段。2003年1月初，2003中国·吉林首届国际冬季龙舟赛在吉林市举办，这是龙舟历史上第一次在零下二三十摄氏度的环境中进行比赛，这是对龙舟项目及运动员本身的一次极限挑战。在此之前，吉林市乃至吉林省甚至整个东北地区都没有一支龙舟队，在这样的情况下，学校批准组队，由李兵担任教练，组建了东北第一支大学生龙舟队。历经十几年的砥砺前行和发展壮大，如今东北电力大学龙舟队已经成为世界一流、全国领先的传统强队。建队至今，东北电力大学龙舟队参加国内外重大龙舟比赛获180多项冠军、250余座奖杯，为学校、吉林市、吉林省和国家赢得了荣誉，也为中国龙舟运动的发展做出了杰出的贡献。

东北电力大学龙舟队办队理念为“教研训相长，德学竞并进”；人才培养目标为“德能兼备、学竞俱佳”；以“同舟共济、协力争先”的龙舟精神为指导思想，展现东北电力大学“勤奋、严谨、求实、创新”的学校风采。东北电力大学龙舟队秉承龙舟精神和东电优良传统，加强队伍建设、运动员培养，强化训练，提高科研水平，最终将龙舟队建设成为学业、竞技俱佳的高水平运动队。运动员的特点是文化素质高、集体观念强，不怕苦、不怕累、勇于拼搏。队伍的特色是运动员文化水平高，综合素质强，集体荣誉感强，发扬同舟共济、协力争先的龙舟精神。

2007年9月，国家体育总局社会体育指导中心和中国龙舟协会根据学校龙舟队取得的成绩和对中国龙舟运动做出的贡献，特对学校龙舟队进行了表彰，并授予“龙舟运动特殊贡献奖”。同年10月，吉林市人民政府根据学校龙舟队对塑造吉林市城市形象和知名度、打造城市品牌发挥的积极作用，给予学校龙舟队“通令嘉奖”。2008年，经国家体育总局社会体育指导中心和中国龙舟协会批准，在学校设立“中国龙舟训练科研基地”；2010 年 4 月经中国大学生体育协会赛艇与龙舟分会批准，在学校设立“中国高等院校龙舟室内科研及训练基地”。学校非常重视校龙舟队的建设和发展，2009 年 4 月建成一座可进行龙舟训练和科学研究工作的室内龙舟训练馆，该馆也是国内唯一的室内龙舟训练馆。

东北电力大学龙舟队，在龙舟运动飞速发展的大潮中，从一支名不见经传的大学队成长为今天中国龙舟运动的中流砥柱，能够创造这样优异的成绩，主要经历了四个重要阶段的成长。

第一阶段为 2002～2007 年，属于东北电力大学龙舟运动发展的“第一个五年”阶段，这一时期是东电龙舟夯实基础的五年。经历了五年的摸索和打磨，总结了一系列的“技战术、选材、新老交替、管理”等方面的重要经验，在 2007 年取得大满贯——包揽当年国际、国内所有大学生龙舟比赛的全部冠军。

第二阶段为 2008～2012 年，属于东北电力大学龙舟运动发展的“第二个五年”阶段，这一时期是东电龙舟不断突破、具有里程碑意义的五年。通过对“一五”阶段取得的成果进行总结，时任主教练李兵单独二次南下广东进行龙舟运动学习，在传统的龙舟运动技术基础上，针对皮划艇技术进行了深入的研究，结合龙舟运动自身特点找到适合大学生特点的技术划法，在当时学校运动员选材处于劣势的情况下，采用时效性强的技战术进行训练，在此阶段一直处在国内高校的龙头地位，技战术水平接近职业队，开创了一系列先河：第一个向 2010 年亚运会龙舟国家队输送运动员；第一个向当时水平最高的广东顺德乐从职业龙舟队输送运动员；2012 年创造第一个高校龙舟队参加职业组比赛（中国·吉林国际冬季龙舟邀请赛）获得冠军的战绩，打开了大学生队伍与职业队抗衡的龙舟运动新局面。

第三阶段为 2013～2017 年，属于东北电力大学龙舟运动发展的“第三个五年”阶段，这一时期是东电龙舟“重新布局成果显著”的五年。随着龙舟运动的快速发展，国内乃至国际最高水平的“中华龙舟大赛”发展迅速，吸引大量水上皮划艇专业运动员加入龙舟运动，促使我国龙舟运动水平直线上升。在此阶段里，学校龙舟运动员的选材被拉开了好几个档次，而且各龙舟队的技战术水平快速提高，学校龙舟运动面临巨大挑战。2013 年，学校体育学院院长的李兵教练针对龙舟运动的发展现状和趋势，做出重大决策，组建龙舟教练组，由单兵作战向团队化转变。在李兵院长的策划、指导，并带领下，教练组开始了新的龙舟征程，针对运动员选材做了大量工作，学校龙舟队从此开始有高水平运动员加入，极大地提高了整体实力，形成了高水平运动员带本校普通学生提高训练水平、本校普通学生向高水平运动员传授优良队风的良好局面。通过重新布局，在 2014 年学校龙舟队参加“中华龙舟大赛”至今，获得冠军 69 项，其中 2014 年获得大学生组年度总冠军，2015～2017 赛季获得青少年组年度总冠军的三连冠，并在 2017 年 10 月代表国家参加龙舟世界最高水平赛事“第十三届世界龙舟锦标赛”并获得精英公开组 12 人龙舟 2000 米冠军、500 米冠军、200 米亚军的优异成绩。

第四阶段为 2018～2022 年，是东电龙舟“第四个五年”阶段，这一阶段将是东北电力大学龙舟队砥砺前行、寻求突破的五年。2018 年，学校龙舟队焦方旭、朱永吉两名运动员成功入选国家男子龙舟队 16 人集训大名单，经过集训与考核，学校运动员焦方旭成功晋级 12 人正式名单，8 月代表中国出征雅加达亚运会，该队获得亚运会龙舟项目男子 200 米冠军、500 米亚军的好成绩。2018 年，学校代表国家参加“第十三届亚洲龙舟锦标赛”并获得三金三银。2019 年，东北电力大学龙舟女队被国家体育总局社体中心、中国龙舟协会委派代表中国参加“第十四届世界龙舟锦标赛”，并获得一金两银的优异成绩。

二、东北电力大学龙舟队运动成绩

建队至今，东北电力大学龙舟队参加国内外重大龙舟比赛获 180 多项冠军、250 余座奖杯，曾获得“天津国际大学生龙舟邀请赛”五连冠、“澳门国际大学生龙舟邀请赛”八连冠；自 2011 年学校龙舟队参加“中华龙舟大赛”至今，获得冠军 70 余项，获得 2104～2017 赛季青少年组年度总冠军“四连冠”，并在 2017 年 10 月代表国家参加龙舟世界最高水平赛事“第十三届世界龙舟锦标赛”，获得精英公开组 12 人龙舟 2000 米冠军、500 米冠军、200 米亚军的喜人成绩；2018 年，学校龙舟队焦方旭入选国家男子龙舟队 12 人正式名单，8 月代表中国出征雅加达亚运会，该队获得亚运会龙舟项目男子 200

米冠军、500 米亚军的好成绩；同年 10 月代表中国参加“第十三届亚洲龙舟锦标赛”获得公开混合组三金三银的成绩；2019 年东北电力大学龙舟女队，被国家体育总局社体中心、中国龙舟协会委派代表中国参加“第十四届世界龙舟锦标赛”，获得一金两银的成绩，具体成绩如表 5-1 所示。

表 5-1　东北电力大学龙舟队历年比赛成绩

序号	比赛名称	项目	名次	主办单位
1	2003 中国·吉林首届国际冬季龙舟赛	公开组 5000 米环绕赛	亚军	国家体育总局
2	2004 中国贵州国际龙舟邀请赛	公开组 500 米	季军	国家体育总局
3	2004 中国重庆合川龙舟邀请赛	公开组 500 米	季军	国家体育总局
4	2004 中国黄河 10 公里拉力赛	公开组 10 公里	冠军	国家体育总局
5	2005 天津国际大学生龙舟邀请赛	混合组 250 米	亚军	教育部大体协
6	2005 天津国际大学生龙舟邀请赛	混合组 500 米	季军	教育部大体协
7	2006 中国滨州龙舟邀请赛	公开组 5000 米	冠军	国家体育总局
8	2006 第十四届全国龙舟锦标赛	大学生组 250 米	亚军	国家体育总局
9	2006 第十四届全国龙舟锦标赛	大学生组 500 米	亚军	国家体育总局
10	2007 中俄大学生龙舟对抗赛	公开组 250 米	冠军	国家体育总局
11	2007 中俄大学生龙舟对抗赛	公开组 500 米	冠军	国家体育总局
12	2007 中俄大学生龙舟对抗赛	公开组 1000 米	冠军	国家体育总局
13	2007 第十五届全国龙舟锦标赛	大学生组 250 米	冠军	国家体育总局
14	2007 第十五届全国龙舟锦标赛	大学生组 500 米	冠军	国家体育总局
15	2007 第十五届全国龙舟锦标赛	大学生组 1000 米	冠军	国家体育总局
16	2007 俄罗斯滨海边疆州长杯龙舟赛	国际公开组 500 米	季军	俄罗斯
17	2008 中国龙游国际龙舟邀请赛	公开组 250 米	冠军	国家体育总局
18	2008 中国龙游国际龙舟邀请赛	公开组 500 米	冠军	国家体育总局
19	2008 中国龙游国际龙舟邀请赛	公开组 5000 米	冠军	国家体育总局
20	2008 中国建德新安江国际龙舟邀请赛	公开组 250 米	亚军	国家体育总局
21	2008 中国建德新安江国际龙舟邀请赛	公开组 500 米	亚军	国家体育总局
22	2008 中国建德新安江国际龙舟邀请赛	公开组 1000 米	亚军	国家体育总局
23	2008 中国无锡国际龙舟邀请赛	公开组 250 米	季军	国家体育总局
24	2008 中国无锡国际龙舟邀请赛	公开组 500 米	季军	国家体育总局
25	2008 第十六届全国龙舟锦标赛	大学生组 250 米	冠军	国家体育总局
26	2008 第十六届全国龙舟锦标赛	大学生组 500 米	冠军	国家体育总局
27	2008 第十六届全国龙舟锦标赛	大学生组 1000 米	亚军	国家体育总局

续表

序号	比赛名称	项目	名次	主办单位
28	2009 首届世界国际大学生龙舟锦标赛	男子组 500 米	亚军	教育部大体协
29	2009 首届世界国际大学生龙舟锦标赛	男子组 7000 米环城赛	亚军	教育部大体协
30	2010 首届全国大学生龙舟锦标赛	女子组 500 米	亚军	教育部大体协
31	天津国际大学生龙舟邀请赛 2004～2007 年	大学男子组 500 米	五连冠	教育部大体协
32	澳门国际大学生龙舟邀请赛 2005～2013 年	男子组 500 米	八连冠	澳门体育发展局
33	2011 年中国龙舟公开赛总决赛	成人男子组 500 米	季军	国家体育总局
34	2012 中华龙舟大赛（江阴月城站）	成人女子组 500 米	冠军	国家体育总局
35	2012 中华龙舟大赛（江阴月城站）	成人女子组 200 米	冠军	国家体育总局
36	2012 中华龙舟大赛（江阴月城站）	成人女子组总成绩	冠军	国家体育总局
37	2012 中华龙舟大赛（海南万宁站）	成人女子组 500 米	亚军	国家体育总局
38	2012 中华龙舟大赛（海南万宁站）	成人女子组 200 米	季军	国家体育总局
39	2012 中华龙舟大赛（海南万宁站）	成人女子组总成绩	亚军	国家体育总局
40	2013 中华龙舟大赛（江阴月城站）	成人女子组 500 米	季军	国家体育总局
41	2013 中华龙舟大赛（江阴月城站）	成人女子组 200 米	季军	国家体育总局
42	2013 中华龙舟大赛（江阴月城站）	成人女子组总成绩	季军	国家体育总局
43	2013 年中国龙舟公开赛（吉林站）	成人男子组 500 米	亚军	国家体育总局
44	2013 年中国龙舟公开赛（吉林站）	成人男子组 200 米	亚军	国家体育总局
45	2013 年中国龙舟公开赛（吉林站）	成人男子组总成绩	亚军	国家体育总局
46	2013 世界大学生龙舟锦标赛	女子组 200 米	亚军	教育部大体协
47	2013 世界大学生龙舟锦标赛	女子组 500 米	亚军	教育部大体协
48	2014 中华龙舟大赛（鄱阳湖站）	大学生女子组 500 米	亚军	国家体育总局
49	2014 中华龙舟大赛（鄱阳湖站）	大学生女子组 200 米	亚军	国家体育总局
50	2014 中华龙舟大赛（鄱阳湖站）	大学生女子组总成绩	亚军	国家体育总局
51	2014 中华龙舟大赛（温州站）	大学生男子组 500 米	冠军	国家体育总局
52	2014 中华龙舟大赛（温州站）	大学生男子组 200 米	亚军	国家体育总局
53	2014 中华龙舟大赛（温州站）	大学生男子组总成绩	冠军	国家体育总局
54	2014 中华龙舟大赛（温州站）	大学生女子组 500 米	冠军	国家体育总局
55	2014 中华龙舟大赛（温州站）	大学生女子组 200 米	冠军	国家体育总局
56	2014 中华龙舟大赛（温州站）	大学生女子组总成绩	冠军	国家体育总局
57	2014 中国大庆龙舟邀请赛	成人公开组 200 米	冠军	中国龙舟协会
58	2014 中国大学生第四届龙舟锦标赛	女子组 2000 米	冠军	教育部大体协

续表

序号	比赛名称	项目	名次	主办单位
59	2014 中国大学生第四届龙舟锦标赛	女子组 200 米	冠军	教育部大体协
60	2014 中国大学生第四届龙舟锦标赛	女子组 500 米	冠军	教育部大体协
61	2014 中国龙舟拔河公开赛（吉林站）	公开组 200 米	亚军	国家体育总局
62	2014 中国龙舟拔河公开赛（吉林站）	公开组 100 米	季军	国家体育总局
63	2014 中国龙舟拔河公开赛（吉林站）	公开组拔河赛	冠军	国家体育总局
64	2014 中国龙舟拔河公开赛（吉林站）	公开组拔河赛	亚军	国家体育总局
65	2014 中华龙舟大赛总决赛（海南陵水）	大学男子组 200 米	冠军	国家体育总局
66	2014 中华龙舟大赛总决赛（海南陵水）	大学男子组 500 米	亚军	国家体育总局
67	2014 中华龙舟大赛总决赛（海南陵水）	大学男子组总成绩	亚军	国家体育总局
68	2014 中华龙舟大赛总决赛（海南陵水）	大学女子组 200 米	冠军	国家体育总局
69	2014 中华龙舟大赛总决赛（海南陵水）	大学女子组 500 米	冠军	国家体育总局
70	2014 中华龙舟大赛总决赛（海南陵水）	大学女子组总成绩	冠军	国家体育总局
71	2015 中华龙舟大赛（鄱阳湖站）	青少年女子组 200 米	冠军	国家体育总局
72	2015 中华龙舟大赛（鄱阳湖站）	青少年女子组 500 米	冠军	国家体育总局
73	2015 中华龙舟大赛（鄱阳湖站）	青少年女子组总成绩	冠军	国家体育总局
74	2015 中华龙舟大赛（浙江温州）	青少年男子组 100 米	冠军	国家体育总局
75	2015 中华龙舟大赛（浙江温州）	青少年男子组 500 米	冠军	国家体育总局
76	2015 中华龙舟大赛（浙江温州）	青少年女子组 100 米	冠军	国家体育总局
77	2015 中华龙舟大赛（浙江温州）	青少年女子组 200 米	冠军	国家体育总局
78	2015 中华龙舟大赛（浙江温州）	青少年女子组总成绩	冠军	国家体育总局
79	2015 首届亚洲大学生龙舟锦标赛	男子组 200 米	冠军	教育部大体协
80	2015 首届亚洲大学生龙舟锦标赛	男子组 500 米	冠军	教育部大体协
81	2015 首届亚洲大学生龙舟锦标赛	男子组 2000 米	冠军	教育部大体协
82	2015 俄罗斯滨海边疆州长杯龙舟邀请赛	国际公开组 200 米	冠军	俄罗斯
83	2015 俄罗斯滨海边疆州长杯龙舟邀请赛	州长杯	冠军	俄罗斯
84	2015 中华龙舟大赛（福建福州）	大学男子组 100 米	亚军	国家体育总局
85	2015 中华龙舟大赛（福建福州）	大学男子组 200 米	亚军	国家体育总局
86	2015 中华龙舟大赛（福建福州）	大学男子组总成绩	亚军	国家体育总局
87	2015 中华龙舟大赛（鄱阳湖站）	青少年女子组 100 米	亚军	国家体育总局
88	2015 中华龙舟大赛（浙江温州）	青少年女子组 500 米	亚军	国家体育总局
89	2015 中华龙舟大赛（浙江温州）	青少年男子组总成绩	亚军	国家体育总局
90	2015 中华龙舟大赛（福建福州）	大学男子组 500 米	季军	国家体育总局

续表

序号	比赛名称	项目	名次	主办单位
91	2015 中国龙舟公开赛（云南绥江）	女子组 200 米	季军	国家体育总局
92	2015 中国龙舟公开赛（云南绥江）	女子组 500 米	季军	国家体育总局
93	2015 中国龙舟公开赛（云南绥江）	女子组总成绩	季军	国家体育总局
94	2015 中华龙舟大赛（东莞麻涌站）	大学男子组 100 米	亚军	国家体育总局
95	2015 中华龙舟大赛（东莞麻涌站）	大学男子组 200 米	亚军	国家体育总局
96	2015 中华龙舟大赛（东莞麻涌站）	大学男子组 500 米	亚军	国家体育总局
97	2015 中华龙舟大赛（东莞麻涌站）	大学男子组总成绩	亚军	国家体育总局
98	2015 中华龙舟大赛（东莞麻涌站）	大学女子组 100 米	冠军	国家体育总局
99	2015 中华龙舟大赛（东莞麻涌站）	大学女子组 200 米	亚军	国家体育总局
100	2015 中华龙舟大赛（东莞麻涌站）	大学女子组 500 米	亚军	国家体育总局
101	2015 中华龙舟大赛（东莞麻涌站）	大学女子组总成绩	亚军	国家体育总局
102	2015 中华龙舟大赛总决赛（海南陵水）	大学男子组 100 米	冠军	国家体育总局
103	2015 中华龙舟大赛总决赛（海南陵水）	大学男子组 200 米	冠军	国家体育总局
104	2015 中华龙舟大赛总决赛（海南陵水）	大学男子组 500 米	亚军	国家体育总局
105	2015 中华龙舟大赛总决赛（海南陵水）	大学男子组总成绩	冠军	国家体育总局
106	2015 中华龙舟大赛总决赛（海南陵水）	大学女子组 100 米	亚军	国家体育总局
107	2015 中华龙舟大赛总决赛（海南陵水）	大学女子组 200 米	亚军	国家体育总局
108	2015 中华龙舟大赛总决赛（海南陵水）	大学女子组 500 米	亚军	国家体育总局
109	2015 中华龙舟大赛总决赛（海南陵水）	大学女子组总成绩	亚军	国家体育总局
110	2016 中华龙舟大赛（鄱阳湖站）	青少年男子组 100 米	冠军	国家体育总局
111	2016 中华龙舟大赛（鄱阳湖站）	青少年男子组 200 米	冠军	国家体育总局
112	2016 中华龙舟大赛（鄱阳湖站）	青少年男子组 500 米	冠军	国家体育总局
113	2016 中华龙舟大赛（鄱阳湖站）	青少年男子组总成绩	冠军	国家体育总局
114	2016 中华龙舟大赛（鄱阳湖站）	青少年女子组 100 米	亚军	国家体育总局
115	2016 中华龙舟大赛（鄱阳湖站）	青少年女子组 200 米	亚军	国家体育总局
116	2016 中华龙舟大赛（鄱阳湖站）	青少年女子组 500 米	亚军	国家体育总局
117	2016 中华龙舟大赛（鄱阳湖站）	青少年女子组总成绩	亚军	国家体育总局
118	2016 中华龙舟大赛（福州站）	青少年男子组 100 米	亚军	国家体育总局
119	2016 中华龙舟大赛（福州站）	青少年男子组 200 米	亚军	国家体育总局
120	2016 中华龙舟大赛（福州站）	青少年男子组 500 米	亚军	国家体育总局
121	2016 中华龙舟大赛（福州站）	青少年男子组总成绩	亚军	国家体育总局
122	2016 中华龙舟大赛（福州站）	青少年女子组 100 米	亚军	国家体育总局

续表

序号	比赛名称	项目	名次	主办单位
123	2016 中华龙舟大赛（福州站）	青少年女子组 200 米	亚军	国家体育总局
124	2016 中华龙舟大赛（福州站）	青少年女子组 500 米	亚军	国家体育总局
125	2016 中华龙舟大赛（福州站）	青少年女子组总成绩	亚军	国家体育总局
126	2016 中华龙舟大赛（广东惠州站）	青少年女子组 100 米	冠军	国家体育总局
127	2016 中华龙舟大赛（广东惠州站）	青少年女子组 200 米	冠军	国家体育总局
128	2016 中华龙舟大赛（广东惠州站）	青少年女子组 500 米	冠军	国家体育总局
129	2016 中华龙舟大赛（广东惠州站）	青少年女子组总成绩	冠军	国家体育总局
130	2016 中华龙舟大赛（浙江丽水站）	青少年男子组 100 米	冠军	国家体育总局
131	2016 中华龙舟大赛（浙江丽水站）	青少年男子组 200 米	冠军	国家体育总局
132	2016 中华龙舟大赛（浙江丽水站）	青少年男子组 500 米	冠军	国家体育总局
133	2016 中华龙舟大赛（浙江丽水站）	青少年男子组总成绩	冠军	国家体育总局
134	2016 中华龙舟大赛（浙江丽水站）	青少年女子组 100 米	冠军	国家体育总局
135	2016 中华龙舟大赛（浙江丽水站）	青少年女子组 200 米	冠军	国家体育总局
136	2016 中华龙舟大赛（浙江丽水站）	青少年女子组 500 米	冠军	国家体育总局
137	2016 中华龙舟大赛（浙江丽水站）	青少年女子组总成绩	冠军	国家体育总局
138	2016 中华龙舟大赛总决赛（海南陵水）	青少年男子组 100 米	冠军	国家体育总局
139	2016 中华龙舟大赛总决赛（海南陵水）	青少年男子组 200 米	冠军	国家体育总局
140	2016 中华龙舟大赛总决赛（海南陵水）	青少年男子组 500 米	冠军	国家体育总局
141	2016 中华龙舟大赛总决赛（海南陵水）	青少年男子组总成绩	冠军	国家体育总局
142	2016 中华龙舟大赛总决赛（海南陵水）	青少年女子组 200 米	亚军	国家体育总局
143	2016 中华龙舟大赛总决赛（海南陵水）	青少年女子组 500 米	季军	国家体育总局
144	2017 中华龙舟大赛（福州站）	青少年男子组 100 米	冠军	国家体育总局
145	2017 中华龙舟大赛（福州站）	青少年男子组 200 米	冠军	国家体育总局
146	2017 中华龙舟大赛（福州站）	青少年男子组 500 米	冠军	国家体育总局
147	2017 中华龙舟大赛（福州站）	青少年男子组总成绩	冠军	国家体育总局
148	2017 中华龙舟大赛（福州站）	青少年女子组 100 米	亚军	国家体育总局
149	2017 中华龙舟大赛（福州站）	青少年女子组 200 米	亚军	国家体育总局
150	2017 中华龙舟大赛（福州站）	青少年女子组 500 米	冠军	国家体育总局
151	2017 中华龙舟大赛（福州站）	青少年女子组总成绩	亚军	国家体育总局
152	2017 中华龙舟大赛（广东惠州站）	青少年女子组 100 米	冠军	国家体育总局
153	2017 中华龙舟大赛（广东惠州站）	青少年女子组 200 米	亚军	国家体育总局
154	2017 中华龙舟大赛（广东惠州站）	青少年女子组 500 米	亚军	国家体育总局

续表

序号	比赛名称	项目	名次	主办单位
155	2017 中华龙舟大赛（广东惠州站）	青少年女子组总成绩	亚军	国家体育总局
156	2017 中华龙舟大赛（广东惠州站）	青少年男子组 100 米	冠军	国家体育总局
157	2017 中华龙舟大赛（广东惠州站）	青少年男子组 200 米	冠军	国家体育总局
158	2017 中华龙舟大赛（广东惠州站）	青少年男子组 500 米	冠军	国家体育总局
159	2017 中华龙舟大赛（广东惠州站）	青少年男子组总成绩	冠军	国家体育总局
160	2017 中华龙舟大赛（南京六合站）	青少年男子组 100 米	冠军	国家体育总局
161	2017 中华龙舟大赛（南京六合站）	青少年男子组 200 米	冠军	国家体育总局
162	2017 中华龙舟大赛（南京六合站）	青少年男子组 500 米	冠军	国家体育总局
163	2017 中华龙舟大赛（南京六合站）	青少年男子组总成绩	冠军	国家体育总局
164	2017 中华龙舟大赛（南京六合站）	青少年女子组 100 米	亚军	国家体育总局
165	2017 中华龙舟大赛（南京六合站）	青少年女子组 200 米	亚军	国家体育总局
166	2017 中华龙舟大赛（南京六合站）	青少年女子组 500 米	冠军	国家体育总局
167	2017 中华龙舟大赛（南京六合站）	青少年女子组总成绩	亚军	国家体育总局
168	2017 中华龙舟大赛（重庆合川站）	青少年男子组 100 米	冠军	国家体育总局
169	2017 中华龙舟大赛（重庆合川站）	青少年男子组 200 米	冠军	国家体育总局
170	2017 中华龙舟大赛（重庆合川站）	青少年男子组 500 米	冠军	国家体育总局
171	2017 中华龙舟大赛（重庆合川站）	青少年男子组总成绩	冠军	国家体育总局
172	2017 中华龙舟大赛（重庆合川站）	青少年女子组 100 米	亚军	国家体育总局
173	2017 中华龙舟大赛（重庆合川站）	青少年女子组 200 米	亚军	国家体育总局
174	2017 中华龙舟大赛（重庆合川站）	青少年女子组 500 米	冠军	国家体育总局
175	2017 中华龙舟大赛（重庆合川站）	青少年女子组总成绩	亚军	国家体育总局
176	2017 第十三届世界龙舟锦标赛	精英公开男子组 2000 米	冠军	国际龙舟联合会
177	2017 第十三届世界龙舟锦标赛	精英公开男子组 500 米	冠军	国际龙舟联合会
178	2017 第十三届世界龙舟锦标赛	精英公开男子组 200 米	亚军	国际龙舟联合会
179	2017 中华龙舟大赛总决赛（海南陵水）	青少年男子组 100 米	冠军	国家体育总局
180	2017 中华龙舟大赛总决赛（海南陵水）	青少年男子组 200 米	冠军	国家体育总局
181	2017 中华龙舟大赛总决赛（海南陵水）	青少年男子组 500 米	冠军	国家体育总局
182	2017 中华龙舟大赛总决赛（海南陵水）	青少年男子组总成绩	冠军	国家体育总局
183	2017 中华龙舟大赛总决赛（海南陵水）	青少年女子组 100 米	亚军	国家体育总局
184	2017 中华龙舟大赛总决赛（海南陵水）	青少年女子组 200 米	亚军	国家体育总局

续表

序号	比赛名称	项目	名次	主办单位
185	2017 中华龙舟大赛总决赛（海南陵水）	青少年女子组 500 米	亚军	国家体育总局
186	2017 中华龙舟大赛总决赛（海南陵水）	青少年女子组总成绩	亚军	国家体育总局
187	2018 中华龙舟大赛（海南万宁站）	职业男子精英 100 米	亚军	国家体育总局
188	2018 中华龙舟大赛（海南万宁站）	职业男子精英 200 米	亚军	国家体育总局
189	2018 中华龙舟大赛（海南万宁站）	职业男子精英 500 米	亚军	国家体育总局
190	2018 中华龙舟大赛（海南万宁站）	职业公开混合 100 米	季军	国家体育总局
191	2018 中华龙舟大赛（海南万宁站）	职业公开混合 200 米	亚军	国家体育总局
192	2018 中华龙舟大赛（海南万宁站）	职业公开混合 500 米	冠军	国家体育总局
193	2018 中华龙舟大赛（海南万宁站）	青少年男子组 200 米	季军	国家体育总局
194	2018 中华龙舟大赛（海南万宁站）	青少年男子组 500 米	季军	国家体育总局
195	2018 中华龙舟大赛（长沙芙蓉站）	职业男子精英 500 米	亚军	国家体育总局
196	2018 中华龙舟大赛（长沙芙蓉站）	职业公开混合 100 米	冠军	国家体育总局
197	2018 中华龙舟大赛（长沙芙蓉站）	职业公开混合 200 米	冠军	国家体育总局
198	2018 中华龙舟大赛（长沙芙蓉站）	职业公开混合 500 米	冠军	国家体育总局
199	2018 中华龙舟大赛（长沙芙蓉站）	青少年男子组 100 米	亚军	国家体育总局
200	2018 中华龙舟大赛（长沙芙蓉站）	青少年男子组 200 米	亚军	国家体育总局
201	2018 中华龙舟大赛（长沙芙蓉站）	青少年男子组 500 米	亚军	国家体育总局
202	2018 中华龙舟大赛（江苏盐城站）	青少年男子组 100 米	冠军	国家体育总局
203	2018 中华龙舟大赛（江苏盐城站）	青少年男子组 200 米	冠军	国家体育总局
204	2018 中华龙舟大赛（江苏盐城站）	青少年男子组 500 米	冠军	国家体育总局
205	2018 中华龙舟大赛（福建福州站）	青少年男子组 100 米	冠军	国家体育总局
206	2018 中华龙舟大赛（福建福州站）	职业公开混合 100 米	冠军	国家体育总局
207	2018 中华龙舟大赛（福建福州站）	职业公开混合 200 米	冠军	国家体育总局
208	2018 中华龙舟大赛（福建福州站）	职业公开混合 500 米	冠军	国家体育总局
209	2018 中华龙舟大赛（云南滇池站）	职业公开混合 500 米	冠军	国家体育总局
210	2018 中华龙舟大赛（云南滇池站）	职业公开混合 200 米	冠军	国家体育总局
211	2018 中华龙舟大赛总决赛（海南陵水）	职业公开混合 100 米	冠军	国家体育总局
212	2018 中华龙舟大赛总决赛（海南陵水）	职业公开混合 200 米	亚军	国家体育总局
213	2018 中华龙舟大赛总决赛（海南陵水）	职业公开混合 500 米	亚军	国家体育总局
214	2018 中华龙舟大赛总决赛（海南陵水）	职业男子精英组 500 米	亚军	国家体育总局
215	2018 第十三届亚洲龙舟锦标赛（12 人龙舟）	公开混合组 100 米	冠军	亚洲龙舟联合会

续表

序号	比赛名称	项目	名次	主办单位
216	2018 第十三届亚洲龙舟锦标赛（12 人龙舟）	公开混合组 200 米	冠军	亚洲龙舟联合会
217	2018 第十三届亚洲龙舟锦标赛（12 人龙舟）	公开混合组 500 米	冠军	亚洲龙舟联合会
218	2018 第十三届亚洲龙舟锦标赛（22 人龙舟）	公开混合组 100 米	亚军	亚洲龙舟联合会
219	2018 第十三届亚洲龙舟锦标赛（22 人龙舟）	公开混合组 200 米	亚军	亚洲龙舟联合会
220	2018 第十三届亚洲龙舟锦标赛（22 人龙舟）	公开混合组 500 米	亚军	亚洲龙舟联合会
221	2019 中华龙舟大赛（江苏盐城站）	职业女子组 500 米	冠军	国家体育总局
222	2019 中华龙舟大赛（江苏盐城站）	职业女子组 200 米	冠军	国家体育总局
223	2019 中华龙舟大赛（江苏盐城站）	职业女子组 100 米	季军	国家体育总局
224	2019 中华龙舟大赛（江苏盐城站）	青少年男子组 500 米	亚军	国家体育总局
225	2019 中华龙舟大赛（江苏盐城站）	青少年男子组 200 米	季军	国家体育总局
226	2019 中华龙舟大赛（江苏盐城站）	青少年男子组 100 米	季军	国家体育总局
227	2019 中华龙舟大赛（福建福州站）	职业女子组 500 米	冠军	国家体育总局
228	2019 中华龙舟大赛（福建福州站）	职业女子组 200 米	冠军	国家体育总局
229	2019 中华龙舟大赛（福建福州站）	职业女子组 100 米	冠军	国家体育总局
230	2019 中华龙舟大赛（福建福州站）	青少年男子组 500 米	亚军	国家体育总局
231	2019 中华龙舟大赛（福建福州站）	青少年男子组 100 米	季军	国家体育总局
232	2019 中华龙舟大赛（成都简阳站）	职业女子组 500 米	冠军	国家体育总局
233	2019 中华龙舟大赛（成都简阳站）	职业女子组 200 米	冠军	国家体育总局
234	2019 中华龙舟大赛（成都简阳站）	职业女子组 100 米	亚军	国家体育总局
235	2019 中华龙舟大赛（成都简阳站）	青少年男子组 500 米	冠军	国家体育总局
236	2019 中华龙舟大赛（成都简阳站）	青少年男子组 200 米	亚军	国家体育总局
237	2019 中华龙舟大赛（成都简阳站）	青少年男子组 100 米	亚军	国家体育总局
238	2019 第十四届世界龙舟锦标赛	精英公开女子组 2000 米	亚军	IDBF
239	2019 第十四届世界龙舟锦标赛	精英公开女子组 500 米	冠军	IDBF
240	2019 第十四届世界龙舟锦标赛	精英公开女子组 200 米	亚军	IDBF
241	2019 中华龙舟大赛（南京六合站）	职业女子组 500 米	冠军	国家体育总局
242	2019 中华龙舟大赛（南京六合站）	职业女子组 200 米	冠军	国家体育总局

续表

序号	比赛名称	项目	名次	主办单位
243	2019 中华龙舟大赛（南京六合站）	职业女子组 100 米	亚军	国家体育总局
244	2019 中国龙舟大奖赛（佛山站）	职业女子组 800 米	冠军	国家体育总局
245	2019 中国龙舟大奖赛（佛山站）	职业女子组 500 米	冠军	国家体育总局
246	2019 中国龙舟大奖赛（佛山站）	职业女子组 200 米	亚军	国家体育总局
247	2019 中国龙舟大奖赛（佛山站）	青少年男子组 800 米	冠军	国家体育总局
248	2019 中国龙舟大奖赛（佛山站）	青少年男子组 500 米	亚军	国家体育总局
249	2019 中国龙舟大奖赛（佛山站）	青少年男子组 200 米	亚军	国家体育总局
250	2019 中华龙舟大赛（总决赛）	职业女子组 500 米	亚军	国家体育总局
251	2019 中华龙舟大赛（总决赛）	职业女子组 200 米	亚军	国家体育总局
252	2019 中华龙舟大赛（总决赛）	职业女子组 100 米	亚军	国家体育总局

第二节　东北电力大学龙舟队管理体系建设

一、龙舟队队伍建设

自 1987 年，我国普通高校办高水平运动队培养出了一批大学生运动员，取得了一定的成绩。东北电力大学就是经教育部批准试办高水平运动队学校之一，以培养龙舟运动高水平运动员为主。普通高校办高水平运动队是一项极其复杂的系统工程，在具体的操作中存在着不同程度的问题。众多调查显示，国内部分普通高校办高水平运动队，培养高水平大学生运动员，尤其在运动队建设的目标中，仅强调高水平运动队竞技成绩和竞技水平提高，而忽视了大学生运动员的学业和综合能力培养，逐渐形成了只重视竞技而轻视学业、轻视综合素质培养的高水平运动队建设模式，导致高水平运动队在建设过程中发展失衡，凸显为大学生运动员的竞技水平不高，学业成绩、综合素质一般，大学生运动员在就业和工作中遇到非常大的困难，不能适应用人单位和社会的要求。这一问题也是各高校办高水平运动队、培养高水平运动员时的困惑和棘手的难题。东北电力大学组建高水平龙舟运动队参加比赛后，也遇到了类似的问题，经过几年的探索和实践，我们认为：普通高校办高水平运动队，培养高水平运动员，尤其是培养学业竞技俱佳的高素质大学生运动员，要符合教育规律和普通高校特点，以高校培养合格人才为目标，成功的管理是关键。十几年的探索和实践，东北电力大学龙舟队总结出了“5-3-1”高水平大学生运动员培养和运动队的管理模式，取得了良好的成效，建设成为一支学业竞技俱佳的高素质高水平大学生运动队。

东北电力大学龙舟队由领队、管理、教练组、运动员组成，领队负责全面工作，管理分生活管理和学习管理，教练组负责竞训工作，形成了领队、管理、教练三级管理体系，在管理团队有序、科学的管理下，从运动员的训练、比赛、生活到学习，都有相应的管理规范，运动员的训练和比赛以及日常学习、生活都要严格按照队规的要求去做，运动员在科学的管理下养成良好的习惯，形成优良的队风。

多年来，东北电力大学龙舟队始终把高校培养合格人才作为基本目标，充分发挥学校相关学院和学科的作用，转变“重竞技、轻学业”的思想，围绕高校人才培养目标，遵循教育规律，结合学校特点，构建了“5-3-1”大学生运动员培养及运动队管理模式。

（一）“5-3-1”大学生运动员培养及运动队管理

“5-3-1”大学生运动员培养及运动队管理模式，是通过“5”的培养模式、“3”的管理体系最终达到“1”的培养目标。“5”即建立“五位一体”的大学生运动员培养模式——“学业为基础、思想修养为根本、素质教育为核心、选材训练为突破口、竞技成绩为发展”；“3”即建立“多三角管理”的运动队管理体系——在学校领导下各学院（系）、处（室）共同构成高水平运动队管理机构的框架与职责；“1”即学业、竞技、综合素质协调发展的大学生运动员培养目标，切实提高普通高校高水平运动员培养及运动队建设。

“5-3-1”大学生运动员培养及运动队管理模式，其基本内涵是通过综合五个方面的大学生运动员培养和“多三角”的运动队管理模式，最终达到学业、竞技和综合素质统一协调发展的大学生运动员培养目标。

该模式注重大学生运动员培养和运动队的管理与建设。大学生运动员的管理，主要体现在学业管理和方法运用、思想素质的教育与培养、训练比赛的管理与实施、队风和团队精神的建设与发扬。运动队的管理与建设主要体现为有别于其他学校高水平运动队的政策保障、组织机构、学校各院（系）处（室）共同构成的高水平运动队管理机构框架与职责。该模式从人的培养到队的管理、从上到下、从外到内、从分工到配合、从一轻一重到全面综合发展，管理与教育并举、学业与竞技并进、软硬件并抓、实效与精神共发展。

（二）“五位一体”的大学生运动员培养与管理成效显著

“五位一体”的大学生运动员培养与管理模式：学业齐抓共管，教学方式多样化；思想要求严格，学生所在院（系）和运动队双向测评；素质教育全面，就业宏观体现；队员新老交替管理，选材综合考察；训练科学实效，竞技成绩稳定发展。

1. 以学业为基础：学业齐抓共管，教学方式多样化

处理好学业与竞技之间的关系至关重要，采用的具体方法包括：对大学生运动员实行院（系）、队“双重管理”；院（系）采取补课或个别辅导等方式，加强学业管理；运动员的学习成绩与运动员选拔及奖惩制度相结合；教学方式多样化，并与训练、比赛周期相适应；制定合理的训练和学习计划，在平时训练中采取多时间段、同项目训练方式；集中训练时，采用定期定时辅导或自学等方式；在比赛期间队员自学，高年级学生辅导同专业低年级学生的方式；龙舟精神在学业上有所体现，使队员从“要我学”转变为“我要学”；建立科学的激励机制，对队员设立专项运动奖学金、学习奖学金、社会实践奖学金等。

2. 思想修养为根本：思想要求严格，学生所在院（系）和运动队双向测评

本着教育与培养的原则，采用以下具体办法：学生所在院（系）与运动队双向测评，运动员学生在本院（系）和运动队的表现同样突出；在队风建设和发扬上以老带新；制定相应的行为规范和制度，奖罚分明；各院（系）主管学生副书记负责、辅导员主管，对本院（系）学生运动员的思想表现、

日常生活及第二课堂活动予以指导和管理；龙舟队领队、教练进行有针对性的教育和指导；大力弘扬龙舟精神，使队员具有良好品德。6 年来，龙舟队每年平均有 2～3 人被发展为中共预备党员。2007 年，龙舟队在松花江水域训练，遇一男子落水，运动员们在教练员的带领下，奋勇救助，这件事在社会上产生了极大反响。

3. 素质教育为核心：素质教育全面，就业宏观体现

龙舟队十分重视队员综合素质的教育，使龙舟队成为一支高素质的运动队，采用的具体办法包括：鼓励队员参加各级各类的学生社团组织进行锻炼，积极参加各种活动；队员间做好传帮带；培养队员的社会责任心和爱心，组织队员参加公益活动；常年举办即将毕业的老队员与新队员座谈会。

4. 选材训练为突破口：队员新老交替管理，选材综合考察

根据大学生运动队学生流动性大、训练比赛周期短、新老交替频繁、队员基础一般、出成绩要快等特点，选用有针对性训练：选拔队员时适时提高标准，在学习、思想、身体素质等多方面综合考察；队伍采取竞争机制，不设正式队员，常设集训队；做好梯队建设，进行基础训练，集训队员几倍于正式队员人数；赛前根据综合测评，选择部分集训的队员，组成正式队，一次比赛为一个周期，使所有集训队员都有目标和动力，使队伍交替良性循环。东北电力大学龙舟队每次参加比赛正式队员有 40 人，但常年参加训练的集训队员有 100 多人，并根据综合情况有进有出，队内良性竞争，对外成绩提升。

5. 竞技成绩为发展：训练科学实效，竞技成绩稳定发展

运动队要想有生命力、可持续发展，竞技成绩起重要作用。采用科学的训练理念，在运动量和训练时间的安排方面，做到科学、合理有效；平时训练、集中训练、封闭训练、以赛代练等多种形式相结合；技术敢于创新，针对大学生运动员身体素质特点，融合南北方龙舟技术、国内外龙舟技术、竞技与传统龙舟技术，借鉴皮划艇技术，形成了大学生运动员的龙舟技术特点，成效显著；比赛成绩与学分挂钩，形成了竞技与学业互相促进、互相融合共同提高的良好局面；把比赛成绩作为评定各项奖学金和先进个人以及决定该队员下次入选正式队员的重要条件之一；充分发挥学校科研优势，聘请心理

学专家、营养学专家、运动医学专家、流体力学专家等，为科学化训练上水平。学校龙舟队参加国内外比赛获近200项冠军，竞技水平在国内领先。

（三）“多三角管理”体系

在队伍建设及管理上实行“多三角管理”体系（图5-1），改变了以往的校–院–队“直线梯次的垂直的”管理体系，实行目标管理，责任明确，相互配合，既有宏观管理调控又具有实施内容方法。

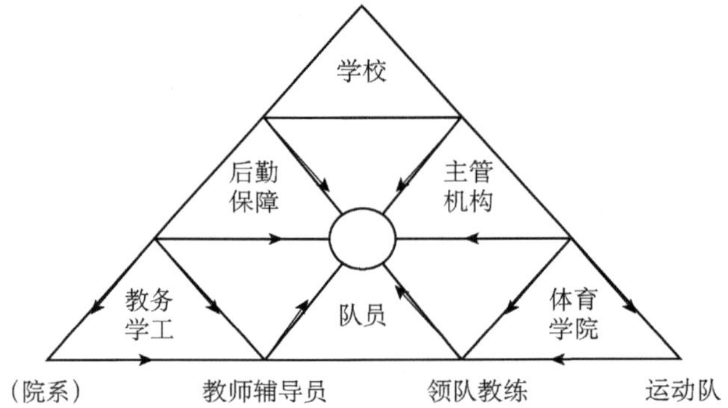

图5-1 “多三角管理”体系

1. 学校政策支持和各项管理制度的规范

科学化管理的基础，在于完善和健全各项规章制度，实现了对运动队目标管理的规范化和程序化，改正了大学运动队制度和程序不健全的缺点。学校不但有合理的政策和规范的奖惩制度，而且在硬件建设、经费保障等方面都形成了制度化。

2. 学校各院（系）、处（室）共同组成运动队管理组织机构

学校相应的管理部门，在目标管理中，起到了宏观组织、引导、调节、保障作用。运动队管理机构主要由体育学院、教务处、学生处、后勤管理处、计财处、各院（系）等部门组成。体育学院主要负责运动队的训练比赛和管理等工作；教务处负责运动员的学习、考试、成绩的管理；学生处负责运动员的思想教育、纪律、学籍等管理；后勤管理处负责运动队的训练场地、器材设备等维护与管理；计财处负责运动队训练、比赛经费、器材装备等资金保障及管理；各学院书记为负责人，辅导员为主管，对该院（系）运动员的

学习、生活以及第二课堂活动予以引导和管理。这使运动队目标管理突破了单独由体育部门管理的组织形式，实现纵向与横向管理的结合，形成“条块结合”“以块为主”的“多三角”学校运动队管理体系。

3. 运动队领队、教练的具体管理与实施

运动队采用领队主管、主教练负责的直接管理模式，责任清楚，层次分明。加强运动员思想教育，既关心运动员的训练和比赛，又关心他们的学习和生活，切实解决他们的实际问题，特别要解决好学习和训练的矛盾问题。

学校成立了由学校领导、各院（系）、处（室）共同组成的运动队管理机构，实行目标管理，最终服务于高水平运动员人才培养及运动队管理，为高水平运动员人才培养及运动队管理构建了新的模式。

（四）龙舟运动队管理办法

详见附录二。

二、东北电力大学龙舟运动人才培养情况简介

东北电力大学在培养龙舟运动员竞技能力的同时，也非常重视学生们学习和综合能力的提高，学生们在学业等方面也取得了优异的成绩（表 5-2）。东北电力大学龙舟队学习氛围十分浓厚，每次训练结束，队员们都会自觉地投入到学习中。建队以来，每学期获得奖学金比率达到 90%以上，其中一等奖学金占 18%，二等奖学金占 29%，三等奖学金占 53%；每学期获得体育运动奖学金率达 100%；每年平均有两人以上获得国家奖学金，龙舟队相继有 20 多人以优异的学习成绩转到其他专业学习，建队以来有 30 多人考取硕士研究生、6 人考取博士研究生继续深造；龙舟队 95%的队员向党组织递交了入党申请书，平均每年有 10 人左右被列为入党积极分子，有 2 人左右发展为中共党员。

表 5-2　东北电力大学龙舟队 2008～2019 年获奖情况

获奖项目	人次
国家奖学金	30

续表

获奖项目	人次
励志奖学金	56
一等奖学金	101
二等奖学金	115
三等奖学金	230
社会实践奖学金	58
体育运动奖学金	430
校十佳大学生	11
优秀学生干部	106
优秀学生	117

自建队以来龙舟队毕业生人数已有300多人，就业率达100%，其中90%奔赴国家及各地方的电力部门工作，10%在政府、教育、体育、贸易等行业工作。在工作岗位上，队员们继续发扬龙舟精神，积极努力工作，得到了用人单位的高度评价。

第三节　东北电力大学中国龙舟训练科研基地建设

中国龙舟运动整体发展正在由传统竞渡转向竞技体育，由经验化转向科学化。加强科学训练和理论水平是重要工作，发挥高校的优势促进发展是重要环节。向竞技化转变得较为成功，比赛次数、规模逐年扩大。但龙舟运动的科学研究发展较慢，科学研究与竞训结合的运用不够全面，专业的龙舟运动科研机构欠缺，科研投资力度较小，与其他学科的科学交叉结合不深，大多数教练员利用科研成果的意识差，科研人员对龙舟项目不熟悉，基本属于跨项目研究，对龙舟本身的特点缺少认识，不能在更深层次发现和解决的问题，不能精准地确定研究方向，缺少专门从事龙舟运动的科研人员等，这些都制约了中国龙舟运动的整体发展。所以建立龙舟训练科研基地将直接、有效地解决这些问题，能够有效促进中国龙舟运动向着专业竞技科学化的方向发展。科研是任何运动项目都不可缺少的重要环节，是取得优异成绩的有力保障，是龙舟运动发展的先锋。国家体育总局社会体育指导中心、中国龙舟协会为了促进龙舟运动的科学发展，在高校龙舟运动开展较好的学校开设科研基地，东北电力大学为首批设立“中国龙舟训练科研基地”的高校，这对进一步推动龙舟运动科学研究工作的可持续发展，对推动龙舟运动的科学化进程和全面发展有着重要的意义。

一、中国龙舟训练科研基地建立的背景

东北电力大学龙舟队是在中国龙舟运动发展大潮中脱颖而出的一支优秀的高校龙舟队伍，为推动北方龙舟运动的发展打下了良好的基础，也为中国龙舟运动的全面开展注入了新的活力。2002 年，东北电力大学龙舟队建队，后依托高校的教学、科研基础，对龙舟运动不断展开科学研究，科研与竞训相结合取得了优异的成绩。因此，2007 年国家体育总局社会体育指导中心、中国龙舟协会对东北电力大学龙舟队的突出表现给予表彰，并于 2008 年在东北电力大学设立“中国龙舟训练科研基地”。

二、中国龙舟训练科研基地建立的目的和意义

中国龙舟训练科研基地建立的目的在于加强龙舟运动的全面发展，促进龙舟运动训练与科研的结合发展。基地的建立更鼓励和推动高校为中国龙舟运动奠定科学研究基础，为龙舟运动的科学发展提供理论支撑，为解决由民间传统向专业化转变中出现的问题提供办法，为龙舟运动的传承和创新开辟快车道，使龙舟运动在与世界体育融合时，不缺乏先进性。基地的建立将大大推动龙舟科研的发展速度，在技战术、运动员选材、运动员素质等方面研究取得长足的进步。

龙舟运动已经成为亚运会正式比赛项目，正在努力申请加入奥运会，所以加强龙舟运动的科学研究是一项重要工作。如今龙舟运动在世界范围内被大力推广，越来越多的外国人对龙舟运动感兴趣，一些国外队伍的实力已经超越我国，这些队伍借鉴皮划艇项目的科学经验开展龙舟运动取得了成功，

所以我国必须赶在世界各国的前面，开展专业化的龙舟科研工作，这样才能更好地引领龙舟运动的发展。龙舟运动作为中国传统文化必将走向世界，把中国龙舟研究好、发展好是龙舟人的责任和义务。所以，中国龙舟训练科研基地的建立承载着许多龙舟人的梦，肩负着龙舟科学发展的重任，发挥着不可替代的作用，对中国龙舟的未来发展具有划时代的意义。

三、中国龙舟训练科研基地设立的先决条件

我国高校的科学研究基地，是指国家在高校设立的自然科学和社会科学方面的重点实验室、重点研究基地和研究中心等。高校科研基地是高校科研工作的平台和载体，是高校学科建设、人才培养和科研项目实施的依托和基础。高校科研基地建设包括选择和确立科学的研究方向、科研队伍建设、研究环境和条件建设、科技创新能力提升、高素质人才培养、和谐人文环境创造、管理体系建设等。

中国龙舟运动正处于快速发展和全面改革的阶段，面对世界龙舟发展的大环境，中国龙舟面临着许多问题与困难，同时也面临着高速发展的机遇。中国龙舟现阶段的整体竞技水平不高，国内比赛中一枝独秀的现象时有发生，项目普及不够，后备人才储备不充足，从业人员的实际水平和管理能力还有待提高，训练、竞技水平不高，竞赛场地设施、器材还不完善，中国龙舟运动的整体发展缺少科学研究，导致龙舟运动在由民间传统活动转向职业竞技化、经验化转向科学化运动的进程中遇到诸多问题。所以此时加强科研力度，与龙舟运动开展较好的高校合作，发挥高校的科研优势，促进龙舟运动科学的全面发展，是我国龙舟运动发展的一项重要任务。

东北电力大学具有开展科研工作的雄厚实力，学校成功开展龙舟运动多年，并取得了优异成绩，而且配有专（兼）职技术人员和相应的科研设备，还有高水平运动员队，拥有发展龙舟运动训练和科研的水域以及教学和训练的辅助设施。学校在其体育学院设有体育科研所，龙舟运动的科研和训练工作依托学校能源与机械工程学院流体力学实验室和建筑工程力学实验室以及运动生理实验室。基地有国内唯一的大型力量训练与龙舟划水训练馆，拥有

完善的科研设备以及专项训练器材，市区内设有龙舟运动训练竞技场。学校有专业的龙舟科研人员和充足而相对稳定的经费保障。所以，基地依托高校基础设施齐全、多学科科研交叉使用、科研人员多、科研经费稳定保障，通过钻研与探索，在队员管理、选材、技术训练、身体素质综合训练、训练比赛的恢复和比赛战术的运用等方面进行科学化研究，将为中国龙舟竞技水平的提高、建设的正规化、推动龙舟运动的科学发展等方面发挥更大的作用。

四、中国龙舟训练科研基地促进中国龙舟发展

（一）基地建设的任务与功能

在国家未来的基础研究体系、技术开发体系和技术服务体系中，高校始终是重要的力量，高校科研基础的地位和作用将日益凸显。运动训练以及技术水平的提高是优异成绩的有力保障，也是一个运动项目发展的基础，龙舟运动的科研基地的规划和建设更应适应时代的发展。

（二）基地建设的方向

中国龙舟训练科研基地是经国家体育总局社会体育指导中心、中国龙舟协会批准，依托东北电力大学，相对独立的、专门培养从事龙舟技术与训练科研的、高层次人才的机构。其研究方向明确，针对国际及国内龙舟现状以及其他类似项目科研及发展现状，对龙舟运动的科学发展和成果的广泛应用开展研究。基地拥有承担国家、行业、地区等重大的龙舟及水上运动项目的重大科研任务的能力，并有稳定的研究课题来源，科学研究成绩突出，在龙舟科研领域居国内领先地位，能坚持正确的政治方向，拥有学术造诣高深、学风严谨、勇于开拓的学术带头人，结构合理、相对稳定、专兼职相结合的研究队伍和技术队伍，能承担高水平、高能力的龙舟方面的高层次的专门人才的培养任务。

（三）龙舟训练科研基地的任务

一是承担国家体育总局、中国龙舟协会、吉林省（市）的龙舟运动基地

水上项目的科研任务，推出高水平的科研成果，解决龙舟技术和训练的关键性的科学技术课题，提高中国龙舟训练水平。

二是吸收、稳定和培养高水平的龙舟运动项目的专门人才，造就高水平的龙舟项目的学术带头人、优秀青年科技人才以及高素质的科研和实践相融合的教练员及相关人员。

三是形成开放—流动—竞争—联合的运行机制，向国内外开放，鼓励研究人员合理流动。基地虽然建立在东北电力大学，但基地的服务对象面向全国乃至全世界，打破科技资源的单位所有制，使各个层面的龙舟运动科研都能资源共享、共同发展，最终提高中国龙舟运动的整体水平，并积极探索适合我国国情的科研与龙舟运动协调发展的运行机制。

四是促进国内外的龙舟运动在科研方面的学术交流和科技合作，推动龙舟运动与其他学科的交叉与综合。不断提高龙舟运动科研人员的专业水平和人才质量，扩大国际影响，推动我国龙舟科研事业引领龙舟运动发展。

五是促进科研成果的开发利用，通过专项龙舟课题研究与龙舟训练实践相结合，推进龙舟技术新发展，研究新的科学训练体系与方法，形成具有中国特色的科学化的龙舟技术与训练体系，形成专业的龙舟人才群体。

（四）龙舟训练科研基地的作用

高校科研基地是学校科学研究的中坚力量，科研基地有相对稳定的专兼职结合的研究队伍，有高水平的学术带头人把握学术研究方向，在一定的研究领域有较长期的研究积累，科研组织与制度健全，装备精良，梯队合理，在科研方面有所发明，有所发现，成绩卓著。中国龙舟训练科研基地在中国龙舟运动的领域正成为科研的中坚力量，它成立时间虽短，但基础建设、研究队伍、学术层次、装备设施、研究方向等方面已逐步进入正轨，坚持龙舟技术和训练的科学化研究，在科学研究与成果应用方面独具特色，正在建设成为中国龙舟科学化发展的主要研究基地。

高校科研基地在组织多学科联合攻关、学科交叉和技术集成方面做出了突出贡献。龙舟技术与训练的科学化研究与流体力学、运动力学、医学运动生理学等多学科联合起来，形成交叉互补，借鉴皮划艇、赛艇、游泳等方面的成果，集成优秀的、成熟的合理技术为龙舟运动所用。

中国龙舟训练科研基地建设的实践有效促进了高校科技体制以及相关研究领域改革。基地实行开放、流动、竞争、联合的运行机制，促进了校内外、国内外的龙舟科研合作和学术交流，促进了龙舟相关人才的合理流动和优化组合，促进了龙舟与其他项目的交叉渗透和相关学科的融合、互补，对中国龙舟科研体制改革具有巨大的推动作用。

东北电力大学为科研基地的发展提供了良好的条件，学科配套，交叉合作，科学研究与人才培养有机结合，并有良好的学校后勤保障等。龙舟训练科研基地的建立也为东北电力大学的发展增添了生机和活力，使学校的研究领域在横向、纵向都得到了发展，并且使资源利用更合理、更有效，大大增强了学校科研的总体实力，对学校和社会的推动功能和辅助功能日趋显著。

五、龙舟训练科研基地建设与发展

在学术建设中，重点加大对科研基地的投入。龙舟是东北电力大学在体育建设方面的重点项目，科研基地采取杰出者优先的原则，在龙舟科研基地的建设上加大支持力度，加大资金、设施、人力等的投入，并定期进行评估，优秀者重奖，对拔尖的、重要的、有发展的龙舟科研项目加大投入。在长期稳定支持下，基地力争尽快在国内外龙舟训练科研领域占有一席之地，努力建成国内外知名的龙舟训练科研基地。

坚持以人为本的理念，创造有利于创新的科学研究环境，根据用好现有人才、留住关键人才、引进急需和顶尖人才、储备未来人才的原则，培养、吸收、凝聚国内外优秀龙舟专业人才，全方位、多层次加强科研队伍建设；创造有利于优秀人才脱颖而出、有利于创新的良好环境和条件；加快建立新的用人机制和激励机制，形成人才合理有效的流动，不断优化队伍结构，进一步完善人事制度，建立固定与流动人员相结合的人事体制。

重视管理机制创新，坚持开放、流动、联合、竞争的运行机制，打破封闭。加速与国际接轨，吸收国外先进的科研方法及运行机制，充分发挥科研人员的积极性，让人尽其才，才尽所用。在学科发展上加强综合集成，多学科相互渗透，不仅在校内龙舟科研课题与其他学科进行联合，在单位与人员之间也加强联合，而且要进行跨地区、跨部门、跨阶层乃至国际合作，参与国际、国内的龙舟科研建设，力争在国内外龙舟科研领域占有一席之地。

加强对科研基地的管理，建设科学的内部管理体制。龙舟训练科研基地在国家体育总局社体中心、中国龙舟协会、学校的领导下，以国内外优秀科研基地为样板，建设完善的内部管理体制，管理模式与国际接轨。

逐步建立以龙舟科研基地为核心的交叉综合性新型科研体系。优化龙舟基础研究结构体制，以龙舟科研为核心，形成多功能水平项目科研基地，结合学校其他学科的研究优势，在龙舟科研核心的基础上，形成具有多功能水平项目的科研能力的综合性新型的科研体系。

创造宽松环境，加强对创新研究的支持和鼓励，特别是现阶段中国龙舟乃至世界龙舟还没有形成一套完整的技术体系、训练模式、科研基础研究体系。有些方面还是空白，有些实践中多是采用其他先进项目的基础科学研究。龙舟各方面都有待于研究与创新，所以要鼓励十年磨一剑、敢为天下先的科学献身精神，加强对原始创新研究的支持和鼓励，为从事基础研究的工作人员创造宽松环境。

六、发挥高校优势，科学地开展基地工作

（一）立足现有资源，依据优势学科，瞄准学术发展潮流，以特色求发展

科研基地开展科研工作是一项积累与创新的事业，必须有充足的、连续性的人力资源和物力资源保障，既要遵循高等教育规律，又要遵循学术规律。因此，龙舟科研立足现有基础资源，建有功能完善的力量训练与龙舟划水训练馆、两个龙舟训练基地、一个龙舟运动训练竞技场、科研工作的专门机构、专（兼）职技术人员，拥有逐步完备的科研设施和一支在高校水平领先、在国内位于前列的高水平龙舟运动队。基地依托流体力学实验室、力学实验室、运动生理实验室、体育科研所等加强学科建设，从中国龙舟竞技水平的实际

出发；解决急需解决的问题，以基本技术与训练等基础研究为重点，摒弃盲目超前，求大求全求新的心态，扬长避短，要瞄准龙舟学术发展潮流，以具有前瞻性、创造性和国际先进水平的重大科研项目作为发展方向。基地以整合民间传统龙舟技术，借鉴其他水上划船运动技术，结合中国人身体素质与技能特点研究探索出科学的实效的龙舟技术，以及训练体系，理论联系实际，加强学科建设，严格规范管理，努力建设高水平的龙舟科研基地。

（二）以人才为中心，抓好科研团队建设，提高科研团队的科研攻关力和凝聚力

科研团队是基地建设与发展所依据的基本力量，东北电力大学在龙舟基础建设上以人才中心，抓好科研团队建设，提高科研团队的竞争力和凝聚力。根据学校的实际情况和工作需要，自基地建立以来，其和谐、自强、奋进、创新的学术理念，一方面使学校的相关学科的人才被吸收到科研基地，另一方面其他省市院校的运动科研人员、龙舟专业人才也加入其中。基础研究人员现有专职的技术人员 6 人。其中，流体力学和人体运动科学教授 2 人，运动医学教授 1 人，教练员 3 人，兼职人员有国家体育科研所 2 人（其中运动训练研究人员 1 人，运动医学研究人员 1 人），其他省市专业龙舟教练员 3 人等，其中大部分拥有博士与硕士学位。在此基础上，学校近几年还要引进专职的高水平科研人员若干名，打造一支以中青年博士、教授为主，充满生机与活力的科研团队。

（三）以重大科研项目、基础科研项目为纽带，拉动科研基地的发展，实现项目成果人才培养的良好互动

项目与基地建设相辅相成，基地建设与发展的步伐离不开重大科研项目和基础科研项目支持，基地建设为进一步争取重大项目提供条件，是基地科研工作的核心和主体，是经费的主要来源。在 2016 年第五届亚洲沙滩运动会龙舟比赛中，我国龙舟赛的成绩极不理想，表现出技术与训练包括选材等各方面的不足。龙舟技术与训练的科学化的研究是近两年基地研究项目的重中之重，在此过程中还要有计划、有步骤地加强龙舟人才培养，增强横向和纵

向交流，吸引、凝聚、培养和锻炼一批优秀的科研人员，形成较强综合研究能力，龙舟科研基地科研人员和教练员近五年完成省级以上相关科研项目 5 项，发表相关科研论文 10 余篇，今后还会开展更多、更重要的科研项目。

（四）探索多元化的科研资源渠道，优化科研资源配置，注重学术交流，建设开放式科研基地

现阶段从事龙舟的群体有具有丰富经验的、拥有传统龙舟技术的农民龙舟运动组织；有竞技水平在全国名列前茅、具有完善的运动训练相关理论基础，但实践经验较少的高校龙舟运动组织；还有具有良好身体素质以及丰富水上训练经验的专业皮划艇和赛艇运动员，这是当前中国龙舟的主要力量。其各有优点与特色，但缺点与不足也很明显，应把几方面结合起来，注重交叉融合，广泛吸纳各中资源和力量，通过科研重组探索多元化的资源渠道，形成科学完善的技术和龙舟科研体系，在研究过程中组建跨学科、跨学校、跨区域的科研力量，采取“走出去，请进来”的人才交流方式，形成多学科综合、多种技术集成能力较强的科研联合体。取得的成果实行开放、共享的原则，促进各地龙舟水平的发展，进而提高中国龙舟运动整体水平。

七、发挥科研和人才优势，全面服务中国竞技龙舟发展

东北电力大学依托学校多学科资源，发挥科研和人才优势，与时俱进，开拓创新，踏实工作，不断创造出具有重大龙舟理论价值和应用价值的学术成果。

科研基地虽有东北电力大学龙舟队为实践研究对象，但其研究的水平和范围有限，缺少完整的训练和比赛的实践经验和科研成果的实施。全国许多高水平的龙舟队有大量实践性、针对性、紧迫性的科研课题急需解决，但缺乏专业科研人员，致使许多有价值的研究资源闲置或浪费。如果把两者结合起来，就会有很强的互补性，特别是现阶段中国传统龙舟技术遇到了发展瓶颈，训练不科学等问题急需解决。继续借鉴传统龙舟，结合现代科学研究方法、研究成果服务于运动队，就能获得双赢的效果。

通过科研人员的工作，能使更多学科的知识有效汇集到教练员那里，使教练员能够更准确地把握整个训练过程的科学性，并结合龙舟训练技术的传统经验，使龙舟技术与训练在结合实践经验基础上更科学、更合理。经过基础的培训，各队（包括国家队）配备科研教练。在龙舟技术训练中，科研教练起到指导和监控训练过程的作用，通过对运动员全面的身体机能专项测试，为队伍选材、桨位搭配、训练重点等方面提供科学依据，为运动员的医务监督、伤病处理、营养与恢复等提供保障。

第六章

高校龙舟运动的效应分析

第一节　龙舟运动对高校文化建设的价值引导功能

学校教育传递文化知识，也是民族传统文化传承的主要途径，同时对提升民族个体对本民族文化传统的认知具有重要作用。高等学校的民族传统文化传承，是传统文化全球化和多元化发展的必然趋势，是促进传统龙舟运动的传承和龙舟运动发展的必然选择。高校开展传统龙舟运动的目标，主要是让大学生在了解和掌握传统龙舟运动文化成果的同时，形成对传统龙舟运动与历史的认同感，从而继承和发扬优秀的传统龙舟运动精神。传承传统龙舟运动特有的传统文化，不仅是中华民族传统龙舟运动生存和发展的需要，也是整个人类共同的财富，正所谓“民族的才是世界的”。

高校教育带有双重性质：一是通过学校教育使大学生融入现代化的主流社会，享受现代化的成果，从而实现传统文化与现代文化的融合；二是保留和传承包括传统龙舟运动本身在内的优秀文化，使大学生获得回归本土社会所必需的知识和技能。然而，高校一般传授的是主流文化内容，而使得具有浓郁特色的传统龙舟运动相对处于边缘地位。体育课程内容远离学生的实际生活经验，没有反映传统运动的地域性、民族性，造成了大学生与传统龙舟运动的“文化中断”，这不仅使得大学生无法通过学校体育课深化对民族传统龙舟运动的群体认识，而且也是造成大学生对传统龙舟运动不感兴趣的原因之一。要传承和保护龙舟文化，就必须扭转高校忽视传统龙舟运动的现状，使高校体育教育建立在校园文化基础之上，满足在校大学生对于传统龙舟运动了解、参与的需求。

高校通过校园文化建设，能更好地体现龙舟文化的传承与发展。校园文化是学校文化的主体部分，最能体现学校文化的特征，高校校园文化作为一种特殊的文化，对学生起着教育引导、规范行为等作用。高校彰显传统文化，是高校校园文化建设的亮点内容之一，也是民族传统文化的内在作用的体现。

传统龙舟运动传承具有强大的教育功能，龙舟文化传承过程实际上就是一种教育过程。但在这个传承过程中受到社会发展的影响，传统龙舟运动的传承面临着许多困境。

一、高校文化传承的困境

（一）传统龙舟运动的消亡趋势

随着经济的飞速发展，我国的传统龙舟运动面临被国际竞技龙舟运动“同化”和“湮没”的危机。传统龙舟运动的逐渐削弱，直接影响龙舟文化的传承。作为具有民族特色的传统体育运动，我国传统龙舟运动比较有影响的地区有很多，但常年参与人数在 10 万以上的只有广东省，其余地区的传统龙舟运动常年参与人数在 1 万以下。近 20 年来，那些没有强大经济基础支撑地区的传统龙舟运动加速消失。传统龙舟运动不但失去了社会交际的功能，甚至是民俗内在的交际功能也已弱化，直接影响传统龙舟运动的传承。

（二）高校文化的单一性

目前，我国对民族文化的传承日益重视，但一些学校尚未制定促进民族文化传承的相关措施和要求，没有把传承民族的文化内容合理地列入教育范畴，民族文化在这些学校教育体系中还没有得到相应的认可。虽然我国少数民族自治地区办学有一定的自主权利，但由于高考制度中没有相应要求，因此少数民族文化的传承事实上很难被纳入正规的学校教育体系中。高校本身也很少自觉地把传承多元的民族文化的教育内容作为学校的主线工作任务，在保持民族的特色方面显得相对薄弱。

（三）高校龙舟运动人才缺乏

有的高校体育教师往往对传承传统龙舟文化的重要性认识不足，不能在教育教学过程中自觉、有目的、有意识地在课堂教学中激发学生对传统龙舟文化的兴趣，也不能围绕龙舟展开丰富多彩的教育活动。这样，大学生很能难通过教育者获得对传统龙舟文化传承的正确态度和知识。由于体育教师所学的专项和领域不一定是民族传统体育，其在教学过程中对龙舟文化的传授能力会有所欠缺。教师对传统龙舟文化传授能力和态度，决定了教学效果的好坏。在高校教师队伍中，有独特民族文化技能技巧的人才和民族文化精英更是难找，也使得高校的民族文化传承出现了困境，有力不从心的感觉。

二、校园文化对传承传统龙舟运动的作用

校园文化是一所学校赖以生存和发展的灵魂和根基，也是一所学校可持续发展的精神动力。校园文化是学校的一种“教育场”，它不仅能陶冶师生的情操和规范师生的行为，而且能够激发全校师生对学校目标、准则的认同感和作为学校一员的使命感、归属感，形成强烈的向心力、凝聚力和群体意识，同时，还能对学生起到潜移默化的教育作用。校园文化是一个学校的活力与灵魂，不同的校园文化会塑造和培养出不同个性特征的学生。高校要建设具有民族特色的校园文化，具有浓郁的多元民族特色的校园文化，会产生一种浓烈持久的精神氛围。置身于这种多元民族文化精神氛围中的师生就会自觉或不自觉地受到不同程度的潜移默化的影响，使高校师生产生强烈的民族认同感、自豪感和荣誉感。校园文化大致可以分为三个方面，即物质文化、制度文化和精神文化。它具有示范、导向与凝聚、扬弃与创造、约束与熏陶、平衡与协调等多方面的功能。

校园文化作为社会文化的缩影，在学校有多种表现形态。加强高校的校园文化建设、创造良好的学校精神氛围对传承民族文化具有特殊功能。这种影响和教育，虽一时难以检测，但影响深远。因此，高校创设良好的具有民族特色的校园文化氛围是实现民族文化传承的关键。

三、高校文化建设的几点思考

大学生具有多元的民族文化背景，民族文化背景的差异是影响不同民族学生学习的重要因素。各种文化背景在一定程度上影响着各族学生对传统龙舟运动的态度以及看法。高校校园文化建设是一项系统工程，它需要对社会各界的力量进行整合从而形成社会的合力。

1. 高校文化建设要确立多元文化理念

当今世界文化格局多元并存，如何处理好外来文化与本土文化的关系，是世界各民族共同面临的问题。一种文化教育流派的形成，要经历一个极其漫长的历史发展阶段。正是基于某种文化，人们才有民族的认同感和归属感。一种民族文化的传承和发展，必须借助外来文化作为参照，以本民族文化为基础，同时吸纳外来文化的精华，这样才能使本土文化不断发展，更具有生命力。面对当前时代的变迁和现在社会多元文化的格局，我们必须对高校文化建设进行重新定位。高校校园文化建设既要追求民族文化的现代化，又要确立个性鲜明的民族文化主题。民族文化的现代化是民族文化传承的趋势。高校要生存和发展，要与时代的发展相一致，要与时俱进。教育要面向未来，首先要具有现代意识，在高校校园文化的建设上，既要继承优秀的民族传统文化，又要着力体现时代精神，吸纳补充先进文化的营养，构建校园新文化体系，用全新的多元的校园文化体系培养各民族学生。这样才能实现高校所肩负的双重任务，使大学生具有现代化的思想和符合社会发展的生存能力，同时保持本民族的传统文化特点，实现民族文化的自觉传承，这也是时代赋予高校的光荣而又艰巨的任务。

2. 高校校园文化建设要彰显民族特色

高校要把传统龙舟运动固有的民族特色作为高校校园文化建设的一个主要特点，因为它能够突出反映高校的校园文化精神实质，是高校的文化亮点、文化名片。高校的民族特色使高校卓尔不群，魅力独特。构建高校的校园文化的目的，就是用独具特色的民族文化特点打造学校品牌，营造自身特有的魅力，以其民族文化特色提升高校核心竞争力。高校的民族品牌和特点是高校的资源，是无形的资产。成功打造高校的品牌形象，不仅可以提高学校的品位，彰显学校个性和特色，而且还能扩大学校的知名度和美誉度。高校的生存与发展，不仅要看教学质量、科研水平、就业率等，更要看高校的内涵发展动力。校园文化是学校的灵魂，是学校发展的源泉，也是传承民族文化的主要途径。文化是隐性的，它必须通过各种载体来体现，并作用于人们的思想，起到教育和传承的作用。校园文化亦是如此。高校要有效地利用各种载体，推进高校的校园文化的建设，形成自己的办学特色和学校品牌。如以校训校风为载体，形成学校精神文化；以环境建设为载体，营造学校环境；以制度建设为载体，形成学校制度文化；以各项活动为载体，丰富校园文化生活；以课题研究为载体，提升校园文化品位等。通过学校各项的活动，让全体师生了解少数民族文化，尊重少数民族文化，在高校形成各民族彼此互相尊重、相互了解、和睦相处的文化氛围，进而推动高校的各项工作健康持续发展。

3. 高校文化建设要挖掘传统龙舟文化内涵

中国民族文化是各民族群众在社会历史发展过程中创造的并经世代传承的文明成果，是各族人民千百年来在社会生产、生活实践中创造并形成的传统的物质生活、社会生活和精神生活领域内的所有文化事项，不同民族的文化是其自身生产方式和生活方式的具体体现。因此，民族文化的内涵是丰富多彩的，范围也是十分广泛的，表现形式更是多种多样的。高校在校园文化建设过程要挖掘民族文化精神内涵，江泽民同志在纪念建党八十周年的大会上指出，“发展社会主义文化，必须继承和发扬一切优秀的文化”[①]，民族优秀文化传统是先进文化的重要历史渊源，各民族优秀文化都是博大精深的。一个民族的优秀文化凝聚了该民族世世代代的创造和智慧，是该民族赖以生存和延续的精神力量。一个民族的发展和复兴，离不开对优秀文化的继承。高校应根据不同的民族特点挖掘优秀传统文化的精神内涵，并继承和发展民族传统文化。校园文化建设要体现其高校所属地域的民族特色。总之，高校在传承民族文化中要挖掘民族文化最有生命力的文化精神。正如恩格斯所说，在一种方法的背后，如果没有一种生机勃勃的精神，到头来只不过是一堆笨拙的自然工具而已。正是从这点来讲，高校管理必须重视校园文化对民族文化传承的作用。

① 光明网：增强先进文化感召力. http://www.cctv.com/specials/80zhounian/web/sanji8.html（2001-08-11）.

第二节 高校对龙舟运动发展的推动作用

随着龙舟运动不断地发展，龙舟运动不仅在竞赛方面开展得越来越广泛，而且引发了学术界、理论界的广泛研究。专家、学者纷纷从龙舟运动的历史与现实所涉及的各个角度对龙舟运动进行深入的研究，探索其内在的精神和文化内涵。细数这些研究成果不难发现，高校是其诞生的主要来源，是龙舟运动科学研究的主阵地。高校体育龙舟教练和体育科研人员，在自身的教学、训练、竞赛中不断进行科学研究和探索，在继承了前人经验的基础上，结合科学的训练方法，在运动生理学、运动生物力学、流体力学、材料学等方面，对运动员、技战术、场地、器材等进行了深入的研究，形成了独特的训练方法、新的龙舟发展理念，使龙舟运动的开展也更加专业化。这些丰硕成果的取得，有力地推动了龙舟运动研究的深入开展，促进了龙舟运动的科学发展，为我们传承龙舟运动指引了方向和力量。

中国龙舟运动的全面发展需要每一个环节积极配合，高校龙舟运动是其中的重要组成部分，高校的先进性、科研性是推动龙舟运动发展的重要动力，高校对龙舟文化的传承与研究是龙舟运动发展的灵魂。龙舟运动在保留民族文化特点的同时已经快速向正规化、科学化、国际化转变，龙舟运动要成为有鲜明文化特色和现代体育特点的国际化运动项目，必须依靠高校对龙舟的科学研究，发挥高校的优势，促进龙舟文化的发展。

1. 开展高校龙舟运动可以加速龙舟文化普及

龙舟运动是传统体育项目，其发展已经2000余年，具有突出的群众性特征，得到了社会的普遍关注。龙舟运动以龙舟文化作为依托，文化发展源远流长，龙舟运动经久不衰。自改革开放以来，我国的教育事业飞速发展，龙舟文化得到传承。很多高校开设了龙舟基础课程，为学生介绍了丰富的龙舟知识，使学生更好地认识了龙舟运动，激发了学生对龙舟运动的自主参与兴趣。除了基础的龙舟知识之外，学校还介绍了竞渡知识，深化了学生对龙舟运动的了解，收到了较好的舆论宣传效果。一些高校组建了自己的龙舟运动队，并与其他学校开展了龙舟竞渡比赛等，推动了龙舟文化的进一步发展。高校运动员主要由大学生组成，这些大学生在课余时间参与龙舟训练，为学校争得许多荣誉，发挥了龙舟文化的重要的教育功能。

2. 开展高校龙舟运动可以保障文化传承

高校的龙舟运动飞速发展起来，龙舟文化成为高校研究的重点，国家教育部门联合大学生体育协会，实现了学校和学校之间的整合。21 世纪初，龙舟比赛协会（以下简称“协会”）建立，致力于各个高校龙舟竞赛的开展、龙舟活动的组织等，深化了学生之间的情谊，密切了学生之间的交流。自协会建成以来，统一化的竞赛规则得以形成，龙舟竞赛的形式得到丰富，龙舟竞赛的类别得到发展，龙舟比赛的资格、人数等得到确认。协会定期开展大学生龙舟邀请赛，开展具有国际意义的龙舟竞赛，为龙舟活动的开展奠定了坚实的基础，赋予了学生运动锻炼的机会。国外很多学校也组建了自己的龙舟队伍，参与到比赛中来。国际友人在比赛中取得了较好的成绩，足见龙舟文化的普及之广。随着时代的不断发展，龙舟运动已经成为高校学生喜爱的健身项目之一，并且正在朝着世界化、现代化的方向发展。国内外比赛为龙舟文化传承提供了前提条件，拓宽了龙舟文化的新内涵。

要使龙舟文化历经岁月考验，经久不息，不断发展，传承上必须做到两个方面：一方面，无论任何时期龙舟文化都要体现出它的历史内涵，警示、教育后人要时刻高扬以爱国主义为核心的民族精神旗帜，永远保持它在中国非物质文化遗产中的璀璨光芒；另一方面，无论任何时期龙舟文化都要反映文化的时代脉搏，体现龙舟文化所具有的时代内涵，在坚持中发展、在继承中创新，时刻体现当代中国人以改革创新为核心的时代精神风貌。高校高素质的龙舟教练员队伍无疑能够更好地担当这一历史使命。在传授龙舟文化的过程中，他们既能较好地解读龙舟文化的传统底蕴，又能把龙舟文化与当代中国社会主义先进文化进行有效的融合，从龙舟运动的历史与现实所涉及的各个角度，以不同的视野对龙舟传统文化进行深入的分析，深层次发掘龙舟运动的文化内涵和精髓。高校对龙舟运动研究的成果，必将成为龙舟文化在传承与发展道路上的宝贵经验。

3. 开展高校龙舟运动可以增强文化意识

高校是培养人才的重地，也是文化传承的重要教育力量。高校是文化传承的动员者，教师是文化传承的引导者，学生是文化的继承者和创新者。在高校、教师和学生的共同努力下，中华民族传统文化在高校获得了高速发展。民族节日是传统文化的重要组成部分，记录了我国的文化历史，体现了古人的智慧，是民族精神的自我展现。为了增强人们的向心力和凝聚力，各个地区更加重视传统文化的传承，纷纷加大了对传统民族节日的宣传力度，加速了民族节日文化的普及。社会实践活动是提升学生文化责任感、引导学生传承民族优良传统的有效手段。端午节是最重要的民族节日之一，是为纪念我国爱国诗人屈原而形成的节日。在节日当天，要开展多项祭祀活动，表达对大诗人屈原的追思。高校在宣传民族节日的同时，开展具有民族文化气息的活动，如赛龙舟等，可以让学生参与到文化实践活动中来，扩展学生的文化视野，激发学生的文化参与兴趣，使学生认识到民族文化的魅力，掌握龙舟文化的内涵，不断提升个人的责任意识。

4. 开展高校龙舟运动可以提供文化平台

高校的教育资源比较丰富，教学手段相对多元，学校可以利用丰富的教育资源开展教学，通过开设龙舟实践课程来发挥育人功能，使学生认识到龙舟文化的重要价值。高校龙舟运动是龙舟推广的重要路径，可以使学生更好地感受龙舟文化。当前我国很多学校开展了龙舟课程，对基础龙舟知识进行教学，包括龙舟的发展历史、龙舟的文化传统、世界龙舟运动的开展状况、重要的龙舟运动技术等。例如，东北电力大学率先在高校体育课中对学生开设了龙舟课程，让学生能参与并体验到龙舟运动的乐趣，课程开设以来，受到广大学生的普遍欢迎，越来越多的学生走进课堂，走近龙舟文化。龙舟运动彰显了积极进取的精神，龙舟精神逐渐成为学校建设的精神支柱。事实证明，龙舟运动对促进学校发展有着至关重要的作用，可以优化学校建设，发展学校文化，将龙舟文化和校园文化紧密结合。高校龙舟运动的推广对学生的道德品质培养同样产生影响，因为龙舟运动是集体性活动，学生需要合力完成比赛项目。通过参与龙舟运动，学生的团队协作能力可明显增强，合作互助能力也可显著提升。

5. 开展高校龙舟运动可以丰富文化内蕴

高校是人才培养的重镇，为社会发展提供了持续不断的智力支持。高校汇聚了专业化的、高素质的人才，这些人才成为开展龙舟运动的主力军。高素质的教练员队伍，推动了龙舟文化的纵深发展，为各类体育项目的开展储备了大量人力资源。高校开展龙舟运动能够为其培养优秀的教练员队伍，这些教练员大多经过专业的学习、训练和培训，具有深厚的理论功底和丰富的管理经验。同时，由于他们具有高水平的科学文化素养，能够在训练和比赛中及时地发现问题和不足，并在以后的日常训练中逐步加以改正和提高，因此，相对于民间的龙舟参与者，他们能够更深层次地解读龙舟文化的现代意义。这些教练员具备较高的专业素养，在指导过程中很容易发现学生身上的问题，指出学生身上的不足，提出引导学生进步的举措。学生在教练员的指导下，可以更加深入地了解龙舟运动，改正自己的训练方式，找到适合自己的训练技巧，更深层次地解读龙舟文化。要想推动龙舟文化的发展创新，必须做到以下两点：第一，要不断丰富龙舟文化的内蕴，发挥龙舟文化的警示作用和教育作用，引导学生高举爱国主义伟大旗帜，将龙舟文化内化为个体文化知识结构中的重要组成部分；第二，要反映时代精神，将时代精神和龙舟文化紧密结合，实现龙舟文化的继承发展和创新，体现当代学生的精神风貌。当前我国不少高校组建了专业的教练员队伍和运动员队伍，担任起了龙舟文化发展的重任，将龙舟文化和我国的社会主义先进文化紧密融合，实现了龙舟文化的创新。

高校是文化传承的重要角色。这里有民族文化传承的引导者，也有民族文化的继承者，使得中华文化能够代代流传，经久不衰。传统节日是传承民族文化的重要载体，是传承民族精神的重要形式，承载的是民族精神的历史积淀，是民族精神风貌的自我展现和自然流露。社会实践活动是学生体验和实践民族优良传统、了解和继承民族传统文化的重要方式。高校通过端午节这一传统节日，组织开展各种形式的富有浓郁民族文化气息的活动如包粽子、赛龙舟等传统节庆活动和仪式教育，让学生参与到实践中来，能够拓宽学生的视野，培养兴趣，使其感受民族传统文化的魅力，同时能够加深学生继承龙舟文化内涵的责任意识。学校有丰富的教育资源，开展龙舟运动的学校可利用已有的资源，对学生开设龙舟实践课程，利用自身优势，充分发挥龙舟运动的育人功能。所以，高校龙舟运动是我国龙舟推广过程中的一个重要环节，它为龙舟运动的发展提供了可能性和更广阔的空间，也为学生提供了感受龙舟文化的平台和机会。在龙舟运动的发展过程中，经过了众多高校龙舟人的摸索总结，形成了比较完善的理论基础，并以理论来指导龙舟实践的发展，而在龙舟运动不断发展的实践中，又逐渐总结出新的理论经验。龙舟运动已经进入了“理论→实践→理论”的良性循环发展，高校是其繁荣发展的主要阵地。实践已经证明，在高校开展龙舟运动是有着积极作用的，高校龙舟推广对弘扬龙舟精神、传承中国传统文化有着潜移默化的作用。龙舟项目是一个集体的项目，需要许多人合作来完成，这对培养大学生的集体主义、合作互助的观念有着积极的作用。在高校中开展龙舟运动，是传承龙舟文化的一个重要发展方向和趋势。

第三节　高校开展龙舟运动的SWOT分析

一、优势分析

本节通过对我国高校龙舟运动项目管理人员、专家、裁判员、运动员和教练员进行问卷调查，在对回收的调查问卷的信效度进行验证后，再通过SPSS软件对所获取的问卷数据进行处理，进一步得出各影响因素的均值及标准差（表6-1）。

表6-1　高校开展龙舟运动的优势因素的相关数据（n=20）

排序	优势	M	SD
1	政府对高校开展龙舟运动的支持	4.441	0.7362
2	高校政策导向支持	4.201	0.7908
3	群众基础雄厚	4.125	0.8896

续表

排序	优势	*M*	*SD*
4	开展运动魅力独特	4.021	0.7685
5	拥有深厚的文化传统底蕴	3.885	0.9802
6	赛事的举办具有多重效益	3.766	0.8702

1. 政府对高校龙舟运动发展的大力支持

我国综合国力不断提升，特别是改革开放以来人民的生活发生了翻天覆地的变化，人们追求美好生活的需求越来越高，在物质丰富的生活条件下，越来越多的人开始追求更加健康、有文化的生活方式，政府在文化建设方面的投入力度不断加大，以满足人们对文化和娱乐享受的追求。所以，龙舟赛事这项有着良好观赏性、文化内涵和群众基础的传统项目得到广泛的推广，在推广中政府对高校这个特殊群体给予了很高的期望，大力支持高校开展龙舟运动。而且，随着我国的国际地位不断提升，拓广了与世界沟通的范围，国际交流越来越多，很多的外国友人渴望了解中国和学习中国的文化，外国留学生通过高校就能够了解到我国的龙舟文化。龙舟运动拥有几千年的深厚文化底蕴，以它作为窗口、平台向世界宣传中国传统文化，让中国文化走向世界。中国拥有几千年的文明史，到现在还没有一项真正的本土项目被列为奥运会的正式比赛项目，龙舟项目作为较为符合奥运会文化要求的中国传统项目，已经被国家有关部门重视。龙舟申奥需要科学合理的分析和论证，这更需要高校龙舟人参与其中。龙舟运动也在这一背景下，得到政府的大力支持，国家体育总局社会体育指导中心专门成立龙舟工作部门，组织和规划龙舟竞赛；地方政府体育局纷纷成立龙舟协会，各级政府积极拨款搭建、完善龙舟运动竞赛场地、设施，积极承办各级各类的龙舟赛事，2011～2019 年，全国就举办了 50 多场中华龙舟大赛、中国龙舟公开赛等，极大地推动了龙舟运动的蓬勃发展。很多城市和地区政府与高校联合组建龙舟队，参加全国性比赛，为当地和高校龙舟运动发展提供帮助与支持；在高校系统内，教育部体卫艺司设立自主招收高水平龙舟运动员的高校，而且给予了很大的招生政策优惠和相关指导，为高校龙舟运动的发展提供强有力的支持。

2. 高校政策导向支持

目前，很多开展龙舟运动的高校在龙舟发展方面给予了一定的政策支持，如招收龙舟运动特长的学生时给予一定的优惠政策，针对龙舟竞技水平较高的学生运动员提供保送本校研究生的机会，给龙舟优秀运动员发放生活补贴、奖励，为优秀龙舟运动员毕业生推荐工作等，通过各种有利政策支持形式为教练员、运动员正常开展训练、参加比赛提供有力的保障条件。有部分高校正在考虑和计划建设龙舟学院，有的学校为龙舟运动成立专门的竞训部，有些学校开设龙舟专项课程等，为高校龙舟发展提供专门的机构，提供更全面的支持政策。

3. 群众基础雄厚

龙舟运动以龙舟竞技比赛为主要开展形式，在我国的广西、广东、湖南、福建、四川、云南、陕西、贵州、湖北、天津、北京、东北等地广泛开展。目前，全国呈现“四大龙”的格局：以湖北、湖南等长江流域为代表的“长江龙”，以甘肃、宁夏、内蒙古等黄河流域为代表的“黄河龙”，以珠江三角洲地区为代表的“珠江龙”和以北京、天津等地为代表的“京杭运河龙”。“四大龙”的布局贯穿祖国大江南北，形成了一张龙舟网，而龙舟运动就是其中的一条条纽带，将祖国各地的龙舟爱好者们联系在一起，形成了一个巨大的龙舟群体，更带动了广大群众对龙舟的热爱与关注。各地中华儿女以龙的传人自居，传承着中华民族千百年来团结进取、拼搏向上的精神。

4. 龙舟运动魅力独特

龙舟运动因自身厚重的文化、历史和精彩绝伦的观赏性而深受广大人民群众喜爱，每逢举办龙舟比赛时，各地纷纷组织丰富多彩的活动，男女老幼相继上街参与、观看活动，活动现场人山人海，场面宏大。2011 年中华龙舟大赛开始举办，CCTV-5 和中视体育公司与国家体育总局签约，由中国龙舟协会牵头组织比赛，对这场国内级别最高、规模最大的龙舟比赛进行现场直播。国家媒体平台的收视率数据显示，收看龙舟赛事直播的观众特别多，甚至有多场龙舟赛事的收视率超过了曾经同时段的 NBA 赛事的收视率。

当今社会娱乐文化生活丰富多彩，广大群众休闲娱乐的方式五花八门，人们将观赏龙舟比赛作为娱乐方式之一，这是传统龙舟文化本身的魅力所在，也是竞技龙舟运动鲜明特色的体现。龙舟的观赏性赢得了广大观众的认可和推崇，奠定了龙舟运动快速发展的坚实基础。有记者采访龙舟观众时，反响最为强烈的是比赛的观赏体会，龙舟运动每组 6 支队伍齐发，在桨的整齐划动下像真龙出水般震撼，龙舟你追我赶，不时听到整齐有力的龙舟号子，让人感觉身在其中，不由得跟着节奏晃动，再伴随着现场观众震耳欲聋的欢呼呐喊声，能让人很快投入比赛中，从而舒缓压力，很多观众期待能到现场感受比赛气氛。所以，龙舟运动既拥有竞技体育的刺激性，又有传统文化的观赏性，它独特的魅力是其蓬勃发展的原动力。

5. 拥有深厚的文化传统底蕴

具有悠久文化底蕴的龙舟竞渡，在几千年的历史长河中，饱经风雨、历经坎坷，并最终延续至今，逐渐发展壮大起来，承载了太多的故事和期许。龙舟竞渡在过去是图腾时期的祭祀活动，在如今它是传承中国龙文化的使者。在龙舟穿梭过的历史河流里，一个代表性人物不得不提，他就是屈原，这位与龙舟运动有着紧密联系的爱国诗人的传奇故事也让古老的龙舟运动多了一份神秘的色彩。龙舟运动所彰显的团队合作精神又与中国传统文化中同心同力的集体主义精神不谋而合。承载着厚重历史、传承着文化精粹、展现着团结拼搏精神的龙舟运动有自信、有实力不断向前发展。

6. 赛事的举办具有多重效益

近几年，全国各地争相举办龙舟赛事，尤其目前国内级别最高的中华龙舟大赛，更是成为各地的宠儿。要举办这样一项赛事，基本的资金投入需要 1000 万元以上，但是各地相关部门的举办热情依然不减，这是为什么呢？原来，举办一项龙舟赛事会给当地带来诸多方面的效益。第一，龙舟赛事能够吸引众多的赞助商而获得丰厚的广告收入；第二，在进行龙舟赛事电视转播的过程中，也给举办地带来了不可估量的宣传效益，提升了举办城市的知名度，从而为当地的旅游业注入活力；第三，举办龙舟赛事也是促进当地龙舟竞技水平提高的有效手段，更是提升当地体育综合实力的催化剂；第四，举办龙舟赛事在一定程度上，丰富了当地群众的体育文化生活，响应了全民健身的号召；第五，传承着中华民族传统的团结、拼搏精神的龙舟运动，能够激励参与者和观赏者的斗志，陶冶他们的情操，为举办地的和谐文化建设注入活力。总之，龙舟赛事的举办会带来诸多方面的效益。而对于高校来说，开展龙舟运动在提升学校知名度、提高招生和就业质量、营造良好校园文化氛围等方面都会带来不同程度的收益。

二、劣势分析

1. 高校龙舟后备人才匮乏人员流失较严重

高校竞技比赛的人才构成多以本校普通学院学生、体育专业学生、单招高水平人员构成，学生最长的参与时间为四年，四年后队伍需要进行人员的新老交替。我国高校龙舟队存在的最大问题就是大学生流动性太大，不容易形成一支长期、稳定的专业化龙舟队，这也是高校龙舟队往往难以匹敌职业队的主要原因。

2. 整体竞技水平亟待提高

竞技水平是指运动员所具备的竞技能力在比赛中的表现。不同项目的运动员在比赛中表现出来的竞技水平存在不同的衡量标准，比赛结果的评价方法也不尽相同。按照运动训练学中的项群理论进行分析，龙舟运动按评定方法是可测量类，通过一定距离所需要时间的测量予以确定。运动员所具有的竞技能力及在比赛中的发挥状况，毫无疑问对运动成绩有着最重要的直接影响。虽然现阶段有个别高校龙舟水平较高，但整体水平一般。另外，高校龙舟队中的教练员的整体训练水平也有待提高，很多教练员以前并不是从事龙舟运动，为了比赛他们临时参与到龙舟教学和训练中，有的缺乏理论知识、安全意识和规范的教学能力，缺少专业的龙舟知识和执教经验，进而限制了高校龙舟运动队的进一步发展，同时，也会误导一部分龙舟运动员，从而产生不断累积和传递的恶性循环。因此，我国高校龙舟运动的整体竞技水平还需要进一步提高。

3. 高校龙舟队训练、比赛资金比较短缺

从不同实践过程来看，竞技体育由四个有机部分组成，包括运动员的选材、运动训练、运动竞赛和竞技体育管理。四个部分相互联系、相互促进，因此，要想让竞技项目正常发展，完成竞技体育的过程，四个有机部分缺一不可。高校龙舟项目的开展需要大量的资金，且需要长期稳定的资金来源，只靠高校单方面的经费投入是十分有限的，只有得到更多主体的资助，我国高校龙舟运动才能得到长期的发展。

4. 市场化程度有待提高

要推广和发展一个项目，必须要有一定的资金作为支持，篮球、足球运动是这样，龙舟运动当然也是这样。但是由于高校一直以来的重心是教学，与社会企业之间的联系要相对少一些，因此，高校龙舟运动在发展和推广过程中得到的社会赞助要比职业龙舟队少很多。目前，职业龙舟队中，像东莞麻涌队、广东顺德队、上海培生队、德力西电气队等队伍大多有社会企业冠名和赞助，这些龙舟队中的运动员年收入均在 20 万元以上，队伍发展和宣传力度很强。而高校龙舟队在这方面却很欠缺，目前仅有淮海工学院龙舟队等几支队伍得到了社会企业的赞助，其他队伍大多靠学校自给自足。因此，我国高校龙舟运动的市场化程度并不高，亟须加强。

三、机遇分析

1. 国家更加重视端午节的影响力和龙舟文化的传播效应

随着我国综合国力和人们生活水平的不断提高，国家对传统文化传播的关注度也不断提高，而端午节和龙舟运动作为中国的传统文化，承载着中国的历史和文明，是发扬传统文化的重要途径。此外，随着生活水平的不断提高，人们对端午节的娱乐性、龙舟赛事的观赏性等需求也相应增加。因此，国家相继出台了一系列的政策法规，以促进龙舟运动的推广和龙舟文化的宣传及传播。

2. 竞技龙舟推广平台逐步扩大

随着计算机网络信息平台的建立，竞技龙舟项目的推广平台也随之扩大，国家利用电视、广播等平台展示民族文化并推广龙舟运动，如通过 CCFV-5 电视直播来展示和宣传龙舟竞赛，以提高我国竞技龙舟项目的社会化程度。另外，也可以利用学校的力量更多地举办校际龙舟比赛，以加强各高校龙舟队之间的交流。

3. 经济持续快速发展人们的休闲意识逐步提升

随着改革开放的深入，人们的生活水平有了很大的提升，自 1995 年 5 月开始，我国开始实行每周 5 天工作制，1999 年 9 月开始实现了 3 个长假日，这些都标志着人们的空余时间越来越多，人们的休闲意识也不断提高。在满足温饱之后，人们开始追求更高层次的精神娱乐享受，观赏高水平的竞技比赛已经成为人们度过空余时间的重要内容。人们观看高水平体育比赛不仅可以感受生命的力量，而且可以得到美的享受。这也为龙舟运动的发展带来了机遇。

四、威胁分析

1. 自然地理条件的恶化

随着经济的快速发展，一些地区为了追求经济利益而不断开发自然资源，从而严重破坏了自然地理环境，导致水域面积缩小，自然水域水质下降。龙舟运动需要在开阔的水域范围和良好的水质条件下进行，近些年国家十分重视生态文明建设，环境问题有所改善，但彻底改善是个长期的过程。总之，自然环境条件的恶化影响水上项目的开展。

2. 城市化进程所引发的传统龙舟竞渡的传承危机

传统龙舟竞赛作为非物质文化遗产，在城市化的进程中，却没有得到足够的保护。一些国人开始热衷于过西方节日，像端午节这样的中国传统节日在一些人的日常生活中日渐式微，作为端午节标志的龙舟运动也慢慢淡出一些年轻人的视野。近些年，国家逐渐重视传统节日，这种趋势有所控制，但彻底扭转仍然需要很长的进程。

3. 其他相似水上划桨运动项目的竞争

水上项目指的是运动员在水上所从事的运动项目，主要包括游泳、跳水、赛艇、皮划艇、水球等。与龙舟运动相似的水上划桨项目有赛艇、皮划艇，这些项目已经成为奥运项目，在世界范围内具备了一定的影响力。至于龙舟运动，其作为中国的传统项目，只在亚洲有较大的影响，在全球其他地区还是一项较陌生的运动项目。可见，龙舟要与其他相似的水上划桨运动项目进行抗衡的话，还需要先增强自身的竞争力。

五、SWOT 分析

通过以上的深入研究，对我国高校龙舟运动发展中存在的优势、不足、机遇和挑战有了较为清晰的认识，构造出我国高校龙舟运动发展现状的 SWOT 表（表 6-2）。

表 6-2 高校开展龙舟运动的 SWOT 表

环境		具体内容
内部环境	优势（S）	政府对高校龙舟运动发展的大力支持；竞赛体系日趋完善；群众基础逐渐雄厚；龙舟运动自身具有独特魅力；龙舟运动拥有深厚的文化底蕴；龙舟赛事的举办具有多重效益
	不足（W）	高校龙舟后备人才匮乏；高校龙舟运动员的整体竞技水平有待提高；高校龙舟队训练经费短缺；高校龙舟运动的市场化程度不高
外部环境	机遇（O）	国家进一步重视龙舟运动和龙舟文化的推广；高校龙舟运动的推广平台逐步扩大；经济水平快速发展，人们的休闲意识逐步提升
	挑战（T）	自然地理条件的恶化；城市化进程所引发的龙舟运动的传承危机；其他相似水上划桨运动项目的竞争

从表 6-2 可以看出，我国高校龙舟运动的发展在优势、劣势、机遇和挑战方面都存在不同的因素，但整体而言，优势和机遇都很明显，且很多优势因素（如具有悠久的历史文明）坚如磐石、影响深远，也有很多机遇因素（如国家进一步重视龙舟运动和龙舟文化的推广）的潜力巨大，一旦被挖掘出来，可为我国高校龙舟运动的发展带来源源不断的推动力。当然，表中也显示出，我国高校龙舟运动还存在诸多方面的不足和挑战，这为我们指明了将要努力

完善的方向。找准了病根，需要我们对症下药，以期迎来我国高校龙舟运动发展的灿烂明天。

我国高校龙舟运动当前发展形势良好，在专门的运动组织的协调和规范下，我国高校龙舟运动已经步入公平竞赛、规范开展的良性发展轨道，全国已有十所高校单独招收高水平龙舟运动员，高校龙舟运动后备人才稍有加强，各项龙舟竞赛也是如火如荼地开展着，部分高校龙舟队的竞技水平已经足以参加职业龙舟赛事。我国高校龙舟运动的发展还面临诸多挑战，还存在一些亟待解决的问题。比如，训练经费不足，训练条件差，训练方法不够科学，南北高校对于龙舟运动的认知度差异大，女性参与人员少，课程设置不尽完善等，这些问题依然制约着我国高校龙舟运动的进一步发展。若要除旧革新，迎来我国高校龙舟运动新的发展期，就必须解决以上问题，以让我国高校龙舟有一片更加浩瀚的水域可以尽情地遨游，进而为中国乃至世界龙舟运动的发展培养出更多、更高素质的专业人才。

第四节　高校龙舟运动的社会效益

一、高校龙舟运动的开展，推动了龙舟文化的普及

龙舟作为中华民族传统的体育项目，在民间开展已有 2000 多年的历史。自 20 世纪 90 年代以来，龙舟运动在全国各地高校蓬勃开展起来。一方面，高校通过开设龙舟基本课程，使更多的学生能够参与到龙舟运动中，加深了高校学生对龙舟竞渡知识的了解，进而促进了龙舟文化的宣传和普及；另一方面，高校组建专业的龙舟运动队。这些高校普遍分布在天津、上海、山东、广西、广东、吉林、辽宁等水资源丰富的地区，运动员全部是来自全国各地的在校大学生，他们利用课余时间，常年进行专业化的龙舟训练，经常代表学校和地区参加国际、国内的各项龙舟比赛，在为国家和学校争得荣誉的同时，也发挥了普及龙舟文化的作用和功能。

二、高校成立了完善的组织机构，保障了龙舟文化的传承

随着高校龙舟运动的蓬勃开展，龙舟文化的研究也成为高校相关学者日益重视的一个方面。为适应这一新的形势，由中国大学生体育协会牵头，其他各高校纷纷响应，中国大学生体育协会赛艇与龙舟分会于2004年10月17日在天津工业大学成立。其致力于全国各高校间的联系，积极开展龙舟运动的学术、竞赛和表演交流活动，增进全国大学生之间的友谊与交流，开拓大学生的视野和知识面，推动龙舟文化在我国高校的积极开展。自分会成立以来，规范了高校龙舟运动的发展，制定了统一的竞赛规则和一系列规章制度，对龙舟竞赛的形式、类别、组别、比赛航道及参赛运动员资格、人数、队服等提出了具体要求。分会还定期都举办全国大学生龙舟邀请赛，如在天津举办的“天津国际大学生龙舟邀请赛”、在澳门举办的“澳门国际大学生龙舟邀请赛”、每年一届的“全国大学生龙舟锦标赛”和“中华龙舟大赛高校组”等传统赛事。为高校龙舟运动的搭建了良好的平台，使一些有条件的高校积极参与到比赛中来，让龙舟运动逐渐成为高校大学生积极参加、喜闻乐见的体育健身项目，为龙舟文化的传承提供了有力的保障。

三、高校丰富的人脉底蕴，使龙舟文化薪火相传

文化的传承离不开丰厚的人力资源和有利的发展基础。龙舟文化作为中国传统文化，在新的历史时期的传承中，既需要我们时刻牢记它的历史内涵，又要着手基于时代价值的创新。只有这样，才能使龙舟文化薪火相传。

1. 高校积极引导，加深学生传承意识

高校是中华文化传承和发扬的重要阵地。高校对于中国传统文化的传承和发展，主要集中在对青年学生的引导上，教师是文化传承的引导者，学生是继承者。只有做到积极引导青年学生，使其对传统文化了解并产生浓厚的兴趣，并真正成为传承和发扬的主力军，才能使中华传统文化能够世代相传。高校开展龙舟运动的初心和使命就是为了让我国的传统龙舟文化源远流长，在引导学生参与龙舟活动过程中，逐渐培养学生的自主意识，引导学生把龙

舟当成兴趣爱好，使学生积极主动参与其中，通过成立龙舟社团、组建龙舟队伍、定期开展与龙舟有关的主题活动，形成教师引导学生、学生主动带动同学的传播形式，促使学生形成一届传一届的良好氛围，让学生把龙舟当成事业发展下去。学生在自主组织和参与龙舟活动过程中，能够感受到中华传统文化的真谛，因为龙舟运动本身的特点需要学生拥有集体观念、吃苦耐劳的意志、顽强拼搏的精神。这些素质的锻炼能够激发学生传承和发展龙舟的意识，也是增强学生责任感的良好方法。高校是铁打的学校流水的学生，其人脉底蕴丰厚，具备龙舟发展延续的有利条件。把开展龙舟运动作为校园文化的一部分，积极引导学生参与龙舟运动继承和发展，是龙舟运动薪火相传的重要途径。

2. 把龙舟运动纳入教学过程，为学生提供专业系统的学习平台

高校是我国人才培养重要之地，大学是青年学生的人生重要阶段。在高校雄厚的教育资源和优秀的教学方法培养下，学生增长知识，树立人生理想，成为各行各业的接班人，成为祖国各项事业发展的建设者。龙舟运动的传承发展也需要一批一批的新生力量补充上来，它需要专业的龙舟从业人员，需要更多的兴趣爱好者的参与，才能发展下去。开展龙舟运动的高校，需要依托学校龙舟运动资源，根据实际情况开办龙舟学院，招收培养龙舟运动的专门人才；为体育专业学生开设龙舟专项普修课，为体育专业学生培训龙舟专项技能；在公共体育课中为普通大学生开设龙舟实践选修课程，为普通大学生提供丰富多彩的公共体育课教学内容，也让更多的学生了解和喜爱龙舟运动；打造专业系统的龙舟教学平台，发挥学校的自身优势，利用教学手段让学生能够系统地学习龙舟运动和龙舟文化。很多开展龙舟运动的高校，拥有丰富的龙舟资源，有龙舟指导教师、有场地、有器材。南方高校地理气候条件好再加上学校提供的龙舟学习平台，可以收获很好的教学成果；北方高校因为气候所限，只能在夏、秋两季开设龙舟课程，虽然短暂但是也完全可以达到教学目的，有的北方高校为了弥补气候条件的不足，建设了室内龙舟训练馆，为龙舟训练、教学提供了良好的条件。所以，把龙舟运动纳入教学过程，搭建教学平台为学生提供专业系统的学习条件，也是高校开展龙舟运动

的重要职能。

3. 高素质的教练员队伍，能有效推动龙舟运动发展

高校开展龙舟运动，需要专业的教练员队伍，高校体育老师就成为教练员的最佳人选。体育教师有体育专业知识，有丰富的教学训练指导经验，有较高的科研能力，能够组成高素质的教练员队伍，为推动龙舟发展提供专业理论指导。高素质教练员在系统研究龙舟运动的训练、竞赛方法的同时，还要深刻理解龙舟文化的内涵。在指导学生龙舟训练比赛的过程中要由浅入深地给学生传授龙舟文化，使学生在掌握专项技能的同时不断学习和理解传统龙舟文化。高校龙舟教练员在指导学生过程中，利用专业体育知识从运动训练学、运动生理解剖学等方面给予科学、系统的指导，能够有效地理论联系实践，让学生更全面、具体、生动地掌握龙舟技能。在日常学习训练过程中，教练员要结合龙舟文化、精神对学生的思想品德加以引导，久而久之学生能够形成过硬的意志品质。专业的龙舟技能和良好的意志品质相结合，才能够培养出出色的龙舟队员，从而为龙舟运动的发展输送高质量人才，是提升龙舟运动软实力的有效方法。

高质量的教练员队伍建设是高校龙舟运动发展的关键环节，要推动龙舟运动高质量发展，必须组建高质量教练团队。单兵指导是不够的，一名教练员纵使有再高的综合实力也不能全面地指导整个团队，采取教练组配合的方法才能更有效提高整体训练效果。从现今龙舟运动发展环境看，只有高校有条件和实力组建高质量的教练员团队。为了更好地发挥高质量教练员的作用，社会上龙舟俱乐部和业余龙舟队可以和高校资源共享，高校教练团队可以兼职指导社会上的龙舟队伍，这样能够有效地推动龙舟运动整体实力的提升。因此，高素质的教练员队伍是推动龙舟运动快速发展的重要条件。

4. 以高校科研促进龙舟运动繁荣发展

随着龙舟运动的广泛开展和社会文化的交流与融合，龙舟运动不仅在竞技方面开展得有声有色，也引起了许多专家、学者和科研人员的关注。相关的专家、学者纷纷从龙舟运动的历史价值与现实价值和项目本身的科学理论等角度，进行研究思考，既揭示其内在的精神，又与时俱进地研究龙舟运动

科学理论，成果可谓百花齐放。丰厚的科研成果必然成为龙舟运动流传后世的原动力之一。仔细分析这些成果就会发现，高校是龙舟运动科学研究的主要阵地，因为许多专家、学者及科研人员都是来自高等院校，许多高校龙舟教练员也是科研团队的组成人员，所以在拥有实践经验的基础上进行科学研究，必然推动龙舟运动繁荣发展。

在当地政府和上级主管部门的大力支持下，许多高校建设了龙舟运动训练科研基地和龙舟运动实验室，这大大加快了龙舟科研的脚步。近几年关于龙舟运动的论文等立项成果颇丰，不仅在文化层面积累了大量资料，而且在龙舟运动项目本身技战术、场地器材等方面也涌现了许多新理论和成果。例如，龙舟的材质从木质向玻璃钢的转变，划桨的材质从木质向碳纤维的转变；为申奥所研究的新型龙舟，从流线、座舱等方面都大大改进；还有某高校正在研发的多功能测功桨等，这都是国家龙舟项目相关部门、龙舟器材厂家与高校结合展开的科学研究成果，所以高校龙舟科研的发展引领着龙舟运动的发展。但我们要深刻地认识到，龙舟运动的科学研究不是一劳永逸、一蹴而就的，需要发动力量支持龙舟科研发展，需要一代又一代的龙舟人前赴后继、不断前进，继承与创新相结合，用科研的力量促进龙舟运动繁荣发展。

第七章

龙舟经典赛事及文化辐射

第一节 龙舟赛事概述

一、龙舟运动竞赛的类别

（一）正式比赛类

1. 世界龙舟锦标赛

世界龙舟锦标赛由国际龙舟联合会组织主办，逢奇数年举办，是国际最高级别的以国家代表队参赛的龙舟比赛。比赛分设标准龙舟组与小龙舟组，标准龙舟组与小龙舟分组别分设成年组、老将组，下设公开组、女子组、混合组。其中，标准龙舟的比赛距离为 200 米、500 米、1000 米、2000 米；小龙舟的比赛距离为 200 米、500 米、2000 米。国际龙舟联合会已经成功举办十四届世锦赛，第十四届在泰国举行。

2. 世界俱乐部龙舟锦标赛

世界俱乐部龙舟锦标赛由国际龙舟联合会组织主办，是国际俱乐部级别的比赛，各国顶级龙舟俱乐部云集的赛事。

3. 龙舟世界杯

龙舟世界杯，即国际龙舟联合会世界杯。国际龙舟联合会 2014 年 5 月 16 日在北京举行新闻发布会，宣布第一届龙舟世界杯将于 2014 年 6 月 10～12 日在中国福州举行。这是第一次有国际大规模的龙舟劲旅汇聚中国，世界锦标赛前 16 名的世界龙舟强队将全部到齐。2016 年 10 月 22～23 日，第二届龙舟世界杯在中国江苏武进举行。2018 年 10 月 19～21 日，第三届龙舟世界杯在中国重庆合川举行，这届比赛只有世锦赛前 12 名的国家和地区才有资格参赛，这届比赛共有来自中国、澳大利亚、加拿大、捷克、英国、伊朗、俄罗斯、瑞士、泰国、乌克兰等国家和地区的代表队参加。比赛包括 100 米、200 米、500 米直道竞速赛，400 米接力赛和 1000 米追逐赛共 5 个项目，共产生 5 块金牌。单项成绩积分累加后，总积分最高的队伍捧得龙舟世界杯。

在三届龙舟世界杯赛中，中国队共斩获 15 金 5 银 3 铜，将龙舟世界杯奖杯留在了中国。

4. 世界大学生龙舟锦标赛

世界大学生龙舟锦标赛已举办五届，分别在中国天津、美国加利福尼亚州长堤、中国浙江嘉兴、中国山西太原、美国洛杉矶举行。2013 年 6 月 12 日第四届世界大学生龙舟锦标赛在太原开幕。在为期一天半的比赛中，来自五大洲 22 个国家和地区的 42 所学校（包括哈佛大学等 10 所世界百强名校在内）的 62 支队伍共 1000 多名运动员参加了男子组、女子组、混合组的 200 米、500 米直道竞速和 2000 米环绕赛的比拼。第四届世界大学生龙舟锦标赛于 2015 年 6 月 12 日在山西太原汾河水域举行，来自 22 个国家及地区的 62 支大学生龙舟队前来参赛，参赛运动员超过千人。第五届世界大学生龙舟锦标赛于 2016 年 7 月 30～31 日在美国加州长堤市举行。

5. 世界名校龙舟大赛

世界名校龙舟大赛（World Famous University Dragon Boat Race，WFUDBR）肇始于 2014 年，正式成立于 2015 年，初始名称为 2015 天津海河国际龙舟赛暨首届世界名校龙舟大赛，由国际大学生龙舟联合会、天津市体育局、天津市教委、天津市旅游局在天津创立，仅限全日制大学本科一年级到四年级在校学生参加，世界排名前 20 名院校中的 3 支队伍、亚洲排名前 20 名院校中的 5 支队伍、中国排名前 20 名院校中的 8 支队伍以及其他国家地区知名院校 8 支队伍共计 24 支国际名校龙舟队伍参加了这次比赛。天津成为世界名校龙舟大赛的创始城市。世界名校龙舟大赛已成功举办五届，第五届于 2019 年 10 月 10～14 日在中国贵州省遵义市绥阳县举行。

6. 亚洲运动会

亚洲运动会简称亚运会，是亚洲规模最大的综合性运动会，由亚洲奥林匹克理事会的成员国轮流主办，每四年举办一届，与奥林匹克运动会相间举行，分为亚洲夏季运动会（亚运会）、亚洲冬季运动会（亚冬会）、亚洲青年运动会（亚青会）、亚洲残疾人运动会（亚残会）。在 2010 年于广州举行的亚运会，龙舟竞赛首次成为正式比赛项目，2018 年印度尼西亚雅加达亚运会设立了龙舟项目，2022 年中国杭州亚运会上也将设立龙舟项目。

7. 全国高水平龙舟赛

1）中华龙舟大赛：由国家体育总局社会体育指导中心、中国龙舟协会、中央电视台体育频道共同主办，中视体育娱乐有限公司和各赛事举办地政府承办。

2）中国龙舟公开赛：目前中国最高级别的龙舟赛事之一，中国龙舟公开赛与中华龙舟大赛齐名，共同组成中国国内最高级别、常年举办的职业龙舟赛事。该赛事由中国国家体育总局社会体育指导中心、中国龙舟协会主办。

3）中国龙舟大奖赛：其是继中华龙舟大赛、中国龙舟公开赛之后，由中国龙舟协会创设的一个国家级专业巅峰龙舟赛事，参赛对象限定为中华龙舟大赛、中国龙舟公开赛的优胜队伍。大奖赛定为每年年末举行，是对中国龙舟年度发展水平的检阅。其参赛对象限定为中华龙舟大赛、中国龙舟公开赛的优胜队伍。

8. 地方龙舟赛

1）“嘉庚杯”“敬贤杯”海峡两岸龙舟邀请赛：2006 年开始举办，每年端午节前一个星期在厦门集美龙舟池开赛，海峡两岸多支龙舟队展开“嘉庚杯”“敬贤杯”的角逐。

2）广州国际龙舟邀请赛：广州国际龙舟邀请赛，是中国传统体育运动的五星级赛事，被誉为世界上最好的龙舟赛事之一。每年五月，龙舟风靡珠江，遍及广州各个角落。组织推广龙舟赛，目的是弘扬民俗文化，宣传“精诚合作、奋勇向前”的龙舟精神。广州国际龙舟邀请赛设传统龙舟、标准龙舟、彩龙和游龙等四个项目，每年吸引超过 100 条龙舟参加比赛。

（二）邀请赛类

1. 国际龙舟邀请赛

经国家体育总局批准，由中国龙舟协会主办，邀请其他国家或地区队伍参加的龙舟竞赛。

2. 全国龙舟邀请赛

经国家体育总局批准，由中国龙舟协会主办，由各省、自治区、直辖市、计划单列市体育部门，各行业体协，各大专院校等单位队伍参加的龙舟竞赛。

3. 地方龙舟邀请赛

经当地政府或体育主管部门批准，由当地所属地区或单位、部门派队伍参加的比赛。

二、龙舟运动竞赛组别

龙舟运动竞赛组别要求详见表 7-1。

表 7-1 龙舟运动竞赛组别分类

序号	组别	要求
1	男子组	所有参赛运动员必须是男性，运动员无年龄限制
2	女子组	所有参赛运动员必须是女性，运动员无年龄限制
3	混合组	必须有至少 8 名、最多 12 名女子运动员参与，所有运动员无年龄限制
4	成年男子组	参赛运动员年龄须为比赛当年 12 月 31 日已满 18 岁，未满 40 岁
5	成年女子组	参赛运动员年龄须为比赛当年 12 月 31 日已满 18 岁，未满 40 岁
6	成年混合组	参赛运动员年龄须为比赛当年 12 月 31 日已满 18 岁，未满 40 岁，必须有至少 8 名、最多 12 名女子运动员参与
7	青年男子组	参赛运动员年龄须为比赛当年 12 月 31 日未满 18 岁男子
8	青年女子组	参赛运动员年龄须为比赛当年 12 月 31 日未满 18 岁男子
9	青年混合组	参赛运动员年龄须为比赛当年 12 月 31 日未满 18 岁者，必须有至少 8 名、最多 12 名女子运动员参与
10	少年男子组	参赛运动员年龄须为比赛当年 12 月 31 日未满 16 岁女子
11	少年女子组	参赛运动员年龄须为比赛当年 12 月 31 日未满 16 岁女子
12	老将男子组	从 40 岁生日开始成为老将运动员
13	老将女子组	从 40 岁生日开始成为老将运动员
14	老将混合组	从 40 岁生日开始成为老将运动员，必须有至少 8 名、最多 12 名女子运动员参与
15	公开组	参赛运动员无性别与年龄限制

三、龙舟运动各组别项目设置

龙舟运动组别项目设置见表 7-2。

表 7-2　龙舟运动组别项目设置

项目组别	直道竞速赛				环绕赛			拉力赛
	250 米	500 米	800 米	1 000 米	2 000 米	5 000 米	10 000 米	10 000 米以上
男子组	√	√	√	√	√	√	√	√
女子组	√	√	√	√	√	√		√
混合组	√	√	√	√	√	√		√
成年男子组	√	√	√	√	√	√	√	√
成年女子组	√	√	√	√	√	√		√
成年混合组	√	√	√	√	√	√		√
青年男子组	√	√	√	√	√	√	√	√
青年女子组	√	√	√	√	√	√		√
青年混合组	√	√	√	√	√	√		√
少年男子组	√	√	√					
少年女子组	√	√	√					
老将男子组	√	√	√					
老将女子组	√	√	√					
老将混合组	√	√	√					

注：不包括制定竞赛规程单位根据当地赛场条件和比赛规模确定的比赛项目。

第二节　中华龙舟大赛

中华龙舟大赛由国家体育总局社会体育指导中心、中国龙舟协会、中央电视台体育频道共同主办，中视体育娱乐有限公司和各赛事举办地政府承办。根据协议，体育频道采用国际赛事转播标准对全部比赛进行制作播出。中华龙舟大赛从 2011 年开始每年举办多站，一直发展至今，是目前国内赛事级别最高、竞技水平最高、奖金总额最高的顶级龙舟赛事。中华龙舟大赛的举办大力推动了中国龙舟运动发展，竞技水平逐年提升。

中华龙舟大赛设施项目有：标准 22 人龙舟和 12 人小龙舟 100 米、200 米、500 米直道竞速，设有职业男子、女子组、精英公开混合组、青少年男子、女子组，每站比赛根据队伍数量进行晋级赛、预赛、复赛、半决赛小决赛、决赛。历年比赛情况见表 7-3。

表 7-3　中华龙舟大赛历年比赛

序号	年度	比赛	时间
1	2011 年	中华龙舟大赛江苏江阴站	6 月 6～7 日
2		中华龙舟大赛福建漳州站	12 月 17～18 日
3	2012 年	中华龙舟大赛海南万宁站	2 月 22～23 日
4		中华龙舟大赛鄱阳湖站	5 月 4～5 日
5		中华龙舟大赛江苏江阴站	6 月 22～23 日
6		中华龙舟大赛贵州铜仁站	7 月 7～8 日
7		中华龙舟大赛浙江温州站	11 月 17～18 日
8		中华龙舟大赛南海丹灶站（总决赛）	12 月 15～16 日
9	2013 年	中华龙舟大赛海南万宁站	3 月 12～13 日
10		中华龙舟大赛鄱阳湖站	4 月 27～28 日
11		中华龙舟大赛福建福州站	5 月 18～19 日
12		中华龙舟大赛江苏江阴站	6 月 11～12 日
13		中华龙舟大赛甘肃永靖站	7 月 13～14 日
14		中华龙舟大赛贵州铜仁站	9 月 21～22 日
15		中华龙舟大赛东莞麻涌站	11 月 16～17 日
16	2014 年	中华龙舟大赛海南万宁站	3 月 1～2 日
17		中华龙舟大赛常州武进站	4 月 19～20 日
18		中华龙舟大赛鄱阳湖站	5 月 10～11 日
19		中华龙舟大赛浙江温州站	6 月 1～2 日
20		中华龙舟大赛海南陵水站（总决赛）	12 月 6～7 日
21	2015 年	中华龙舟大赛海南万宁站	3 月 16～17 日
22		中华龙舟大赛常州武进站	4 月 21～22 日
23		中华龙舟大赛鄱阳湖站	5 月 5～6 日
24		中华龙舟大赛福建福州站	5 月 19～20 日
25		中华龙舟大赛浙江温州站	6 月 15～16 日
26		中华龙舟大赛东莞麻涌站	11 月 14～15 日
27		中华龙舟大赛海南陵水站（总决赛）	12 月 4～5 日

续表

序号	年度	比赛	时间
28	2016年	中华龙舟大赛海南万宁站	3月3～4日
29		中华龙舟大赛鄱阳湖站	4月20～21日
30		中华龙舟大赛福建福州站	6月4～5日
31		中华龙舟大赛广东惠州站	6月10～11日
32		中华龙舟大赛云南昆明站	9月15～16日
33		中华龙舟大赛浙江丽水站	10月31日～11月1日
34		中华龙舟大赛海南陵水站（总决赛）	11月28～29日
35	2017年	中华龙舟大赛海南万宁站	2月20～21日
36		中华龙舟大赛湖南长沙站	4月10～11日
37		中华龙舟大赛福建福州站	5月25～26日
38		中华龙舟大赛广东惠州站	6月10～11日
39		中华龙舟大赛南京六合站	9月18～19日
40		中华龙舟大赛重庆合川站	11月13～14日
41		中华龙舟大赛海南陵水站（总决赛）	12月4～5日
42	2018年	中华龙舟大赛海南万宁站	3月12～13日
43		中华龙舟大赛湖南长沙站	4月16～17日
44		中华龙舟大赛江苏盐城站	5月14～15日
45		中华龙舟大赛福建福州站	6月13～14日
46		中华龙舟大赛南京六合站	9月1～2日
47		中华龙舟大赛云南昆明站	11月7～8日
48		中华龙舟大赛海南陵水站（总决赛）	12月10～11日
49	2019年	中华龙舟大赛海南万宁站	3月7～8日
50		中华龙舟大赛湖南长沙站	4月15～16日
51		中华龙舟大赛江苏盐城站	5月11～12日
52		中华龙舟大赛福建福州站	6月3～4日
53		中华龙舟大赛成都简阳站	6月24～25日
54		中华龙舟大赛南京六合站	9月11～12日
55		中华龙舟大赛重庆合川站（总决赛）	11月9～10日

第三节　中国龙舟公开赛

中国龙舟公开赛一般是由国家体育总局社会体育指导中心、中国龙舟协会、地方人民政府、地方体育局共同主办的龙舟赛事，项目一般分为 200 米、500 米、1000 米、2000 米以及拔河等多项内容。参加队伍不限制，有业余或者职业的龙舟俱乐部和高校龙舟队等代表各省或者各高校或者俱乐部去参赛。中国龙舟公开赛是国内参加人数最多、影响最广、水平最高、赛事最多、奖金丰富的一项赛事。

1976 年 6 月，由香港旅游局举办的世界上第一届国际龙舟公开赛在香港举行。1984 年，龙舟被列为我国正式开展的体育竞赛项目，开始举办“屈原杯”全国龙舟锦标赛、全国龙舟公开赛。1985 年，中国龙舟协会成立，开始规范和管理龙舟运动。1994 年，国家体育总局社会体育指导中心成立，中国龙舟公开赛事朝着规范、规模、大型化的方向发展。1994 年，广州市政府正式规定：农历五月初五的龙舟活动为龙舟节。2005 年，国家体育总局社会体育指导中心、中国龙舟协会与 8 省市政府联合开展“全国龙舟月”活动。从 2008 年 6 月 11 日于上海开始，历时 1 个月举办了 8 站大型国际龙舟公开赛事，吸引了美国、澳大利亚、德国、新加坡等 10 多个国家和地区参赛，龙舟队伍达 400 多支。由湖北、辽宁、吉林、黑龙江、江苏、浙江、安徽、福建、江西、山东、湖南、广东、广西、重庆、贵州、云南、陕西等举办地方性龙舟公开赛达到 20 多场，参赛选手达到 4 万多人，观众超过 1000 万人次。各类比赛分别设置了标准竞技龙舟、小龙舟、传统龙舟、龙舟拔河等各种类型的龙舟活动，集中展示了龙舟运动的发展情况，这在中国龙舟运动发展历史上是前所未有的。此后国家体育总局社会体育指导中心、中国龙舟协会综合全国各地龙舟赛事的特点，从 2011 年开始举办，中国龙舟公开赛，至今每年均举行 8～10 站比赛。中国龙舟公开赛的举办为促进龙舟运动高速发展起到了决定性的作用。

第四节　世界名校龙舟大赛

一、第一届

2015 年 10 月 1 日，2015 天津海河国际龙舟赛暨首届世界名校龙舟大赛在中国天津创立并举办，初始名称为2015天津海河国际龙舟赛暨首届世界名校龙舟大赛，24支中外名校龙舟队，其中包括美国的哈佛大学、斯坦福大学，加拿大的多伦多大学，俄罗斯远东联邦大学，巴基斯坦国立科技大学，中国的北京大学、复旦大学、浙江大学、南开大学、南开大学滨海学院、天津大学、武汉大学、中山大学、河北工业大学、天津医科大学、辅仁大学、天津工业大学、天津师范大学、天津科技大学、台湾体育运动大学等校龙舟队，比赛仅限大学本科一年级到四年级在校学生参加。天津也成为世界名校龙舟大赛的创始者和创始城市，旨在通过大赛平台，打造“名城、名河、名校”主题，展现世界名校学子的青春风采。

二、第二届

2016年6月18日，2016（第二届）世界名校龙舟大赛（大庆）在中国大庆举办，世界名校队伍包括美国的哈佛大学、斯坦福大学，加拿大的曼尼托巴大学，新加坡国立大学，俄罗斯远东联邦大学，波兰格但斯克工业大学，马来西亚多媒体大学，加纳海岸角大学，中国的香港科技大学、南开大学滨海学院、台湾辅仁大学、华中科技大学、北京大学、复旦大学、武汉大学、南京大学、南开大学、厦门大学、香港大学、华东理工大学、澳门大学、苏州大学、天津医科大学、东北石油大学等校龙舟队。

三、第三届

2017年6月22日，2017（第三届）世界名校龙舟大赛（大荔）在中国大荔举办，分别来自美国的哈佛大学、斯坦福大学，加拿大的多伦多大学，新加坡国立大学，菲律宾的德拉萨大学，意大利的威尼斯大学，波兰的格但斯克工业大学，中国的香港大学、香港科技大学、澳门城市大学、辅仁大学、北京大学、武汉大学、复旦大学、华中科技大学、南开大学、南开大学滨海学院、天津大学、中国科学技术大学、西安交通大学、厦门大学、同济大学、陕西师范大学、渭南师范学院共计25支国际知名大学龙舟队伍参与龙舟竞技。

四、第四届

2018 年 6 月 9 日，2018（第四届）世界名校龙舟大赛（大荔）暨首届同州湖龙舟大赛在风光旖旎的同州湖上破浪起航。该次赛事由国际大学生龙舟联合会、陕西省体育局、渭南市人民政府主办，渭南市体育局、大荔县人民政府承办，天津市龙舟运动协会协办。分别有加利福尼亚大学伯克利分校、南加利福尼亚大学、滑铁卢大学、新加坡国立大学、香港科技大学、威尼斯大学、悉尼大学、格但斯克工业大学、辅仁大学、北京大学、清华大学、复旦大学、武汉大学、中国科学技术大学、华中科技大学、南开大学、西安交通大学、同济大学、天津大学、中山大学、苏州大学、南开大学滨海学院等共计 22 支名校龙舟队前来竞逐。

五、第五届

2019 年 10 月 10 日至 14 日，第五届世界名校龙舟赛在贵州省遵义市绥阳县卧龙湖水上运动中心举行，该届比赛有来自国内外名校的 23 支大学生队伍参赛。比赛分为 10 人龙舟 200 米直道赛、10 人龙舟 500 米直道赛、10 人龙舟 2000 米环绕赛三个项目。参赛队伍包括斯坦福大学、哈佛大学、约翰斯·霍普金斯大学、悉尼大学、新加坡国立大学、香港科技大学、辅仁大学、北京大学、中国科学技术大学、南开大学以及来自活动举办地的贵州大学、遵义医科大学等校代表队。

第五节　全国大学生龙舟锦标赛

全国大学生龙舟锦标赛是中国大学生体育协会的精品赛事，是一项全国性的龙舟比赛，在全国有着广泛的影响，2007～2019 年已经举行过八届赛事。2007 年起，天津市龙舟协会与中国大学生体育协会赛艇与龙舟分会强强联合，分别在景色秀美的塘沽外滩、广东肇庆七星湖、浙江嘉兴南湖成功举办了 1～

3 届“中国大学生龙舟锦标赛”，使大学生龙舟运动向着正规化、高水平的方向迅猛发展，成为全国众多省市青睐并争办的亮点活动。第四届大学生龙舟锦标赛在天津港东疆湾举行。“激情浑河水 美丽雷锋城”第五届中国大学生龙舟锦标赛在抚顺市浑河城市段长春桥至城东橡胶坝水域举行。2014 年 6 月，第五届全国大学生龙舟锦标赛由抚顺市政府和中国大学生体育协会赛艇与龙舟分会联合主办，设男子、女子、男女混合 200 米、500 米直道竞速和 2000 米环绕赛等 12 个比赛项目。东北电力大学等 24 所高校的 400 余名运动员参加比赛。2016 年第六届中国大学生龙舟锦标赛在国家 4A 级景区陕西大荔同州湖盛大举行。2018 年 10 月第七届全国大学生龙舟锦标赛在河北省保定市天鹅湖举行，清华大学、浙江大学等来自全国各地的 17 个大学生队伍参赛。2019 年 9 月 7～8 日，第八届全国大学生龙舟锦标赛在甘肃临夏回族自治州永靖县太极湖举行。这是首次在甘肃举办、首次在黄河上举办的大学生龙舟赛事，来自北京大学、浙江大学、浙江海洋大学、聊城大学、青岛大学、湖南文理学院、天津师范大学、江汉大学、长江大学 9 所高校的 140 名健儿在永靖黄河三峡激情挥桨，为湖光山色、风景秀丽的太极湖增添了一道独特亮丽的风景线。

第六节 国际龙舟赛事

如今，中国古老的龙舟运动已成为人们非常熟悉的民俗活动，它已不囿于中国江南河流之中，而成为一种正规性的体育赛事并扩大至国际范围，成为一项世界范围内深受人们喜爱的竞技体育运动。随着龙舟项目成功进入亚运会，龙舟运动发展的国际化、全球化趋势也逐渐形成。

1976 年 6 月，国际龙舟公开赛在中国香港举行。比赛由香港旅游局主办，裁判员由香港业余龙舟协会提供。自那时起，香港国际比赛正式举办。1977～1980 年，印度尼西亚、新加坡、泰国等国家的一些城市和其他东南亚地区的一些城市纷纷效仿中国香港，举办了一系列的国际龙舟赛事。当时，香港旅游协会为了在春节期间举办龙舟赛，提供了木龙舟。1981 年，世界轻艇和独木舟协会主席迈克·哈森莱姆先生将香港的木龙船运到诺丁汉，专门为支持举办世界龙舟锦标赛做准备，并于 1982 年在世界著名的卡诺公园举行了“第三届世界龙舟锦标赛”。1982～1986 年，香港国际比赛举办模式不断发展，1987～1990 年，中国、英国、荷兰、意大利、德国、丹麦等国相继成立了龙舟协会。国际龙舟联盟筹备委员会成立，并举行了正式的国际比赛。欧洲龙舟联盟与亚洲龙舟联合会陆续成立。

1991 年 6 月 14 日，国际龙舟联合会在香港成立，共有包括中国在内的 12 个龙舟协会，迈克·哈森莱姆当选为香港地区秘书长处处长。1995～1997 年，国际龙舟联盟的成员发展到 30 名，国际龙舟联合会首次被国际奥林匹克委员会承认并加入世界体育大会。1995 年，首届世界龙舟锦标赛在我国岳阳市举行。第二届世界龙舟锦标赛于 1997 年在中国香港举行。1999 年，国际龙舟联合会申请加入国际体育总会。第三届世界龙舟锦标赛在诺丁汉举行。2001 年在美国费城举行的第 4 届世界龙舟锦标赛举办期间举行了国龙联改选，时任国家体育总局副局长张发强当选为国际龙舟联合会主席，截至 2019 年底，国际龙舟联盟拥有近 85 个成员，成功举办了 14 届世界龙舟锦标赛。“龙舟”已有数千年的历史，它不仅是一种体育运动，它的文化内涵和精神内涵更加丰富多彩。时任国际龙舟联合会秘书长胡建国认为，中华民族的传统体育项目是推动中国传统文化发展的重要途径，要把它推广到全国乃至全世界，并与世界各国的优秀项目相结合，互相促进，互相融合。随着我国传统体育文化的融合和整合，龙舟运动国际化的趋势越来越明显。龙舟运动以开拓外向型发展为导向，向现代化道路的发展为前提，持续不断丰富。

当前世界龙舟运动的竞争格局如下。

1. 以中国为代表的传统龙舟运动

龙舟是我国传统的体育项目，参与龙舟运动的人数众多，中国龙舟运动的主力主要存在于基层，以农民、工人、社会团体为主，在管理上还不是很规范，存在许多漏洞。在龙舟基础训练技术，如肌肉类型配备、划桨入水出水周期循环运动、力量分配等关键技术上缺乏深入研究。在国际比赛中，我国的龙舟运动的优势正在逐步减小。

2. 东南亚地区龙舟运动

主要以东南亚的一些国家为主，例如缅甸、印度尼西亚、菲律宾等。这些国家的龙舟队伍运动员一般体形较小，体重轻，划船所面临的阻力小，行船速度快，而且队伍管理规范，龙舟的基础训练系统。在近几年的国际龙舟比赛中，这些国家的龙舟队伍都取得了不错的成绩，特别是2010年广州亚运会上，印度尼西亚和缅甸分别取得了冠亚军的成绩，令世人瞩目。

3. 欧美地区龙舟运动

欧美地区龙舟主要以俄罗斯、荷兰、德国、意大利、奥地利及英国等国家的龙舟队伍为主，采用的比赛规则是每条龙舟上有18名桨手、1名鼓手和1名舵手。每两年举办一届洲际锦标赛。运动员一般比较高大，臂展较长，一般采用划艇技术，具有典型的欧美风格。由于欧洲人的人种原因，其力量和臂展同亚洲人相比要具备很大的优势，所以在国际比赛上，其竞争力也很强，比较有代表性的如俄罗斯的老虎队，它曾多次来中国参加比赛，均取得了不俗的战绩。

第八章

全球视域下
高校龙舟运动的发展

第一节　高校龙舟对国际龙舟运动的促进作用

一、高校龙舟训练科研基地的成立促进龙舟科学发展

高校龙舟科研基地是国家开展龙舟训练、竞赛、器材等科学研究的重要阵地，科研基地的设立能够促进龙舟科研走上正轨，能够为龙舟科研工作提供良好的环境，也能促进各高校间龙舟科研的交流与互动，可以形成开放、流动、竞争、联合的运行机制，也可以向国内外开放，鼓励龙舟研究人员交流学习。科研基地的目的是推动龙舟运动整体发展，使龙舟运动科研能资源共享，最终提高龙舟运动的整体竞技水平和发展速度，并积极探索适合世界科技大环境与龙舟运动协调发展的运行模式，同时促进龙舟运动与其他学科交叉与综合，为龙舟运动发展提供更大助力。所以，只有发挥好龙舟科研基地的作用，才能不断提高龙舟科研人员的专业水平和人才培养质量，推动龙舟运动科研事业引领世界龙舟发展。

二、高校龙舟赛事的发展对国际龙舟运动的促进

随着龙舟运动在全国乃至世界范围内蓬勃发展，在 20 世纪 80 年代末至 90 年代初，龙舟运动开始进入高校校园并在之后的二十余年迅速发展成为国内外高校师生喜爱的运动项目。现在，龙舟运动已成为国内外高校之间学习交流的重要手段。

我国高校龙舟运动的发展得益于天津市龙舟协会（以下简称“天津龙协”）的成立以及少数民族运动会上龙舟比赛的开展。1988 年，成立不久的天津龙舟协会举办了首届天津市龙舟邀请赛，在这样一场以娱乐和喜庆为主的龙舟比赛上，出现了高校龙舟队的身影。虽然首次参赛的天津师范大学龙舟队和天津医科大学龙舟队并没有表现出较高的竞赛水平，但是却拉开了高校龙舟运动的序幕。

1991年，在广西南宁举行的第四届全国少数民族传统体育运动会上，广西民族大学龙舟队组队参赛并取得了优异成绩。在之后的几年时间里，广西民族大学龙舟队也迅速确立了其在广西高校中的强队地位，同时也为我国高校龙舟运动的快速发展起到了进一步的推动作用。2001年，天津市成功举办了首届天津国际大学生龙舟邀请赛；2004年10月，中国大学生体育协会赛艇与龙舟分会在天津工业大学成立，首次加入的会员包括香港科技大学和澳门理工学院在内的37所高校，这表明中国高校的龙舟运动终于有了自己的竞赛组织和管理机构。因为大学生龙舟队在各级别赛事上表现出较高的竞技水平，教育部于2006年将龙舟运动定为我国高校高水平运动队的建设项目。至此，我国高校的龙舟运动开始朝着稳定与可持续的方向发展。

从2011年开始，全国最高级别龙舟赛事"中华龙舟大赛"设立了大学生组别的比赛，表明高校龙舟运动从开始兴起到逐渐繁荣直至发展到稳步前进。如今的高校龙舟运动，在区域上已基本实现了南北平衡，在技战术水平上逐渐提高，在龙舟文化与内涵上也实现了继承与发扬。

截至2016年底，大学生龙舟协会共有45个注册会员，同时还涌现出了如东北电力大学、聊城大学、江汉大学、广西民族大学等国内高校龙舟强队。不仅如此，一些国内高校龙舟队还受邀参加国外的龙舟赛事，并取得不错的成绩，以东北电力大学、聊城大学为代表的高校队伍被中国龙舟协会委派代表国家参加龙舟亚锦赛、世锦赛，并摘金夺银。

有了众多的赛事及庞大的高校龙舟训练队作为基础，国内已有部分大学更改了学校体育课程的项目设置，开设了龙舟课程，这极大地提高了学生参与龙舟运动的积极性。其中，东北电力大学的龙舟运动技战术风格独树一帜，在第十三届世界龙舟锦标赛中，东北电力大学代表国家参加男子12人龙舟的三个比赛项目，获得两金一银的好成绩，他们的技战术被许多国外队伍认可和学习，这是我国高校龙舟运动促进国际龙舟运动发展的有力佐证。

第二节　高校龙舟运动是弘扬中华传统文化的重要窗口

一、高校龙舟运动对中华传统文化的影响

如今中国传统的体育比赛项目正逐步受到重视，龙舟运动的影响力与日俱增。1984 年国家体委决定将龙舟运动赛列为正式体育比赛项目，并首次举办了“屈原杯”全国龙舟锦标赛。

龙舟运动逐渐传到国外并成为国际比赛项目，深受各国人民的喜爱，在东南亚一些国家，在澳大利亚，甚至在欧洲，龙舟运动项目现在已逐步开展起来，并逐渐形成了规模。在国外的许多大学与国内高校交流过程中，龙舟运动交流成为一种新的方式，受到广大大学生的喜欢。高校开展龙舟运动，不仅是传承和推广中国传统文化的重要窗口，而且会有力地推动龙舟运动科学、高质量的发展。近些年，许多传统项目纷纷被诸多高校发掘、保护、传承、推广，比如武术、龙舟、舞龙、舞狮、珍珠球等民族传统运动项目被很多高校进一步发展。事实也证明，高校龙舟运动的开展一定会像武术、舞龙、舞狮这些项目一样对中华传统文化传播起到强有力的推动作用，让更多人了解和喜欢中国传统文化。

二、高校龙舟运动是中华传统文化的宣传使者

1. 各类竞赛活动中的使者作用

高校开展龙舟运动对中华传统文化有着重要的宣传作用，在多样丰富的竞赛活动中高校龙舟扮演着使者的角色，尤其是在国际龙舟赛事中其使者作用体现得更加淋漓尽致，在“天津国际大学生龙舟邀请赛”“澳门国际大学生龙舟邀请赛”“香港国际大学生龙舟邀请赛”“嘉庚杯海峡两岸国际龙舟邀请赛”“世界名校龙舟邀请赛”“中华龙舟大赛”“中国龙舟公开赛”“亚洲龙舟

锦标赛”“世界龙舟锦标赛”等国际赛事中高校龙舟队伍的高素质、高水平展现在国际友人面前，在与世界各国队伍的交流中能更加方便、有效地将中国传统文化更全面、生动地宣传出去。高校龙舟队参与各级各类的龙舟赛事，能够拓宽龙舟文化对外交流的广度和深度，像东北电力大学和聊城大学两次赴俄罗斯参加龙舟比赛，江汉大学赴乌干达参加龙舟活动等，这都体现了高校龙舟群体的宣传使者作用。高校龙舟运动的快速发展能够更广、更好地宣传中华传统文化。

2. 丰富多样的传统展示为高校传承龙舟文化提供源泉

中国传统的“祭屈”仪式，主题为“端午原祭”，“原”取屈原之“原”、端午之“源”、文化之“源”、精神之“源”的含义。著名诗人余光中先生在汨罗江畔引领现场三十万民众齐声诵读专为“祭屈”大典所作的新诗《汨罗江神》，并以将诗文焚烧的形式祭奠屈原。数百名学生或峨冠高笄，或宫装飘逸，手持艾叶花篮，将民众自发捎送的粽子投入汨罗江中。中国早已形成“过端午，赛龙舟”的传统，每到比赛日，全国各地的民众都会聚集到龙舟比赛现场看龙舟表演和比赛，场面壮观、热闹非凡。很多城市将国际龙舟邀请赛与当地的端午龙舟活动融为一体，通过“戏、说、祭、腾、翔”龙等活动，让更多人观赏龙舟运动的同时，还能看花鼓、耍皮影、观杂技、吃粽子等，到处呈现民俗、民情和民愿。在这些活动和比赛中，缺少不了高校龙舟队伍的身影，他们不仅为了龙舟比赛而来，也是为了学习和了解更多的传统文化而来。在广东，每到节日和龙舟竞赛时都会有各村各镇及企业派出有传统特色的彩龙进行巡游展示，还有各式各样的传统龙舟竞渡，在全国各地每年都会有多样的传统龙舟活动，这都会给参与其中的大学生耳目一新的感受，使大学生从中积累更加生动丰富的传统文化体验，能够更好地为高校龙舟运动对外宣传中华传统文化提供丰富多样的素材，所以丰富多彩的传统文化展示是高校传承龙舟文化的源泉。

3. 高校龙舟运动是促进龙舟运动发展的重要环节

高校龙舟运动是龙舟运动发展的重要环节。中国龙舟运动历经几千年流传至今，历经了岁月沧桑，除民间的古老龙舟民俗传承外，主要是通过史书记载让后人们了解龙舟文化。在当今信息发达的社会，促进龙舟运动发展仍然缺少不了为龙舟谱写新的历史并传承下去，高校龙舟运动在这个过程中扮演着重要角色，是龙舟发展的重要环节。高校龙舟运动不仅总结民间传统龙舟特点，还会吸收其他相关项目的特点，结合龙舟的文化特性进行传承和创新，为龙舟谱写新的历史。在全国的龙舟人中，有很大一部分来自高校，他们分别参与到裁判、竞赛规划、组织、竞训等工作中，为龙舟运动发展奉献了很大的力量。他们回归到校园，带领学生开展龙舟运动，从科研、训练、竞赛、文化传承等方面不断地创新和力求发展，这都为龙舟运动的发展提供源源不断的助力。龙舟运动发展到今天离不开高校龙舟运动，更离不开高校龙舟工作者，在龙舟整体发展的各个环节中，高校龙舟运动是既鲜明又负有特殊使命的重要环节。

4. 高校龙舟运动是打造城市品牌的名片

在全国各个城市建设发展过程中，许多城市在城市品牌打造上把传统龙舟文化作为契合点力求发展，形成了“龙舟搭台、文化唱戏”的特色宣传。2005 年全国龙舟活动月期间，各办赛城市利用龙舟赛事的平台，积极举办各类活动，宣传和促进城市的发展。如岳阳在龙舟邀请赛期间举办的经贸洽谈会签约外资项目 14 个，总投资 7830 万美元；签约内资项目 64 个，总投资超过 38 亿元。2011 年，中华龙舟大赛问世，全国各大城市相继申请办赛，比赛结合 CCTV-5 的直播，把宣传城市特色做到了淋漓尽致，通过龙舟运动向全世界展示主办城市魅力。在这些活动中，很多城市组织高校组队参加比赛，对于高校龙舟运动的发展起到了大力推动作用，也通过高校龙舟运动的名片对外宣传各个城市。人们可以通过高校龙舟队去了解其所在城市，像通过东北电力大学龙舟队可以了解吉林市、通过聊城大学龙舟队了解聊城市、通过江汉大学龙舟队了解武汉市、通过广西民族大学龙舟队了解南宁市等，这都是城市亮丽名片的代表。通过高校龙舟这个名片，各城市结合旅游业的发展来带动相关产业的发展。有很多高校龙舟队在参加比赛的同时，对所在城市的文化特色进行宣传，不仅打造了城市品牌，还促进了人们去当地旅游。

参考文献

曹景伟. 2004. 面向2008年奥运会我国优秀皮划艇（静水）运动员科学选材的理论与实证研究. 北京：北京体育大学博士学位论文.

曹美琴. 2008. 浅析端午龙舟文化及其现状. 四川教育学院学报，(3)：19-22.

陈国锋. 2018. 甘肃省高校弘扬龙舟项目可行性研究. 武术研究，3（11)：105-108.

陈及治. 2002. 体育统计. 北京：人民体育出版社.

陈丽冰. 2019. 两广龙舟运动开展现状的调查与研究. 广州：广州体育学院硕士学位论文.

陈锡尧，曾剑岚. 2004. 国际体育大赛的申办特点、形式与成功申办的基本要素. 上海体育学院学报，28（5)：14-17，23.

刁兆峰，李昆. 2001. 对学校素质教育的再认识. 理工高教研究，(2)：35-37.

董德龙，王卫星，范安辉. 2009. 临界功率（CP)：释义与应用. 体育科学，29（6)：77-84.

杜达罗. 2009. 龙舟. 广州：广东科学技术出版社.

杜宁. 2004. 关于端午节的起源. 文史杂志，(4)：24-26.

段琳娜. 2019. 中国古代端午龙舟竞渡文化浅析. 当代体育科技，9（27)：195-196.

范永胜，张艳秋，梁智恒. 2006. 运动训练基础理论与方法. 哈尔滨：哈尔滨地图出版社.

冯连世，冯美云，冯炜权. 2003. 优秀运动员身体机能评定方法. 北京：人民体育出版社.

干春松，孟彦弘. 1997. 王国维学术经典集. 上册. 南昌：江西人民出版社.

韩夫苓. 2010. 我国优秀女子自由式摔跤运动员专项体能评价与诊断研究. 上海：上海体育学院博士学位论文.

何飞，王晓刚. 2017. 高水平龙舟运动员体能训练方法与手段研究. 湖北体育科技，36（2)：142-144.

何江川，杨放. 2009. 龙舟运动员陆上专项力量与划水功率因子回归分析. 北京体育大学学报，32（3)：139-141.

胡朝栋. 1991. 从两龙船节看中华龙舟文化传承与发展//李瑞岐，杨培春. 中华龙舟文化研究. 贵阳：贵州人民出版社.

华力，牟少华. 2008. 我国优秀青少年女子竞走运动员身体形态特征及评价模型研究. 中国体育科技，(6)：115-118.

黄春花. 2008. 现代龙舟运动对民族传统体育发展的启示. 山西师大体育学院学报，23(2)：74-76，108.

贾书申，高晓峰，贾梓彬. 2019. 我国高校龙舟竞赛文化的传承与发展——以北京工业职业技术学院为例. 北京工业职业技术学院学报，18（4）：113-117.

简波，齐莹. 2008. 我国高校龙舟运动赛事无形资产开发的对策研究. 内江科技，(4)：21-22.

江立中. 1999. 龙舟运动发展的三种基本形态. 湘潭大学学报（哲学社会科学版），23（6）：97-99.

江筱倩. 2019. 韩国传统节日文化的传承与发展——以江陵端午祭为研究中心. 民间文化论坛，(3)：93-101.

金宗强. 2004. 我国优秀排球运动员专项体能评价体系与诊断方法的研究. 北京：北京体育大学博士学位论文.

景仕荣. 2018. 高校龙舟社团文化建设相关问题. 文教资料，(33)：63-64.

康罗·洛伦兹. 1987. 攻击与人性. 王守珍，吴雪娇，译. 北京：作家出版社.

孔繁敏. 2008. 从龙舟赛艇发展看中西体育文化差异. 体育文化导刊，(9)：85-87.

李兵. 2010. 龙舟 500 米直道竞速运动员划桨技术的运动学分析. 吉林：北华大学硕士学位论文.

李兵. 2010. 中国龙舟训练科研基地建设与发展探索. 东北电力大学学报，30（5）：92-95.

李兵. 2011. 标准龙舟 500 m 比赛划桨技术，桨频与划距的关系及对船速影响的研究. 东北电力大学学报，31（3）：79-83.

李兵，陈刚. 2010. 我国优秀男子龙舟运动员身体形态评价模型的建立. 北京体育大学学报，(12)：134-136.

李兵，陈刚. 2011. 我国优秀男子龙舟运动员身体素质评价模型的研究. 山东体育学院学报，27（5）：59-62.

李兵，陈刚，王康贵. 2011. 我国优秀女子龙舟运动员身体形态评价模型研究. 成都体育学院学报，37（7）：57-60.

李兵，徐彬. 2015. 现代社会条件下高校龙舟运动发展的瓶颈及对策研究. 北京体育大学学报，(12)：110-114.

李聪. 2018. 高校开展龙舟运动的现状分析与对策研究——以湛江 5 所高校为例. 运动，(3)：105-106.

李冬伟. 2018. 我国龙舟运动项目申奥的可行性分析及对策研究. 吉林：东北电力大学硕士

学位论文.
李明，叶亚云. 2003. 关于体育无形资产的特征的再认识. 湖北体育科技，22（2）：146-147.
李一玉，何江川，杨放. 2009. 广西高校高水平游泳运动员身体形态结构因子分析. 中国组织工程研究与临床康复，13（37）：7381-7384.
梁超杰. 2019. 龙舟传统体育文化资源开发及其国际化推广. 科技风，（13）：232.
廖一铭，管佩文，张鹏. 2018. 龙舟运动对高校龙舟文化传承的影响. 现代交际，（23）：31-32.
林飞燕. 2019. 地域文化视域下的研学旅行课程开发——以岭南龙舟文化为例. 地理教育，（S2）：30-31.
林耀辉. 2017. 高校龙舟运动发展的 SWOT 分析与对策研究. 淮北职业技术学院学报，16（5）：73-75.
林耀辉，米云飞. 2017. 中华龙舟文化传承与对策研究. 中国民族博览，（10）：5-6.
刘保昌. 2000. 四型屈原论. 武汉教育学院学报，19（1）：39-44.
刘德琼. 2001. 龙舟运动员某些生理特点的研究. 广州体育学院学报，21（2）：45-47.
刘和臣. 2019. 龙舟运动发展研究. 中国地名，（7）：46.
刘克军，孙雷鸣. 2008. 运动训练. 北京：人民体育出版社.
刘庆山. 2004. 体能训练基本理论与我国高水平篮球运动员体能训练研究. 北京：北京体育大学博士学位论文.
刘振维. 2020. 龙舟队员力量训练的研究. 当代体育科技，10（2）：28，30.
罗婉红. 2008. 龙舟竞渡的文化探源及其发展. 搏击·武术科学，5（10）：81-82，85.
吕娜. 2019. “中华龙舟大赛”传播现状及策略研究. 广州：广州体育学院硕士学位论文.
马勇，贺昭泽. 2006. “龙舟竞渡”的发展及特点探析. 吉林体育学院学报，22（1）：23，47.
牟少华，万京一. 2007. 体能学. 北京：人民体育出版社.
倪依克. 2004. 论中华民族传统体育的发展. 广州：华南师范大学博士学位论文.
庞进. 1998. 八千年中国龙文化. 北京：人民日报出版社.
祁龙祥. 2009. 高校开设民族传统体育项目遭遇的瓶颈及其应对策略研究. 南京体育学院学报（社会科学版），23（5）：112-115.
曲洪刚. 2017. 构建高校龙舟运动专业人才培养体系的研究——以东北电力大学为例. 才智，（35）：98-99.
曲永鹏，聂晓梅. 2020. 龙舟运动的职业化发展困境与对策研究. 科技资讯，17（36）：227，229.
宋强. 2012. 标准龙舟直道竞速类项目训练学特征分析——以龙舟 500m 直道竞速为例. 体育科学研究，16（1）：59-62.

隋文杰，蔡嘉锡. 2018. 论龙舟运动的课程化教学研究. 科教文汇，(4)：93-94.
孙曦，邓卫红. 2009. 节庆活动与民俗民间体育. 农业考古，(3)：188-190.
孙正国. 2007. 端午节的文化精神与文化保护. 长江大学学报(社会科学版)，30(2)：27-29.
唐思宗，杨世勇. 1992. 关于建立身体训练学理论体系的构想. 成都体育学院学报，(4)：43-47.
田振华，吴晓峰，李云勇，等. 2008. 我国高校龙舟优秀运动员体能特征及其评价模型的研究. 北京体育大学学报，31(10)：1437-1440.
万德光. 1988. 现代力量训练法综合. 北京：北京体育大学出版社.
王放. 2007. 我国15—17岁优秀竞技健美操运动员体能特征及评价体系的研究. 郑州：郑州大学硕士学位论文.
万建中. 1995. 龙舟竞渡活动的历史渊源. 体育文史，(3)：44-46.
王健. 2001. 运动生理学研究技术. 吉林：吉林大学出版社.
王星辰. 2009. 龙舟文化的起源及发展展望. 体育科技文献通报，(12)：105-106.
王学慧. 2008. 高校应重视民族文化的传承. 玉溪师范学院学报，(3)：56-58.
王一凯. 2018. 湖北龙舟文化变迁与发展研究. 武汉：武汉体育学院硕士学位论文.
王永盛. 1994. 现代运动训练. 北京：北京体育大学出版社.
吴蕾红，张益，蔡维霞. 2018. 集美大学龙舟课程体系的构建. 体育科学研究，22(3)：79-83.
吴明冬，张萍. 2020. 我国少数民族龙舟文化研究的回顾与展望. 体育世界(学术版)，(2)：215-216.
吴向明. 2008. 对田径运动短跑速度训练的方法学研究. 成都体育学院学报，29(6)：54-57.
伍广津. 2007. 高校龙舟竞技运动发展趋势探究. 广西民族大学学报（哲学社会科学版），29(3)：98-101.
杨力. 2018. 我国龙舟运动入奥的可行性分析. 运动，(16)：144-145.
杨世勇. 2002. 体能训练学. 成都：四川科学技术出版社.
杨琇绿. 1994. 龙舟文化探源. 广西民族学院学报（哲学社会科学版），(1)：32-37.
尹进. 2019. 高校龙舟运动开展现状及其发展路径研究. 福建茶叶，(5)：159.
于楼成. 2020. 高校开展龙舟运动的价值分析. 当代体育科技，10(6)：195，197.
岳风杉，陈英豪. 2019. 基于知识图谱分析三十年龙舟文化科研进展. 武术研究，(9)：87-91.
曾凡辉，邢文华，等. 1992. 运动员科学选材. 北京：人民体育出版社.
曾飘. 2019. 龙舟运动发展的困境与出路. 北京：北京体育大学硕士学位论文.
张建世著. 国家体委文史工作委员会，全国体总文史资料编审委员会编. 1988. 中国的龙舟与竞渡. 北京：华夏出版社.

张玲玲. 2003. 龙舟比赛与龙舟文化. 山西师大体育学院学报，18（4）：22-24.

张伟. 2018. 高校龙舟运动员团队意识的培养意义及途径. 赤峰学院学报，（5）：126-127.

郑文海，杨建设. 2007. 我国端午龙舟竞渡与体育比赛结合现状及策略——兼论传统龙舟竞渡与现代竞技龙舟运动的发展. 西安体育学院学报，（9）：50-52，68.

中国龙舟协会，湖南省龙舟协会，岳阳市龙舟协会. 1988. 中华龙舟专辑（内部出版）.

朱维萍. 2018. 我国龙舟运动发展问题与对策研究. 体育世界（学术版），（5）：88-89.

Bing Li. 2014. Research on current situation and countermeasures of physical training for elite male athletes of Dragon Boat Racing//American Applied Sciences Research Institute，AASRI. Proceedings of the 2014 International Conference on Sport Science and Computer Science（SSCS 2014）& The 2014 International Conference on Biomechanics and Sports Engineering（BSE 2014）. American Applied Sciences Research Institute，AASRI，04.

Bing Li. 2014. Research and practice of the training mode of high-level athletes in China's universities and colleges//Information Engineering Research Institute，USA. Proceedings of 2014 3rd International Conference on Electrical and Electronics Engineering（ICEEE 2014）. Information Engineering Research Institute，USA，06.

Bing Li. 2014. The study on the standardized dragon boat technique's influence on the boat speed//Information Engineering Research Institute，USA. Proceedings of 2014 3rd International Conference on Electrical and Electronics Engineering（ICEEE 2014）. Information Engineering Research Institute，USA，06.

Bing Li. 2014. Dragon boat athletes' training fatigue and recovery//Information Engineering Research Institute，USA. Proceedings of 2014 3rd International Conference on Electrical and Electronics Engineering（ICEEE 2014）. Information Engineering Research Institute，USA，05.

Bing Li. 2014. China's development status and strategy on dragon-boating matches//Information Engineering Research Institute，USA. Proceedings of 2014 3rd International Conference on Electrical and Electronics Engineering（ICEEE 2014）. Information Engineering Research Institute，USA，06.

Yong Tang，Manfu Wang，Zhuo Sun. 2018. An Empirical Study of Dragon Boat Sport on the Construction of College Campus Culture：A Case Study of Wuhan Business University//Proceedings of the 5th International Conference on Education，Language，Art and Inter-cultural Communication（ICELAIC 2018）. Advances in Social Science，Education and Humanities Research，289.

附　录

龙舟竞赛规则及管理办法示例

附录一　龙舟的竞赛规则

一、龙舟运动的概念

龙舟运动是一项集众多划手的、依靠单片桨叶的划桨作为推进方式、运用肌肉力量向船后划水、推动舟船前进的运动。中国龙舟协会的标准比赛龙舟配备有龙头、龙尾、鼓（鼓手）、舵（舵手），以此保持中国民俗传统。在传统龙舟比赛中，可考虑设立锣（锣手）。

根据区域民俗特点的不同，龙舟造型在头尾设计方面，包括凤舟、象牙舟、龟舟、虎头舟、牛头舟、天鹅舟、蛇舟等形状，均可保留原有规格和名称，但只要是类似龙舟动作，亦统称为龙舟运动。

二、龙舟运动竞赛形式

（一）直道竞速赛

直道竞速赛指在最短时间内通过1000米以内、标志清楚而无任何障碍的直线航道的比赛。

（二）环绕赛

环绕赛指在半径不少于50米以上，直线距离不少于500米的人工或自然水域所进行的多圈赛事。

（三）拉力赛

拉力赛指在自然环境水域，但必须是封闭的航线上所开展的长距离赛事。

三、龙舟运动竞赛类别

（一）正式比赛类

正式比赛主要包括世界龙舟锦标赛、世界俱乐部龙舟锦标赛、洲际龙舟锦标赛、全国龙舟锦标赛、全国综合性运动会龙舟赛、地方龙舟赛等。

（二）邀请赛类

1. 国际龙舟邀请赛

它是经国家体育总局批准、由中国龙舟协会主办、邀请其他国家或地区队伍参加的龙舟竞赛。

2. 全国龙舟邀请赛

它是经国家体育总局批准，由中国龙舟协会主办，由各省、自治区、直辖市、计划单列市体育部门，各行业体协，各大专院校，解放军等单位队伍参加的龙舟竞赛。

3. 地方龙舟邀请赛

它是经当地政府或体育主管部门批准，由当地所属地区或单位、部门派队伍参加的比赛。

四、龙舟运动竞赛组别

（一）男子组

所有参赛运动员必须是男性，运动员无年龄限制。

（二）女子组

所有参赛运动员必须是女性，运动员无年龄限制。

（三）混合组

必须有至少 8 名最多 12 名女子运动员参与，所有运动员无年龄限制。

（四）成年男子组

参赛运动员年龄须为比赛当年 12 月 31 日已满 18 岁，未满 40 岁。

（五）成年女子组

参赛运动员年龄须为比赛当年 12 月 31 日已满 18 岁，未满 40 岁。

（六）成年混合组

参赛运动员年龄须为比赛当年 12 月 31 日已满 18 岁，未满 40 岁，必须有至少 8 名最多 12 名女子运动员参与。

（七）青年男子组

参赛运动员年龄须为比赛当年 12 月 31 日未满 18 岁。

（八）青年女子组

参赛运动员年龄须为比赛当年 12 月 31 日未满 18 岁。

（九）青年混合组

参赛运动员年龄须为比赛当年 12 月 31 日未满 18 岁，必须有至少 8 名最多 12 名女子运动员参与。

（十）少年男子组

参赛运动员年龄须为比赛当年 12 月 31 日未满 16 岁。

（十一）少年女子组

参赛运动员年龄须为比赛当年 12 月 31 日未满 16 岁。

（十二）老将男子组

从 40 岁生日开始成为老将运动员。

（十三）老将女子组

从 40 岁生日开始成为老将运动员。

（十四）老将混合组

从 40 岁生日开始成为老将运动员，必须有至少 8 名最多 12 名女子运动员参与。

（十五）公开组

参赛运动员无性别与年龄限制。

五、龙舟运动各组别项目

龙舟运动各组别项目如附录表-1 所示。

附录表-1　龙舟运动各组别项目

项目组别	直道竞速赛				环绕赛			拉力赛
	200 米	500 米	800 米	1 000 米	5 000 米	10 000 米	20 000 米	10 公里以上
男子组	√	√	√	√	√	√	√	√
女子组	√	√	√	√	√	√		√
混合组	√	√	√	√	√	√		√
成年男子组	√	√	√	√	√	√	√	√
成年女子组	√	√	√	√	√	√	√	√
成年混合组	√	√	√	√	√	√	√	√
青年男子组	√	√	√	√	√	√	√	√
青年女子组	√	√	√	√	√	√	√	√
青年混合组	√	√	√	√	√	√	√	√
少年男子组	√	√	√					
少年女子组	√	√	√					
老将男子组	√	√	√					
老将女子组	√	√	√					
老将混合组	√	√	√					

注：不包括制定竞赛规程单位根据当地赛场条件和比赛规模确定的比赛项目。

附录二 龙舟运动参与人员的职责

一、赛事组织者

为赛事确保适量的救援船只、救援人员和个人助浮器具（PFAS）；岸上的急救；更衣房间、厕所和温水淋浴以及处理这些事情的所有与规则相符的临时的机构，这都是赛事组织者的责任。赛事组织者应当确保所有参赛者已上交和竞赛有关的安全信息。

二、赛事职员总管

在竞赛过程中，确保所有的救生艇到位；确保在任何条件下，不足 12 岁的运动员携带个人助浮器具；确保在不利的水面情况下，不善于游泳的运动员穿上个人助浮器具；确定新手和年轻运动员穿上个人助浮器具；确保在任何情况下都遵守 IDBF 的安全程序。

三、领队的责任

确保所有的成员游泳水平达到标准的要求；确保任何不善于游泳的运动员携带个人助浮器具；确保填写赛手名单表并交至比赛秘书处；确保运动员熟悉竞赛制度和“水上安全”，任何时候其都“适合竞赛”。这意味着领队的责任是确保“交际”不会影响运动员水上成绩的发挥。

四、运动员

运动员的责任在于当其在水面比赛时，保证穿戴适合天气现状的衣服，并且遵守所有指示。龙舟运动也是一项社会体育运动，所以不能饮酒、鲁莽行事或进行过分的恶作剧，这样会使整个赛队的安全受到威胁。应当穿上适当的足部保护物，以免遭受来自陆地或水上的伤害，例如玻璃、贝壳、硬物或者船上相关物。

所有队成员应该至少能游 200 米，当着轻便服装，即比赛服（运动衫）加上防水帽、防水裤和轻便鞋（训练服或相似的鞋子）时，其必须具备在寒水和流水中的水上能力。水上能力意味着在冷水或缓流里，在没有助力的条件下，一个人通过踩水保持漂浮的能力，踩水时间不能少于 3 分钟（在训练时，应测定和证实运动员的个人游泳能力）。

运动员的游泳能力（或游泳认证）应在指定的情况下测验，并作为入会龙舟俱乐部或赛事的训练计划的一个组成部分。如果有任何运动员的水上能力值得怀疑，那么其必须穿上被认证的个人助浮器具。

五、舵手

舵手一般情况下就是船长，他的责任是做最后的检查，以确保龙舟可以下水竞赛；确保赛手接受了船只操作技术和倾覆技术的指导。船长也应当检查成员的穿戴是否适合天气情况，是否佩戴任何可能妨碍其弃船能力和游泳能力（当龙舟被淹没或倾覆时）的装饰品，因为一旦在水里没有救援或在颠覆的舟里，这些物品会妨碍船员逃生。

当在水面上竞赛时，船长应确保避免与其他龙舟相撞。在龙舟淹没或倾覆时，船长应确保实施正确的倾覆技能并保证所有的运动员获救。舵手还应留意船员的身体状况，如果运动员有耳膜穿孔、癫痫症、心脏病、糖尿病或气喘等病症，应由赛队或俱乐部记录在案。

六、安全官员

安全官员的责任在于确保赛事职员和领队意识到安全的重要性，并向他们详细介绍竞赛当天的有关水上安全，运动员如有任何疾病也须向上汇报。安全官员要确保龙舟总执行官注意到任何不善游泳的运动员或体格检查有问题（可能会影响竞赛能力）的赛手。安全官员负责为比赛制订一个安全计划，包括为运动员提供比赛或热身的水流系统状况。

七、龙舟总执行官

龙舟总执行官决定运动员是否“适合比赛”，并且记录每场比赛登船的运动员人数。龙舟总执行官将确保所有的龙舟和装配在第一场比赛以及整个比赛过程中都处于良好的比赛状态。

附录三　龙舟的比赛器材与场地

一、龙舟运动的航道

赛场应设在静水水域，各航道都应是同样的宽度，航道线必须与起航线和终点线相垂直。航道本身所需要的长度、宽度，必须是经过专业人员测量的，并有精确的平面图纸。根据报名队数和场地条件设 4 或 8 条航道，每条航道的宽度至少 12 米。航道的编号以最接近终点裁判为第 1 道，其余以此类推。

禁止使用固定的木桩、竹竿和类似的东西标记航道。航道内不能有水草、暗礁和其他障碍物，航道两边应各留有 6 米以上的安全警戒水域。

航道内最浅的地方水深不得少于 3 米。航道应设置浮标，航道浮标间距不得大于 50 米，并使用黄色浮标。每 250 米处使用红色浮标并设立分段距离标志。距终点 100 米范围使用红色浮标，间距不得大于 25 米。最后一个浮标设在终点线内 2 米处。浮标的直径为 0.35 米，其表面应较薄软，浮标的颜色可选用红色和黄色。

起点线和终点线两端的延长线上（6 米以外），必须设有高出水面 3 米清晰可见的标志杆，终点线远端则应设置高出水面 3 米、宽 0.50 米（中间 0.1 米为黑色、两边各 0.2 米为黄色）的终点瞄准牌。起点、终点处必须列明每一航道的编号。起点编号牌为 1 米×0.6 米（白底黑字），安置在起航平台上，终点编号牌为高 1 米、底长 0.60 米（白底黑字）的三角标，安置在终点线外 3 米浮标的延长线上（终点裁判远侧）。有条件的可在终点线后 3 米、高 5 米处悬挂空中航道牌（规格与起点相同）。航道的一侧要留有 20 米以上的水域做附航道，供龙舟划至起点或做准备活动使用。根据航道全长，在起、终点线后至少各留 100 米准备区域和缓冲区域。

航道两侧若离岸较近应有消浪设施。

需要说明的是，航道必须于各参赛队报到之前布置完毕。环绕赛、拉力赛场地参阅特别规则。

二、龙舟运动的场地设施

登舟码头的建成以有利于龙舟靠岸、有利于运动员登舟、有利于裁判的工作为宜。登舟码头长度一般不得少于 40 米，可供 3 组龙舟停靠。通往登舟码头的路面必须平整。属于陡岸条件设立登舟码头，必须搭建水上平台码头，每个平台长 20 米，宽 5 米，高于水面约 0.25 米，平台之间的距离为 10 米。起点发令台和起航平台：起点发令台安置在起航线一侧，距最近航道线 6～10 米，高于水平面 3 米，面积约 10 平方米，并配备遮阳和避雨设施，起航平台应坚固、稳定，有利于比赛正常进行。起航平台（4 或 8 航道）长 12 米，宽 2 米，高出水平面约 0.40 米，安置在起航线后约 20 米处。

在条件不允许的情况下，也可使用活动起航方式。

终点裁判台根据赛场具体情况确定位置，应清晰可见 2 个标志杆重合，并设阶梯式工作台。

三、龙舟运动的比赛器材

（一）标准龙舟

总长：18.40 米（含龙头、龙尾），允许误差为±5 厘米。

舟长：15.50 米，允许误差为±3 厘米。

舟宽：1.10 米（中舱最宽处），允许误差为±1 厘米。

重量：因龙舟制作材料不受限制，龙舟本身重量不设统一标准。但要求同一次赛事使用的所有比赛龙舟最重与最轻的差距不得超过 5 千克（含龙头、龙尾和舵桨）。

（二）舵桨

舵桨采用固定式，固定装置设在尾舱左侧船体上。舵桨总长 2.50 米，其中桨叶长 75 厘米，桨叶前沿宽 20 厘米，上端宽 16 厘米，弧形斜口延伸 15 厘米，允许误差为±3 毫米。桨叶的边缘厚度为 0.7～1 厘米。桨杆直径下端 5 厘米，上端 3.5 厘米，桨柄长 15 厘米，直径 3.5 厘米。

（三）划桨（国际比赛标准用桨）

划桨长度为 105～130 厘米，其中桨叶长 48 厘米，弧形斜口延伸 12 厘米，其中距末端 36～48 厘米是桨叶的肩。桨叶前沿最大宽度为 18 厘米，长 12 厘米处宽 16.75 厘米，长 24 厘米处宽 15.4 厘米，长 36 厘米处宽 14.05 厘米，允许误差为±1 毫米。桨叶的边缘厚度为 0.4～1 厘米。桨杆直径 2.5～3.5 厘米，桨柄长 57～82 厘米。

龙舟（含龙头、龙尾）、舵桨、划桨的制造材料不受限制，但在同一次赛事中竞赛规程规定器材必须用由大会统一提供的同样材料和相同工艺制造。

按国家体育总局审定的最新龙舟竞赛规则举办的龙舟赛，由承办单位提供统一规格的标准龙舟和其他配套装置。划桨可由参赛队自备，但赛前须经器材检查裁判检查验收，贴上合格字样（防水）标志后方可在比赛中使用。

全国比赛和国际比赛使用的比赛器材，必须向中国龙舟协会认可的生产厂家订制。

每条龙舟必须配有规格一致的龙头、龙尾、鼓和鼓架。龙头、龙尾的造型可自行设计，但必须与龙舟接口严合。鼓面直径 48 厘米，高度 45 厘米，设在第一划手前方，面对舵手。

附录四　裁判员与运动员守则

一、运动员

（一）参赛资格

运动员必须身体健康且会游泳，在没有辅助救生设备的情况下，能穿着比赛服装游泳 100 米以上。

竞赛规程规定凭身份证件确定参赛资格的赛事，运动员必须准备身份证和身份证明文件以便审查单位在网上查证。

在无年龄限制的组别中，如运动员的年龄未达到 12 岁，则由父母一方或指定的责任人在船上陪同，且必须穿上救生衣。

注：1）从安全角度出发，运动员一律要穿上救生衣。

2）运动员的健康状况、游泳能力、安全问题均由其领队、教练负责。

3）赛前在裁判员、领队、教练员联席会上，各队领队必须签署安全责任书。

（二）参赛人数

参赛运动员为 24 人，其中登舟比赛运动员划手 20 人，鼓手 1 人，舵手 1 人，替补运动员 2 人。如参加传统龙舟竞赛，每支队加锣手 1 人，共 25 人。上场比赛运动员中划手不得少于 18 人。

（三）队长

每队设队长 1 人，比赛时队长佩戴大会统一提供的队长标志。

（四）正式运动员和替补运动员

各队参赛运动员中，上场时为正式运动员，在场下则为替补运动员，正式运动员资格在检录登舟前由本队教练确定，登舟后不准替换。

（五）服饰要求

各队运动员服装颜色、式样必须整齐一致，上衣背后有本单位字样或标志。比赛时可佩戴统一的头饰。因天气原因，运动员在比赛服装外可加透明风雨衣。若有必要，大会为各队运动员提供参赛号码布，运动员则按报名表登记的号码佩戴在上衣背后。

（六）参赛准则

运动员在所有场合下，须保持正确的行为规定。

1）尊重裁判，尊重他人，不得有任何不良行为。

2）比赛过程中不得对裁判员的决定进行质问和争辩。

3）不得故意损毁龙舟及其他器材。

4）不得对他人使用肮脏、威胁、辱骂的语言或手势。

5）不得用丑化比赛的行为干扰或损害比赛正常进行。

6）不得纠缠裁判、仲裁人员和大会工作人员。

7）不得罢赛。

8）不得有任何暴力行为造成对他人的伤害。

9）不得拒绝领奖。

违反上述参赛准则，大会组委会执行委员会、仲裁委员会将视其情节给予谴责、警告、取消参赛资格的处罚；赛队中其他人员发生违反参赛准则行为，处罚与运动员相同，两人以上（含两人）发生上述行为，属于集体行为，处罚对象为赛队。

二、裁判员

裁判员是竞赛工作的组织者和执法者，思想素质与业务水平的高低，不仅影响竞赛质量，而且与本项运动的发展密切相关。因此，裁判员应认真执行《裁判员守则》，为竞赛顺利进行和促进运动员创造优异成绩作出贡献。

（一）龙舟运动裁判员守则

1）认真学习竞赛规则和规程，明确岗位职责，熟悉裁判工作方法。

2）执行裁判工作时要严肃认真，公正准确，谦虚谨慎，团结协作。

3）精神饱满，衣着整洁，仪表大方，举止文明。

4）遵守纪律，克服困难，尽职尽责，确保比赛任务顺利完成。

（二）龙舟运动裁判员等级制度及管理

裁判员级别由三级、二级、一级、国家A级、国家资深级、国际一级、国际二级、国际三（资深）级共8级构成；裁判员须经理论考试和实践考试通过后才有资格获得相应级别，报考国家级龙舟裁判必须有两次以上担任全国、国际比赛经历或取得一级龙舟裁判证书3年以上。第一次参加国家级龙舟裁判考试年龄不得小于25岁，不得大于50岁。由主办单位通知抽调的裁判员，无正当理由两次不到岗者，取消已获裁判等级。须再次担任龙舟裁判工作时，须向批准单位申请，经重新考试合格后恢复裁判级别。两年内没有参加龙舟裁判工作，须经考试合格后才能上岗。裁判员上岗时必须着大会统一配制的裁判服装并佩戴等级裁判胸徽，以资识别。中国龙舟协会执行委员会有权罢免比赛中因职业道德问题犯有严重错误的裁判员工作职务和取消龙舟裁判级别。

（三）裁判辅助人员

1. 宣告员

1）收集、了解有关龙舟运动资料。

2）熟悉、掌握竞赛规程、规则，了解参赛队情况。

3）做好广播器材和播放乐曲的准备工作。

4）赛前40分钟到达赛场介绍本次比赛的情况。

5）比赛中介绍各航道运动队的情况，调节好赛场气氛。

6）宣布每组比赛成绩和名次。

7）起航前3分钟将起点讯号接通至大会广播处并向全场播放。

2. 摩托艇驾驶员

1）确保摩托艇性能良好并备足油料和若干救生器材。

2）提前40分钟到达赛场，检查摩托艇，赛前30分钟将相关裁判送至工作岗位。

3）服从裁判指挥，协助裁判员工作。

4）比赛结束后将相关裁判接回指定地点。

3. 大会医生

1）熟悉和了解水上运动常见的伤病。

2）准备好急救医疗器材和药品。

3）一旦发生突发事故，立即实施救治，如遇重大伤害经现场治疗后，即刻送往医院。

（四）龙舟运动裁判委员会人员设置

1. 裁判委员会

全国和国际比赛设立裁判委员会。

（1）权力和责任

1）在大会组委会领导下主持及监管赛事。

2）全面负责赛事中有关技术性管理的事务。

3）就有关规则和规程的事宜以及未尽事宜作出解释。

4）对任何违反规则、规程、参赛准则的行为作出处罚决定。

5）遇天气原因或其他突发情况令赛事不能如期举行时，向大会组委会提出延期的建议。

（2）裁判委员会人员配备

裁判委员会下设总裁判长1人，副总裁判长2～3人，包括以下人员。

编排记录长1人，编排记录员1人，宣告员1人，裁判联络员2人，成绩公告员2人，电脑操作员2人。

检录长1人，检录兼记录员1人，检录员4～8人（8航道为8人）。

器材检查长1人，检查员4～8人（8航道为8人）。

起点裁判长（兼发令）1 人，助理发令员 1 人，取齐员 1 人，起点摄像员 1 人，起点裁判员（兼扶船）4～8 人（8 航道为 8 人）。

途中裁判长 1 人，途中裁判员 2 人。

终点裁判长 1 人，终点裁判员 3～4 人，计时裁判员 4～8 人，终点记录员 1 人，终点音响员（兼风速测量员）1 人，终点摄像员 1 人，终点监控员（兼相片冲印员）1 人。

摩托艇驾驶员 4 人。

2. 龙舟运动各裁判员的职责

（1）起点裁判

1）赛前的准备工作。学习规则，明确个人职责，明确和统一执行发令的要领、尺度和人员之间的配合，并明确起航时的方法。

做好器材准备工作，熟悉信号枪、发令枪、通信器材、扩音器材的性能和使用方法，妥善保管，注意安全。检查落实起航区的布置，如发现问题，须与场地处进行协调并及时解决。

起点出发应注意的事项，包括龙舟进入起点航道的信号、时间、路线和在起点线排队的要求，出发和抢航召回信号，以及抢航犯规的处罚写成简单文字，在赛前裁判长、教练员联席会上讲解清楚。

加强与终点裁判组配合练习，做到起终点配合默契。

落实起点裁判员到达起点的交通工具。

2）比赛期间的工作。熟悉当场比赛的项目、组别、组数，每场比赛提前 30 分钟到达比赛场地。检查布置工作区，做好比赛准备工作，到位后，助理发令员应打开通信器材，与终点、检录处取得联系，必要时可试“发令”1～2 次，检查通信联络的效果。

裁判员按分工就位，起点裁判员位于起点起航平台，起航平台在起航线后留出 20 米的距离，正对航道中间固定好。发令员、助理发令员、取齐员、监控摄像员位于起点发令台。严格按规定时间组织出发，不得任意提前或拖后，特殊情况需要变更，应通知总裁判长。每组赛前 5 分钟打红色信号弹一枚，示意离比赛还有 5 分钟，通知参加该组比赛的龙舟队进入自己的航道。

赛前 3 分钟助理发令员进行点名，点名时队长要举桨示意。赛前 2 分钟取齐员开始排位，取齐排位时还未进入航道的龙舟队受到黄牌警告一次。出发的队如有变更，点名后把变更的情况告诉终点。

取齐员督促所有龙舟队迅速就位，并要求龙头前沿排齐在起航线上。各航道起点裁判员根据取齐员的要求，指挥龙舟调整好位置，稳定在起航线上，对不服从裁判指挥或有意拖延时间者，受黄牌警告一次。各龙舟全部取齐后，取齐员即举起白旗，以示发令员可以发令。取齐员在指挥排位时，助理发令员在赛前 1 分钟用通信器材与终点联系，语言精练，通知终点做好准备，接收起航信号。

发令员得到取齐员信号后，立即按规则规定发令起航。发令员先喊“各队注意”再举起发令枪并喊“预备”。发令员发出“预备”口令时，舵手方可松开裁判调船绳或杆，参赛龙舟完全处于稳定时，发令员鸣绿色信号弹和倒旗，“预备”至鸣枪时间约为 2～5 秒，各龙舟队即可出发，助理发令员听到枪声即按动备用秒表。环绕赛、拉力赛同时起航时，其发令方法同直道竞速赛；如采用依次起航，口令为“某某队准备，5、4、3、2、划”。发令员发令时，助理发令员负责协助发令员查看龙舟起航时是否抢航犯规，同时各航道起点裁判也协助发令员观察本航道的龙舟起航时有无抢航犯规。如发现抢航，起点裁判应举红旗示意。环绕赛、拉力赛若发生抢航现象无须召回，给抢航队加时 5 秒。一旦发令员作出抢航判定，助理发令员应立即发出抢航召回信号，同时途中裁判艇切入拦截，将所有龙舟召回，对抢航者起点裁判长出示黄牌警告（犯规龙舟的队长应举手示意），并重新组织该组起航，通知终点回表。对连续两次抢航的龙舟或已受黄牌警告一次又抢航一次的龙舟，出示红牌，取消其该场比赛资格，令其退出航道。第三次起航仍有抢航者，不管该龙舟是第几次抢航，均取消其该场比赛资格。该组不再召回，比赛继续进行，通知途中和终点裁判，第几道是第三次起航犯规，被取消资格，令其退出航道。龙舟正常出发后，助理发令员及时用通信器材与终点联系，询问是否收到发令信号。如计时未收到信号，启用备用秒表选择整数时间进行第二次发令或通知途中裁判送表。当固定起航确有困难时，可采用活动起航的方法，起点裁判长指挥参赛龙舟在起航线后排列，伺机发令。

3）赛后工作。每场比赛结束后，与交通艇保持联系，接送裁判。裁判长组织裁判员进行现场小结，清点并保管好器材。

（2）途中裁判

1）赛前准备工作。认真学习规则，明确个人职责范围和与他人配合的方法，统一执法尺度。熟悉和检查场地、器材。

2）比赛期间的工作。起航前应检查航道内有无障碍物，如有障碍物要及时设法排除，无障碍物时举白旗示意起点可按时发令。当各龙舟进入自己的航道，发令员准备发令时，途中一条裁判艇应停靠在比赛龙舟后面，另一条裁判艇停靠在起点发令平台一侧，途中裁判员听到发令员信号应立即按动备用秒表。如有抢航，停在起点发令平台一侧的途中裁判艇迅速切入拦截，协助发令员召回龙舟，重新组织起航。龙舟出发后，途中裁判艇分两路尾随，每条快艇负责看3～4条航道，观察比赛龙舟是否犯规。对造成被取消资格犯规的队，出示红牌，取消该队比赛资格，并令其停止划进。途中出现由于某队犯规并严重影响其他队比赛成绩或出现意外情况时，途中裁判长应立即下令终止比赛。比赛龙舟全部通过终点后，如无犯规情况，途中裁判举白旗通知终点，如有犯规则举红旗，裁判艇同时向终点靠拢，并填写“途中检查报告单”，由途中裁判长审核后报总裁判长。填写“途中检查报告单”要迅速、简明、扼要并绘图示意。如终点计时裁判须用途中裁判的备用秒表时，要及时与计时员交换秒表。当龙舟全部通过终点，终点裁判长又示白旗表示没有疑问后，途中裁判艇应督促各龙舟队迅速划向指定的码头。

3）赛后工作。每场比赛结束后，及时进行小结，保管和交还器材。

（3）终点裁判

1）赛前准备工作。学习规则和竞赛规程，明确分工和配合的方法。判定名次一般采用下列方法：每人主看一名兼看下一名，如主看第一名兼看第二名，以此类推，裁判长看全部名次。将裁判员分成两组，第一组每人都看1、2、3名；第二组每人都看4、5、6名，裁判长看全部名次。这样可做到每一名都有3～4人看，保证判断的准确性，熟悉场地，检查器材、设备。

2）比赛期间的工作。裁判员提前30分钟进入比赛场地，按指定的位置就座，准备好比赛用具，把该场比赛的项目、组别、赛次和组次清楚地填写在“终点名次表”上，写明时间，签上名字。当龙舟距终点最后 100 米时，全体裁判注意力要高度集中，认真仔细观察运动员所看名次的变化情况，基本掌握名次排列，如心中默记 2、6、3 变成 6、2、3，视野要开阔，注意内外航道的视觉差异。最后几米冲刺时，尤其是注意实力接近、相距不远的几条龙舟的名次变化，一旦龙舟通过终点线，要迅速、准确判定自己名次、航道号和服装颜色，并立即将所判定的名次填在“终点名次表”上。在主看或兼看名次的龙舟串道时，除执行正常工作程序外，要立即报告终点裁判长。终点裁判长应站在终点延长线上，使视线与终点垂直线和两终点柱成一直线，全面观察所有龙舟到达终点的情况。在龙头前沿部分到达终点线的瞬间，终点音响裁判员用音响通知到达终点的先后次序。该组龙舟全部到达终点后，按顺序收齐终点名次表核对再与计时长核对无误后，签上名交编排记录组。

3）赛后工作。每场比赛结束后，进行小结，保管和交还器材。

（4）计时裁判

1）赛前准备工作。检查计时表是否准确无误，熟悉和掌握计时表的性能，统一操作方法，反复练习开、停表技术。熟悉起点裁判发令过程、口令信号、联系方法、所有语言以及抢航召回信号等。根据航道和比赛舟数做好赛前分工。

2）比赛期间的工作。赛前 30 分钟到达岗位，按指定位置就座，准备好所需的器材物品。把该场比赛的日期、项目、组别、赛次、组次和道次等事项清楚地填写在计时表格上，并签上自己的名字。当收到准备起航信号时，集中精力做好开表准备，收到信号时计时员立即开动秒表，如发生故障，及时报告裁判长，采取补救措施，如收到召回信号后，回表，准备接受第二次发令。当自己分管航道的龙舟即将到达终点时，应高度集中注意力，视线垂直于终点线。一旦龙舟的龙头最前沿部分到达终点线时，按停秒表，并清楚地填写计时表格，记成绩要规范，尾数记到百分之一秒。裁判长收齐计时报告表，与终点裁判长核对无误后，统一下达“回表”口令。如遇通信器材发生故障时，计时员一定要沉着、冷静。一般可采用以下补救方法。用望远镜看起点信号，同时启动计时表；或裁判长用望远镜看起点信号，下达“开表”口令的同时，计时员启动计时表。如起点已起航而终点未收到信号，可请起点做第二次发出口令，计时员开动秒表，起点同时停表并告知停表读数。龙舟通过终点后，将起点秒表读数加上终点计时成绩，即为各条龙舟比赛成绩。如上述两种方法因通信器材故障无法使用时，则请途中快艇送表。方法为：该组龙舟到达终点时，计时员依次开动计时表，在途中快艇秒表送来后，统一口令停表，将途中艇送到的总表时间减去计时员分表成绩，即为各道成绩。遇计时成绩和终点裁判判定名次不一致时，一般以终点名次为主。环绕赛、拉力赛依次出发的计时方法如下。一块秒表跟踪计取一条龙舟全程的成绩。当第一条龙舟起航时同时启动总表、分表，总表主要计取每条龙舟起航间隔时间，分表在龙舟到达终点时依次停表。将分表时间减去总表起航间隔时间，即为各龙舟实际成绩。

3）赛后工作。每场比赛结束后进行小结，保管和交还器材。

附录五　龙舟比赛的裁判法及仲裁有关规定

对裁判员人选的组成或对其他参赛队运动员参赛资格的抗议，必须在领队、教练、裁判长联席会议上或赛前 12 小时之前由领队以书面形式向仲裁委员会提出，同时缴纳 500 元人民币作为抗议金，若抗议有效，可获退还。对比赛中发生的情况，包括对裁判员的裁决持有异议，必须在事发后 30 分钟内由领队以书面形式向仲裁委员会提出申诉。领队提出申诉超过规定时限，仲裁委员会不予受理。提交书面申诉的同时须缴纳 2000 元人民币作为仲裁金，若申诉有效，仲裁金可获退还。仲裁委员会在接获有关申诉及仲裁金后，可在 30 分钟内进行所需的调查取证和召开仲裁会议，根据《仲裁条例》做出相应的处理。并由仲裁委员会主任以书面形式告知有关领队申诉结果及作出此裁决的原因（若大会设立运动员资格审查委员会，有关参赛资格的抗议仲裁委员会将不受理）。仲裁委员会的决定为最后决定，不得提出异议，若因此纠缠使比赛中断 15 分钟，即为罢赛。罢赛队伍将按体育法处理。仲裁委员会不受理按规则、规程规定应由裁判、裁判长、总裁判长职责范围内处理的有关事宜。与竞赛无直接关系的违反纪律行为，由组委会有关部门处理。比赛中若发生与龙舟运动有关的违反法律的行为，即使规则被用来解释这些违反法律的行为，仲裁委员会亦不承担任何法律仲裁和法律责任。抗议（申诉）表见附录表-2。

附录表-2　抗议（申诉）表

单位		事发时间	收到时间	返还时间
事由				
抗议或申诉的原因及要求	领队签名：　　年　月　日　时　分			
有关裁判、总裁判长或被抗议的运动员（队）对事件的说明	签名：			
仲裁委员会处理意见及原因	仲裁委员会主席签名：　　年　月　日　时　分			

注：抗议缴纳 500 元人民币；申诉缴纳 2000 元人民币。

说明：本附录参照中国龙舟协会 2014 版规则，简单介绍龙舟规则和裁判法的有关知识，内容不具有权威性，如有与龙舟规则和裁判法相冲突观点，以中国龙舟协会最新规则和裁判法为准。

附录六　东北电力大学龙舟运动队管理办法

为进一步规范龙舟运动队的管理，建立科学、有效的训练、比赛等管理体系，特制定《东北电力大学龙舟运动队管理办法》。

1. 龙舟队教练员指导训练（计教学工作量，定编人数为 3 人）

计算公式：①第一学期（包括暑假 5 周），23 周×4 次×2 学时×0.5 系数；②第二学期，18 周×4 次×2 学时×0.5 系数。

2. 龙舟队学生训练补助标准及发放办法（训练运动员人数为 30 人）

1）每学期由体育部按计划提供龙舟运动员名单报计财处，由学生到计财处领取。

2）标准（每学期、每人）。①平时训练（赛前一个月以前）：每周训练 4 次，每次补助 8 元，因此补助 14 周×4 次×8 元=448 元。②赛前一个月（4 周）：每周训练 4 次，每次补助 15 元，因此补助 4 周×4 次×15 元=240 元。

3. 龙舟队运动员、教练员参加比赛获奖予以奖励

（1）运动员奖励标准

运动员按国际级比赛（国际龙舟联合会、洲际龙舟联合会主办的龙舟比赛）和国家级比赛（中国龙舟协会、中国大学生舟艇协会、全国舟艇协会主办的比赛如：全国邀请赛、澳门大学生龙舟邀请赛、全国大学生龙舟锦标赛及国际龙舟邀请赛）标准进行奖励（附录表-3）。

附录表-3 运动员比赛奖励标准 （单位：元/人）

名次	国际级比赛	国家级比赛
第一名	1500	1000
第二名	1000	600
第三名	800	400

奖励说明：

每年最多奖励 4 个比赛；每次比赛分别奖励；每次比赛参加多个单项，奖励一个单项；运动员奖励人数为 25 人。

（2）教练员奖励标准：（教练员人数为 3 人）

按照学校东电党办（2001）6 号文件《新一轮校内管理体制改革方案》有关标准奖励。

4. 龙舟队运动员考试享受相关优惠政策

龙舟队运动员考试成绩 60 分以下乘 2.0 系数（最高 60 分），考试成绩 60 分以上乘 1.1 系数（最高 100 分）。

5. 龙舟队训练、比赛及奖励经费保障

1）训练与比赛经费由体育部根据每年比赛计划上报学校，学校审核批准后拨发专项经费。

2）体育学院根据每年比赛计划，报学校审批后参加比赛，比赛获奖后，经主管校长审核，按标准核发补助费和奖金。

6. 本办法自 2008 年 1 月 1 日开始执行。